SIMPLE & LIGHT

박노준
PATTERN 영어

심플하고 라이트하게 모든 문제를 패턴으로

문제풀이 | step ❷
기출패턴 적용문제

이 책의 순서

문제편

PART I 문법

| CHAPTER 01 | 밑줄 | 006 |
| CHAPTER 02 | OX / 영작 | 071 |

PART II 독해

CHAPTER 01	주제, 제목, 요지	086
CHAPTER 02	빈칸, 연결어	126
CHAPTER 03	순서, 삽입, 삭제	170
CHAPTER 04	내용 일치	188

PART III 어휘 & 생활영어

| CHAPTER 01 | 어휘 & 생활영어 | 198 |
| CHAPTER 02 | 구동사 | 221 |

해설편

PART I 문법

| CHAPTER 01 | 밑줄 | ………… 002 |
| CHAPTER 02 | OX / 영작 | ………… 027 |

PART II 독해

CHAPTER 01	주제, 제목, 요지	………… 033
CHAPTER 02	빈칸, 연결어	………… 042
CHAPTER 03	순서, 삽입, 삭제	………… 053
CHAPTER 04	내용 일치	………… 059

PART III 어휘 & 생활영어

| CHAPTER 01 | 어휘 & 생활영어 | ………… 062 |
| CHAPTER 02 | 구동사 | ………… 070 |

박노준
PATTERN
영어

PART I

문법

CHAPTER 01　밑줄
CHAPTER 02　OX / 영작

CHAPTER 01 밑줄

001 어법에 맞지 <u>않는</u> 것을 고르시오.

> I saw your ad for a job in the New York News, and I am ① **interested** in applying for the job. I worked as a ② **cooker** and waiter for over two years in a restaurant. I have experience cooking Brazilian dishes. I am ③ **from** Brazil and ④ **have** been in the United States for three months. You can contact me at the above address, or call me at 663-5918. I am usually home until noon every day. I look forward to hearing from you.
>
> *ad 광고

002 (A), (B), (C)의 각 네모 안에서 어법에 맞는 표현을 골라 짝지은 것은?

> Once there was a man who had five sons. Instead of **(A)** [living / live] together calmly and quietly, these sons were always quarrelling among themselves. Their father made up his mind to show them **(B)** [how / why] silly they were. Their father picked five sticks and tied them together into a bundle. Then he called his sons. "Take this bundle of sticks and break it over your knee," said he. "I can do that **(C)** [easy / easily]," said the eldest son.

	(A)	(B)	(C)
①	living	how	easy
②	living	why	easy
③	live	why	easily
④	living	how	easily

003 (A), (B), (C)를 어법에 맞게 고쳤을 때 가장 적절한 것을 고르시오.

> How would you like to go up in a space shuttle? It's not impossible. Many people have already (A) **take** the trip and more will go up in the future. You will have to make some adjustments if you go up, because (B) **live** in space is a bit different from living on earth. But so far no one has had trouble (C) **make** the change.

	(A)	(B)	(C)
①	taken	living	making
②	took	living	making
③	taken	live to	make
④	took	live to	make

004 (A), (B), (C)의 각 네모 안에서 어법에 맞는 표현을 골라 짝지은 것은?

> If you look at a map of Korea, you will see that it (A) [looks / looks like] the body of a tiger. And tigers often appear in many Korean legends. When Korean children would not listen to their parents, the children (B) [tell / are told], "If you don't behave better, the tiger will get you!" So it is not (C) [surprising / surprised] that the tiger has an important part in Korean people.
>
> *legend 전설

	(A)	(B)	(C)
①	looks	tell	surprising
②	looks	are told	surprised
③	looks like	tell	surprised
④	looks like	are told	surprising

005 다음 글의 밑줄 친 부분 중, 어법상 틀린 것은?

One of the main purposes of having a hobby is ① **to kill** time. The great developments in science and technology ② **give** us more free time to enjoy ③ **ourselves**. But people who don't know how to spend their weekends are under stress. So having a hobby ④ **have become** a duty in modern society.

006 (A), (B), (C)의 각 네모 안에서 어법에 맞는 표현을 골라 짝지은 것은?

One afternoon a big wolf waited in a dark forest for a little girl to come along **(A)** [carried / carrying] a basket of food to her grandmother. The wolf found her, followed for a while, and disappeared. At last, the little girl arrived at her grandmother's, opened the door, and saw someone in her grandmother's bed **(B)** [wearing / to wear] her grandmother's clothes. She soon realized that it was the wolf! Luckily, little girls nowadays are better prepared than they used to **(C)** [be / being], so she took out her pistol and shot the wolf dead.

	(A)	(B)	(C)
①	carrying	wearing	be
②	carried	to wear	being
③	carried	wearing	be
④	carrying	to wear	being

007 다음 글의 밑줄 친 부분 중, 어법상 틀린 것은?

Long time ago, in a small nursery, ① **there lived** three children, Wendy, John, and Michael who liked a story about Peter Pan. One night, when Wendy told a story to the children, Peter ② **appeared** at the nursery window. He decided ③ **to invite** them to Never Land. First, he taught them how to fly. Then, they flew out together to the Never Land. It was a beautiful place ④ **which** fairies were living together with wild animals.

008 (A), (B), (C)의 각 네모 안에서 어법에 맞는 표현을 골라 짝지은 것은?

Yesterday I took a bus to the shopping mall downtown. I **(A)** [**spend / spent**] all day looking around in the bookstores, record stores, and gift shops. I came back with a **(B)** [**ten-dollar / ten-dollars**] CD. Today when I woke up, my legs were sore. I didn't do **(C)** [**anything / something**]. I just sat around and watched TV.

	(A)	(B)	(C)
①	spend	ten-dollar	something
②	spend	ten-dollars	anything
③	spent	ten-dollars	something
④	spent	ten-dollar	anything

009 (A), (B), (C)의 각 네모 안에서 어법에 맞는 표현을 골라 짝지은 것은?

> Once there was a little boy **(A)** [who / whose] name was Richard Whittington. His father and mother died when he was only a baby. The people who took care of him **(B)** [was / were] very poor. Richard was not **(C)** [old enough / enough old] to work, and so he had a really hard time. Sometimes he had no breakfast, and sometimes no dinner; and he was glad at any time to get a piece of bread or a drop of milk.

	(A)	(B)	(C)
①	who	was	enough old
②	who	were	enough old
③	whose	was	old enough
④	whose	were	old enough

010 다음 글의 밑줄 친 부분 중, 어법상 틀린 것은?

> Helen Keller ① **was born** in 1880 in Tuscumbia, Alabama. When she was ② **less than** two years old, she got very sick. No one expected her to live, but she did. The only problem was that the disease ③ **had taken** both her sight and her hearing. Her family did not know what to do with her. They did not know how to teach someone who could neither hear nor see. One day her parents took her to Baltimore to be examined by a specialist, but he could not help her, ④ **too**.

011 다음 글의 밑줄 친 부분 중, 어법상 틀린 것은?

The invention of Ivory Soap, ① **one of the world's most popular brands**, was an accident. The manufacturer had begun making a product ② **calling White Soap** in 1878. But one day a factory worker went to lunch, forgetting ③ **to turn off** the mixing machine. As a result, ④ **much more** air than usual was added to the soap. When the air-filled product was unmolded, it became the world's first floating soap. Customers loved the soap because it could not be lost at the bottom of a tub.

*unmold 틀에서 떼어내다

012 (A), (B), (C)의 각 네모 안에서 어법에 맞는 표현을 골라 짝지은 것은?

Several years ago, Ken had a car accident. Ever since, he **(A) [was / has been]** in a wheelchair. It is hard for him to turn on lights, open doors, or pick up things. That is **(B) [why / how]** Sinbad, his 'service dog,' is so important to him. Sinbad **(C) [has trained / has been trained]** to help people like Ken. With his dog's help, Ken can now get to work and take care of his home.

	(A)	(B)	(C)
①	was	how	has trained
②	was	why	has been trained
③	has been	how	has trained
④	has been	why	has been trained

013 다음 글의 밑줄 친 부분 중, 어법상 틀린 것은?

Recycling helps protect the environment. For example, fifty kilograms of ① **recycled paper** saves one tree. Some cities ② **have trained** their citizens to separate garbage. People have to put cans and plastic bottles in different garbage bags. Paper also ③ **is keeping** separate. The plastic, metal, and paper ④ **are taken** to special centers for recycling.

*recycle 재활용하다

014 (A), (B), (C)의 각 네모 안에서 어법에 맞는 표현을 골라 짝지은 것은?

Last Saturday afternoon, I went to a football match in London. My dad got me a ticket for the final against Holland. The match was really **(A) [exciting / excited]** from the start. Holland scored a goal after ten minutes, and they were playing really well. After half time, however, England played **(B) [better / best]**. Rooney, my favorite player, was excellent. After sixty minutes, he scored the first goal. Ten minutes later he scored another goal, and the score was 2-1! I think Rooney's the best player. He plays better, runs faster, and **(C) [shoots / shooting]** harder than all the other players.

	(A)	(B)	(C)
①	exciting	better	shoots
②	exciting	better	shooting
③	excited	best	shoots
④	excited	best	shooting

015 다음 글의 밑줄 친 부분 중, 어법상 틀린 것은?

Today, people are not getting ① **enough** sleep. People take time from sleep to do other things. People work longer, go to meetings at night, eat supper late, watch television, or ② **going** out until late. In today's society, ③ **it** is easier to do more at night. Stores stay ④ **open** 24 hours a day for shopping. Companies want their employees to work late. Television stations broadcast all day and all night.

016 (A), (B), (C)의 각 네모 안에서 어법에 맞는 표현을 골라 짝지은 것은?

While flower giving is very popular these days, the most common reason to give flowers **(A)** [is / are] to express romantic love. Nervous first dates, wedding decorations and bouquets, anniversaries, and Valentine's Day are all special events **(B)** [when / that] need beautiful, carefully selected flowers. But love isn't the only reason people give flowers. Flowers are often presented for a celebration such as birthdays and **(C)** [give / given] to Moms on Mother's Day by children.

	(A)	(B)	(C)
①	is	when	give
②	is	that	given
③	are	when	give
④	are	that	given

017 (A), (B), (C)의 각 네모 안에서 어법에 맞는 표현을 골라 짝지은 것은?

There is a connection between the words kid and goat. Although kid today is an **(A)** [accepted / accepting] English-language word that describes a child, it was once considered slang because it came from the word **(B)** [which / whose] meaning was — and is — a young goat. "Baby goats jump around playfully and are generally annoying, so the connection between baby goats and young humans **(C)** [seem / seems] to make sense," says Jeremy Butterfield, editor-in-chief of Collins Dictionaries.

*slang 속어

	(A)	(B)	(C)
①	accepted	whose	seems
②	accepted	which	seem
③	accepting	which	seems
④	accepting	whose	seem

018 다음 글의 밑줄 친 부분 중, 어법상 틀린 것은?

At what age should a child learn ① **to use** a computer? The answer seems to depend on whom you ask. Some early childhood educators believe ② **that** in modern society computer skills are a basic necessity for every child. But other educators say that children do not use their imagination enough ③ **because of** the computer screen shows them everything. Physically, children who type for a long time or use a computer mouse ④ **too much** can develop problems to their bodies. Perhaps the best way for young children to use computers is to use them only for a short time each day.

019 다음 글의 밑줄 친 부분 중, 어법상 틀린 것은?

> It ① **was snowing** this morning when I woke up. I ② **listen to** the radio next to my bed. I ③ **was hoping** that the voices would say that the schools ④ **were all closed** because of the weather. We were supposed to have a test in math class this morning.

020 (A), (B), (C)의 각 네모 안에서 어법에 맞는 표현을 골라 짝지은 것은?

> Few plants are as **(A)** [useful / usefully] as the yucca plant. Yucca plants grow in the southwestern United States. The Native Americans **(B)** [who / which] lived in those areas found many ways to use the yucca. The leaves can **(C)** [be used / use] to make rope, mats, baskets, and even sandals.

	(A)	(B)	(C)
①	useful	who	be used
②	useful	which	use
③	usefully	who	be used
④	usefully	which	use

021 (A), (B), (C)의 각 네모 안에서 어법에 맞는 표현을 골라 짝지은 것은?

> Once upon a time, a king had a rock placed on a road. Then he hid **(A)** [**itself / himself**] and watched to see if anyone would remove it. Most people came by and simply walked around it. They loudly blamed the king for not **(B)** [**keep / keeping**] the roads clear. Then a farmer came along and found the stone. He moved the stone to the side of the road. The king became very **(C)** [**happy / happily**] and gave a lot of gold coins to the farmer.

	(A)	(B)	(C)
①	itself	keep	happy
②	itself	keeping	happily
③	himself	keep	happily
④	himself	keeping	happy

022 (A), (B), (C)의 각 네모 안에서 어법에 맞는 표현을 골라 짝지은 것은?

> Bob offers tips to people when they discover a **(A)** [**wounded / wounding**] wild animal. He says, "Avoid **(B)** [**touching / to touch**] the animal even when you are sure it is safe to do so. Since this cannot always be determined, it is best to call for help. The animal may **(C)** [**attack / be attacked**] you. When possible, place a blanket or a cardboard box over the animal. Then call the wildlife center."

	(A)	(B)	(C)
①	wounded	touching	attack
②	wounded	touch	be attacked
③	wounding	touching	be attacked
④	wounding	to touch	attack

023 (A), (B), (C)의 각 네모 안에서 어법에 맞는 표현을 골라 짝지은 것은?

> Most wedding customs **(A)** **[observed / observing]** in the U.S. today began in other countries and past centuries. Some are based on old superstitions about ways **(B)** **[bring / to bring]** the couple good luck and many children. Others symbolize the marital promise of lifelong devotion. The traditional American bride wears a long white gown and a veil. In early times, people thought the veil would protect the bride from evil spirits. The groom usually wears a tuxedo, **(C)** **[what / which]** is commonly rented just for his wedding day.

	(A)	(B)	(C)
①	observed	bring	which
②	observing	bring	what
③	observed	to bring	which
④	observing	to bring	what

024 (A), (B), (C)의 각 네모 안에서 문맥에 맞는 어휘를 골라 짝지은 것은?

> Hundreds of human footprints were discovered at Australia's Mungo National Park. Researchers said the 457 footprints date back about 20,000 years. The **(A)** **[discussion / discovery]** is the world's oldest and largest collection of human footprints. The footprints were **(B)** **[received / revealed]** when winds blew away sand hills that had been covering them. Bob Debus, the state environment minister, said the footprints prove that many people **(C)** **[existed / exchanged]** in the area long ago. The footprints give details on how native Australians used to live.

	(A)	(B)	(C)
①	discovery	revealed	existed
②	discovery	received	existed
③	discussion	revealed	exchanged
④	discussion	received	exchanged

025 다음 글의 밑줄 친 부분 중, 어법상 틀린 것은?

There are many things trees can do for our lives. Some of the good things that trees do for us ① **is** easy to see. Trees give us many of the foods ② **that** we eat. Apples, oranges, and lemons come from trees. Many different nuts come from trees. The seeds of the cacao tree are dried, toasted, and then ③ **mashed** into paste. This paste is used to ④ **make** chocolate. Even chewing gum is made using trees! Wood from trees is made into paper. Think of all of the paper you use for reading and writing.

026 (A), (B), (C)의 각 네모 안에서 어법에 맞는 표현을 골라 짝지은 것은?

A group of scientists did an experiment using the following theory: A daily dose of certain beneficial bacteria may keep children who are in hospitals **(A) [getting / from getting]** diarrhea so that they won't have to spend extra time in the hospital. The scientists tested their theory by giving one group of children a dose of beneficial bacteria **(B) [for / during]** their hospital stay. Another group was given a pill that doesn't have any effect. The result was that the risk of getting diarrhea was 80 percent **(C) [low / lower]** in the group that received the bacteria than in the group that didn't.   *diarrhea 설사

	(A)	(B)	(C)
①	getting	for	lower
②	from getting	for	low
③	getting	during	low
④	from getting	during	lower

027 다음 글의 밑줄 친 부분 중, 어법상 틀린 것은?

Petra, in southern Jordan, is an amazing ancient city. ① **Its** buildings and temples were cut out of solid rock dating back 2,000 years. Because it is hidden deep in the mountains, for 700 years very few people knew Petra existed. ② **Despite** there were reports of a lost city in the area, no one could find it. ③ **Spread** over 400 square miles, the enormous city of Petra was built in several stages. It has many marvelous tombs, but no one knows ④ **what** their function was. No bodies were ever found there! Since it was discovered in 1812, Petra has been a popular and fantastic place to visit.

028 (A), (B), (C)의 각 네모 안에서 어법에 맞는 표현을 골라 짝지은 것은?

My grandmother is seventy years old. She has an interest in computers, so she is learning to use **(A)** [it / them] at the public library. In class, she is a good student. She really wants to understand things **(B)** [teaching / taught] by the teacher. So she tries to ask the teacher many questions. I want to be a good student **(C)** [like / likes] her.

	(A)	(B)	(C)
①	it	teaching	like
②	it	taught	likes
③	them	teaching	likes
④	them	taught	like

029 다음 글의 밑줄 친 부분 중, 어법상 틀린 것은?

The pace of my life ① **has been** too fast since I came to America. I have been running after the "American dream" ② **for too long**. And it doesn't bring about happiness, peace, or ③ **any kind of success**. Now I am actually looking forward to spending some quiet nights by myself. I just want to read some novels, take a walk, or ④ **doing anything** that I want.

030 빈칸 (A)와 (B)에 가장 적절한 것끼리 짝지은 것은?

> The Mayan Indians were intelligent, culturally rich people ____(A)____ were many. They had farms, beautiful palaces, and cities with many buildings. The Mayan people knew a lot about nature and the world around them. This knowledge helped them to live a better life than most people of that time. For instance, their knowledge about tools for farming made ____(B)____.

	(A)	(B)
①	who achieved	their work easier
②	who achieved	their work was easier
③	whose achievements	they worked more easily
④	whose achievements	their work easier

031 (A), (B), (C)의 각 네모 안에서 어법에 맞는 표현을 골라 짝지은 것은?

> A woman stands in front of lots of **(A)** [box / boxes] of shampoo. She chooses one brand. Is it much better than the others? Probably not. These days, many products are very similar to one another in **(B)** [its / their] quality and price. If the products are almost the same, what makes customers **(C)** [to buy / buy] one brand instead of another? You may feel that advertisements on TV certainly influence you.

	(A)	(B)	(C)
①	box	its	buy
②	boxes	its	to buy
③	box	their	to buy
④	boxes	their	buy

032 (A), (B), (C)의 각 네모 안에서 어법에 맞는 표현을 골라 짝지은 것은?

In America, there are lots of people **(A)** [who / which] don't get enough food to eat. Some of these people are children. There are over 3 million kids in the Unites States whose families don't have enough food. Children dealing with hunger pains **(B)** [has / have] trouble paying attention in school. They don't have the energy to run around on the playground. And not **(C)** [getting / get] enough to eat for a long time can slow a kid's growth and brain development.

	(A)	(B)	(C)
①	who	has	getting
②	who	have	getting
③	which	have	get
④	which	has	get

033 다음 글의 밑줄 친 부분 중, 어법상 틀린 것은?

On April 6, 1976, I ① **had born** with no arms and no legs. My mother ② **wasn't allowed** to see me on the day when she gave birth to me. After one month, she could see me at last. Everybody was worried about her, but she wasn't ③ **shocked** at all. "④ **How cute you are!**," my mother said when she saw me for the first time. She looked so happy to see me. In those days parents hid handicapped children from the public, but my parents didn't. They took me out with them all the time.

034 (A), (B), (C)의 각 네모 안에서 어법에 맞는 표현을 골라 짝지은 것은?

> Before aspirin was invented, some people made a drink from the bark of a tree **(A)** [**calling** / **called**] the white willow. This drink made their pains and fever **(B)** [**go** / **to go**] away. People had been drinking a white willow bark for thousands of years, but no one knew why it helped. Then, in the 1830s, scientists in England analyzed all the things that **(C)** [**was** / **were**] in the bark of the white willow. They discovered which part of the plant stopped the pain. They called this pain-stopping substance salicin. Soon people started making medicines with salicin and selling it.

	(A)	(B)	(C)
①	calling	go	was
②	calling	to go	was
③	called	go	were
④	called	to go	were

035 다음 글의 밑줄 친 부분 중, 어법상 틀린 것은?

> Even flowers can work for us. Not only they look ① **pretty** but also one kind of flowers ② **is used to tell** how much smog is in the air over Tokyo. Its name is Winter Queen Gamma 3, ③ **that** is a kind of begonia. ④ **When left** out for six days in smog, it gets white spots on its leaves. If the smog continues for two more days, the spots turn into blisters. Then the leaves turn brown and are filled with holes. The flowers are working to warn people living there of this danger.
>
> *blister 물집, 수포

036 다음 글의 밑줄 친 부분 중, 어법상 틀린 것은?

In 1826, Texas was a dangerous place to live in. There were robbers and criminals who could do almost anything they wanted. Stephen Austin felt that Texas ① **had** to become a safer place. He organized about twenty-five men into a unit, ② **which** was called the Texas Rangers. Their job was to go wherever there was trouble and ③ **stop** it. The Texas Rangers became famous for their bravery, fine shooting, and ability to ride horses well. They didn't receive any training or wear uniforms. They were ④ **giving** only a pistol and a rifle. It was not long before Texas became a safer place.

037 (A), (B), (C)의 각 네모 안에서 어법에 맞는 표현을 골라 짝지은 것은?

The more you read, the more you will build up your vocabulary and develop your reading skills. Wherever possible, **(A) [choose / choosing]** books or articles which encourage you to read on. Make sure they are at your level, or only a little above your level, neither too difficult nor too easy. Rather than working with word lists, it is **(B) [usually / usual]** best to see new words in context. Then you will understand how they are used. As you read a new word in context, there is a very good chance that you will be able to guess **(C) [its / their]** meaning.

	(A)	(B)	(C)
①	choose	usually	its
②	choose	usual	its
③	choosing	usually	their
④	choosing	usual	their

038 (A), (B), (C)의 각 네모 안에서 어법에 맞는 표현을 골라 짝지은 것은?

A blog differs from a traditional website in several ways. Most importantly, it is updated more **(A)** [**regular** / **regularly**]. Many blogs are updated every day, and some are updated several times a day. Also, most blogs use special software or websites which are specifically aimed at bloggers, so you don't need to be a computer expert **(B)** [**creates** / **to create**] your own blog. This means that ordinary people who may find computers difficult to use can easily set up and start writing their own blogs. In 2003, the Internet company America Online **(C)** [**introduced** / **was introduced**] their own blogging service, enabling its 35 million members to quickly and easily start blogging.

	(A)	(B)	(C)
①	regular	creates	introduced
②	regular	creates	was introduced
③	regularly	creates	was introduced
④	regularly	to create	introduced

039 다음 글의 밑줄 친 부분 중, 어법상 틀린 것은?

Although Earth's oceans are full of life, many sea creatures are in danger of ① <u>disappearing</u>. For example, populations of large fish, such as tuna and shark, ② <u>have dropped</u> by 90% since 1950. The drop is largely due to increasing fishing along with rising ocean temperatures. Many countries have passed laws ③ <u>which</u> limit fishing in certain areas and forbid the fishing of endangered species. The scientists involved in ocean science ④ <u>hopes</u> that by understanding and learning more about sea life, they can encourage even more people to protect the species that live in the oceans.

*species (생물) 종

040 (A), (B), (C)의 각 네모 안에서 어법에 맞는 표현을 골라 짝지은 것은?

> Harry took the entrance exam for the university **(A)** **[which / where]** he wanted to study. He didn't think he had done well enough to pass the exam because he was ill when he took it. Yesterday he heard that he **(B)** **[had / was]** passed it after all. He was both **(C)** **[surprised / surprising]** and happy. Tomorrow evening, his family will take him out for dinner to celebrate.

	(A)	(B)	(C)
①	which	was	surprised
②	which	had	surprising
③	where	had	surprised
④	where	had	surprising

041 다음 글의 밑줄 친 부분 중, 어법상 틀린 것은?

> People have ① **many different ideas** about what makes a great vacation. Some people like to go for long walks in the forest, where they ② **won't see anyone** for days. Others prefer to spend their holiday in an exciting city. There they can visit museums, theaters, and good restaurants. ③ **Still others** enjoy the fresh air at the seashore. They can spend their days at the beach and listen to the ocean waves at night. A few people decide to stay at home and do some major household projects. They might spend their vacation painting a porch or ④ **to wash** all the windows in their apartment.

042 빈칸 (A)와 (B)에 가장 적절한 것끼리 짝지은 것은?

> The human body is a complex machine. From the day we are born, our bodies ___(A)___ in response to our environment. The body has many different parts that work together to allow us to breathe, move, see, talk, and digest food all at the same time. Most of the time we are unaware of ___(B)___ in our bodies. It is only when we get sick or feel pain that we notice it.

	(A)	(B)
①	grow and change	that is happening
②	grow and change	what is happening
③	growing and changing	that is happening
④	growing and changing	what is happening

043 (A), (B), (C)의 각 네모 안에서 어법에 맞는 표현을 골라 짝지은 것은?

> School uniforms have some advantages. For example, they make all the students feel **(A)** [equal / equally]. People's standards of living differ greatly, and some people are well-off **(B)** [while / during] others are not. School uniforms make all the students look the same whether they are rich or not. They promote pride and raise the self-respect of students who cannot afford **(C)** [to wear / wearing] stylish clothing.

	(A)	(B)	(C)
①	equal	while	to wear
②	equal	during	to wear
③	equally	during	wearing
④	equally	while	wearing

044 다음 글의 밑줄 친 부분 중, 어법상 틀린 것은?

"Your face is so small!" This is ① **something I hear** at least once a month in Korea and have never heard once in the United States. The first time ② **I was told this**, within a few days of arriving in Korea, I ③ **was rather** shocked, and wondered if there was something wrong with my face. Was I a monster? Since then, I understand that it's meant in praise, but I didn't know ④ **how should I respond to it**. "Yes, it is"? "Thank you"? "No, it's not!"? For the lack of a better reply, I usually just say, "Yes, people often tell me that."

045 (A), (B), (C)의 각 네모 안에서 어법에 맞는 표현을 골라 짝지은 것은?

Small talk is a natural human skill. Like walking, running or writing, we are all able to do it at some level. However, the way to get (A) [much / very] better is to practice. If you start practicing small talk, you will notice that the hardest part of having a conversation is starting the conversation. At the beginning you have to find something (B) [what / that] the two of you are interested in talking about. Then you can build to a full conversation. The reason why people start talking about the weather or current events (C) [is / are] that they are harmless and common to everyone.

	(A)	(B)	(C)
①	much	what	are
②	much	that	is
③	very	that	are
④	very	that	is

046 다음 글의 밑줄 친 부분 중, 어법상 틀린 것은?

Cartoons are drawings that tell stories or ① **give** messages. Most cartoons make people ② **laughed**. Some are serious. Many of them teach important lessons. They help people think. People ③ **who** draw cartoons do clever things. They may make extra large heads and small bodies or huge hands and feet ④ **to draw** special attention to them. They may use signs to explain thoughts. For example, a light bulb above the head means a bright idea. Cartoon makers can say much with a simple drawing and a few words.

047 (A), (B), (C)의 각 네모 안에서 어법에 맞는 표현을 골라 짝지은 것은?

I was returning to my car after buying groceries. In the back seat of the car next to mine **(A)** [was / were] two sweet little boys. The windows of the car were down, and the doors were unlocked. In a busy parking lot of a large shopping center, these boys had **(B)** [left / been left] completely alone in the car. The boys kept getting in and out of the car, and could easily have been hit by another car. So, I quickly wrote a note about my concerns, and put **(C)** [it / them] on the front seat.

	(A)	(B)	(C)
①	was	left	it
②	was	been left	them
③	were	left	them
④	were	been left	it

048 다음 글의 밑줄 친 부분 중, 어법상 틀린 것은?

Like most parents, you might have spent money on a toy that your child didn't play with very much. You might have found your child playing ① **much** with the box than the toy that came in it. There is one toy that is a guaranteed winner for children — Blocks. ② **Buying** a set of table blocks, cube blocks, or cardboard blocks is a very good investment in your child's play. Blocks help children ③ **learn** many subjects. Children learn ④ **a lot** about shapes and sizes. Young children develop math skills by counting, matching, sorting, grouping, and adding blocks while they play.

049 (A), (B), (C)의 각 네모 안에서 어법에 맞는 표현을 골라 짝지은 것은?

My wife and I visited my parents **(A)** [during / while] the summer vacation. On the way back home, we had a flat and no spare tire. We walked to a nearby farmhouse for help. The farmer who lived there **(B)** [taking / took] off a tire from his car and said, "Drive into town, get your tire fixed, and leave **(C)** [me / mine] at the gas station. I can't come with you because I'm busy now. I'll get my tire back later on." His trusting action really saved the day for us.

	(A)	(B)	(C)
①	during	taking	mine
②	while	taking	me
③	while	took	me
④	during	took	mine

050 다음 글의 밑줄 친 부분 중, 어법상 틀린 것은?

Julie and I work at a hair salon. While we were busy ① **cutting** our clients' hair, Julie said to me, "I'm having trouble with my car, but it's hard to find someone reliable ② **to repair** it." "A car mechanic isn't much ③ **different** from a doctor," I said. "You pay them to correct your problem, but there's no guarantee that it's fixed." ④ **Realized** that I could have offended someone, I leaned over to Julie's client and asked, "You're not a mechanic, are you?" "No," came the irritated reply, "I'm a doctor."

*guarantee 보장

051 다음 글의 밑줄 친 부분 중, 어법상 틀린 것은?

We eat certain kinds of food because our culture trains us to do so. A typical American breakfast, for instance, might ① **consist of** bacon, sausage, scrambled eggs, and fruit juice. Anything else would seem ② **strange**. So it is true that Koreans define ③ **themselves** by their diet. Even if they move to another country to live, their eating habits are the very last customs ④ **what** they lose. For example, if a Korean family has lived outside the country for generations, they probably still eat rice, kimchi, and lots of red pepper.

052 빈칸 (A)와 (B)에 가장 적절한 것끼리 짝지은 것은?

> Some of you might have difficulties paying attention in math class or studying math. Don't be afraid of talking to your teachers about this problem. They might allow you to sit front, which can help you stay focused. __(A)__ enough sleep can have a big effect on a person's ability to concentrate. If you think you have this problem, then try going to bed thirty minutes earlier. You can also find some way to enjoy math more. Think of each math problem as a puzzle __(B)__. Or look for math in everyday life. For example, if your family is taking a two-hundred-mile trip, try to figure out how long the trip will take.

	(A)	(B)
①	Not getting	to solve
②	Not getting	to be solved
③	Getting not	to solve
④	Getting not	to be solved

053 (A), (B), (C)의 각 네모 안에서 어법에 맞는 표현을 골라 짝지은 것은?

> Do you know that there is a kind of bird that can sew? This bird, called the tailorbird, uses **(A)** [it's / its] beak as a needle. It sews leaves together in the shape of a cup. Then it lines the cup with straw and **(B)** [lies / lays] eggs there. Each species builds its own special kind of nest. The most common materials **(C)** [used / using] for nests are grasses, branches, and feathers. A bird must sew materials into a nest. Imagine building a house without cement or nails to hold it together!

	(A)	(B)	(C)
①	it's	lies	used
②	its	lays	using
③	it's	lies	using
④	its	lays	used

054 (A), (B), (C)의 각 네모 안에서 어법에 맞는 표현을 골라 짝지은 것은?

> Did you know that lights can be used to **(A)** **[get / getting]** more milk from a cow? Some scientists kept a group of cows in a barn during the winter. Lights were turned on for 16 hours each day. The cows gained extra weight and started giving **(B)** **[much / more]** milk than before. Cows aren't the only animals that produce more when the lights are kept on. Chickens lay more eggs and lambs grow faster when lights are on for 16 hours. Why does this happen? Scientists believe that the added lights send a special signal to the animals' brains. But no one is sure just exactly **(C)** **[how this works / how does this work]**.

	(A)	(B)	(C)
①	get	much	how does this work
②	get	more	how this works
③	getting	more	how does this work
④	getting	much	how this works

055 (A), (B), (C)의 각 네모 안에서 어법에 맞는 표현을 골라 짝지은 것은?

A baby's early experiences **(A)** [influence / influences] its brain development. What happens in the first three years of a baby's life affects its emotional development and learning abilities for the rest of its life. It is a well-known fact that **(B)** [talk / talking] to babies increases their language ability. Some parents even think that it's important to play Mozart to infants and show them famous works of art. However, there is no scientific evidence to support this. Rather, it is likely that babies whose parents rarely talk to them or hold them can be damaged for life. One study shows that kids **(C)** [who / which] hardly play develop brains 20% to 50% smaller than normal.

	(A)	(B)	(C)
①	influence	talk	which
②	influences	talking	which
③	influence	talking	who
④	influences	talk	who

056 다음 글의 밑줄 친 부분 중, 어법상 틀린 것은?

If you catch a frog in China, you are breaking the law. For years, frogs ① **have been** a favorite food in China. They're also fed to ducks and chickens. As a result, there are ② **fewer** frogs in China than in the past. The Chinese government, however, wants to increase the number of frogs. Frogs eat insects that ③ **are harmful** to people and crops. If there were more bug-eating frogs, China wouldn't have to use as much insect spray. This would save money and cut down on chemicals in the air. So the government has ordered people to stop catching, buying, ④ **or sell** frogs.

057 다음 글의 밑줄 친 부분 중, 어법상 틀린 것은?

The competition to sell manuscripts to publishers ① **is** fierce. I would estimate that less than one percent of the material ② **sent** to publishers is ever published. Since so much material is being written, publishers can be very selective. The material they choose to publish must not only have commercial value, but ③ **being** very competently written and free of editing and factual errors. Any manuscript that contains errors stands ④ **little** chance at being accepted for publication. Most publishers will not want to waste time with writers whose material contains too many mistakes.

058 다음 글의 밑줄 친 부분 중, 어법상 틀린 것은?

One of the problems at Christmas time is unwanted gifts. Some people receive unwanted gifts from their family, friends, colleagues, and even strangers. An American Express survey about Christmas gifts found that the "worst" Christmas gift ① **to get** is a fruitcake. In fact, it even finished ahead of "no gift at all." And what are you going to do with that gift you really didn't want ② **that** Aunt Martha gave you? The survey said that when ③ **asking** how to dispose of a bad gift, 30% of respondents would hide it in the closet, 21% would return it, and 19% would give it to someone else. I find this very ④ **selfish**. A gift is a gift, and it should be treated as such.

059 다음 글의 밑줄 친 부분 중, 어법상 <u>틀린</u> 것은?

For humans, play does not stop with the end of childhood. Play is such an important aspect of adult existence that it always becomes ① **heavily** institutionalized. There is art and music, there is sport and pastimes, and there is the enormous holiday and tourism industry. Of course, all the varied activities that make up human adult play ② **become** work for some people — professional athletes and artists, for example. But for ③ **most** people, they stay an amateur (that is, a play-based) status. The interesting question is whether the professional tennis player or artist, golfer or musician is playing or working, being driven by intrinsic or extrinsic motivation. The answer is ④ **what** it is probably a mixture of both.

*institutionalized 일상화된, 관행화된

060 (A), (B), (C)의 각 네모 안에서 어법에 맞는 표현을 골라 짝지은 것은?

> We normally pay little attention to the weather. It behaves roughly as it should and therefore **(A)** [**stay** / **stays**] outside of the news itself. It is rare for us even to look up for long. We certainly don't follow the example of John Constable, who for periods between 1821 and 1822 **(B)** [**spent** / **spending**] several hours each day intently examining the moods of the sky, producing 150 precise and quietly stunning watercolor, crayon, and oil studies of the cloud formations drifting over his head — in a process of devoted observation he called "skying." Our eyes are instead fixed on the human drama below: who was hired, who was fired, how the budget stand-off was resolved. **(C)** [**It** / **What**] is above us in the atmosphere is daily simplified into one of a handful of weather forecasters' beloved icons, which can't possibly express the subtleties of the sky.
>
> *stand-off 교착 상태 **subtlety 미묘함

	(A)	(B)	(C)
①	stay	spent	It
②	stays	spent	What
③	stay	spending	What
④	stays	spent	It

061 다음 글의 밑줄 친 부분 중, 어법상 틀린 것은?

Are you going to make a movie for art's sake — to explore your vision and style, or maybe just ① **to learn** the process of filmmaking? Or are you looking to produce a commercially successful movie ② **that** can be sold and hopefully generate a profit? Contrary to the popular belief of many filmmakers, these two options are almost always mutually exclusive. Most commercially produced movies tend to rely on a time-proven, revenue-generating formula ③ **designed** to appeal to the widest possible audience. The industry has to sell as many tickets as possible to cover the film's production and marketing costs ④ **because** of the marketing budget for most Hollywood movies is significantly higher than the production budget. Unfortunately, this commercialization tends to discriminate against artistic films that play to a smaller audience, leaving those productions to run, at best, in local art theaters and small film festivals.

062 다음 글의 밑줄 친 부분 중, 어법상 틀린 것은?

There was a time in the 1940s when teachers in the state of Pennsylvania had to get permission from parents to strike a child. That was the law. Not only ① **did** my mother sign the doctrine for my fourth-, fifth-and sixth-grade teachers, but she also cut the stick and put my name on it before she gave it to each teacher. However, there were rules. There was only one area my mother allowed the teachers ② **to strike** me and that area was called the buttocks or, in those days, the behind. There were no conditions on the number of times I could be struck and my mother requested that it ③ **not be** a public striking. So I ④ **brought** into a room then called the "cloakroom," which always confused me because I never wore a cloak. Later, I learned that room was where topcoats were hung.

063 다음 글의 밑줄 친 부분 중, 어법상 틀린 것은?

Abraham Lincoln was once asked how long a man's legs should be; he responded, "Long enough to reach the ground." Likewise, the question "How much time does it take ① **to read** people?" can be answered: "As much time as you have." There is seldom a premium on the speed ② **with which** we read people; most deadlines for decision making are self-imposed. If you consider all the time that you really have available, you'll have as ③ **much** as you need. If you're offered a job, the offer probably won't vanish if you ask for a few days to think about it. You seldom need to make a decision about a doctor, lawyer, accountant, day-care provider, mechanic, or purchase on the spur of the moment. So don't! ④ **Asking** yourself what information would help you make the best choice, and then take the time to gather it. If you're still not sure, sleep on it.

064 다음 글의 밑줄 친 부분 중, 어법상 틀린 것은?

Cutting costs can improve profitability but only up to a point. If the manufacturer cuts costs so deeply ① **that** doing so harms the product's quality, then the increased profitability will be shortlived. A better approach is to improve productivity. If businesses can get more production from the same number of employees, they're ② **basically** tapping into free money. They get more product to sell, and the price of each product falls. As long as the machinery or employee training ③ **needed** for productivity improvements costs less than the value of the productivity gains, it's an easy investment for any business to make. Productivity improvements are as important to the economy as they ④ **do** to the individual business that's making them. Productivity improvements generally raise the standard of living for everyone and are a good indication of a healthy economy.

065 다음 글의 밑줄 친 부분 중, 어법상 틀린 것은?

Lorenz devoted much of his time to ① **observing** birds, including geese. From these observations ② **came** one of his most important discoveries. In 1935, Lorenz concluded that if a mother goose is not present when her baby geese hatch, they will consider the first moving object they see ③ **to be** their mother. Lorenz found that if the moving object happened to be himself, the baby geese would follow him as if he were their mother. He found this to be true with ducks, too. Lorenz called this behavior imprinting. Imprinting is important because in order for baby animals ④ **survive**, they must recognize a mother who will feed and protect them.

066 다음 글의 밑줄 친 부분 중, 어법상 틀린 것은?

The importance of the contexts in which writing is learned or utilized was already plain in early modern Europe, where reading and writing were often taught ① **separately**. For the commercial context of literacy and the business demand for writing and numeracy, we may turn to Florence in the fourteenth and fifteenth centuries, where ② **specialized** abacus-schools taught writing and arithmetic to boys who were going to become merchants or bookkeepers. Florence might be described as a notarial culture, ③ **which** written documents had an essential function, especially to record transfers of property. Nonprofessional literacy was relatively high in Florence, and the practice of keeping diaries ④ **was** relatively widespread. Examples of this kind of personal document can also be found in other towns, focusing on the family or the city rather than the individual, sometimes circulated in manuscript form within an urban neighborhood.   *abacus 주판 **notarial 공증의

067 다음 글의 밑줄 친 부분 중, 어법상 틀린 것은?

In the 1990s a study was conducted at Yale University. Two groups of actors had to get themselves into different emotional states. The first group made themselves ① **angry** by imagining frustrating and disturbing situations. The second group kept themselves calm and peaceful. Each group had their heart rate, blood pressure and respiration ② **monitored**. Each group was then asked ③ **to do** various forms of light exercise, such as climbing stairs. The angry group's physiological measurements were less healthy. The other group, the calm actors, ④ **enjoying** the physical benefits of the exercise. Most people believe that exercise is good for reducing stress, but your state of mind when doing that exercise is proving to be critical. In fact, it could be physiologically better for you to adjust your state of mind first.

068 다음 글의 밑줄 친 부분 중, 어법상 틀린 것은?

If one defines an interview as a conversation, then a schedule-standardized interview ① **is** a very rigid form of conversation, almost like a play with a fixed script. In its most structured form, a structured interview may involve the reading of a prepared questionnaire to respondents and then ② **filling** in an answer form or response sheet on the basis of their answers. The questions ③ **are provided** in a systematic order, with minimal or no deviation from the prepared script. In a structured interview, the role of the interviewer is to ask the questions and the role of the respondent is to provide the answers with minimal extraneous information. Conversely, an unstructured interview may involve the interviewer asking no direct questions, but simply prompting respondents to reflect on ④ **his** current interests and concerns. Clearly, between these extremes lie a variety of different types of interview strategies and degrees of structure.

*extraneous 관련 없는

069 (A), (B), (C)의 각 네모 안에서 어법에 맞는 표현을 골라 짝지은 것은?

> English speakers have one of the simplest systems for describing familial relationships. Many African language speakers would consider it absurd to use a single word like "cousin" to describe both male and female relatives, or not to distinguish whether the person **(A)** [described / describing] is related by blood to the speaker's father or to his mother. To be unable to distinguish a brother-in-law as the brother of one's wife or the husband of one's sister would seem confusing within the structure of personal relationships existing in many cultures. Similarly, how is it possible to make sense of a situation **(B)** [which / in which] a single word "uncle" applies to the brother of one's father and to the brother of one's mother? The Hawaiian language uses the same term to refer to one's father and to the father's brother. People of Northern Burma, who think in the Jinghpaw language, **(C)** [has / have] eighteen basic terms for describing their kin. Not one of them can be directly translated into English.

	(A)	(B)	(C)
①	described	which	have
②	describing	in which	has
③	described	in which	have
④	describing	which	has

070 다음 글의 밑줄 친 부분 중, 어법상 틀린 것은?

Before refrigerators, people used ice houses ① **to preserve** their food. Ice houses had thick walls, no windows, and a tightly fitted door. In winter, when streams and lakes were frozen, large blocks of ice were cut, carried to the ice houses, and covered with sawdust. Often, the ice would last well into the summer. One day, while ② **working** in an ice house, a man lost a valuable watch. He searched relentlessly for it, carefully raking through the sawdust, but couldn't find it. His fellow workers also looked, but their efforts, too, proved unsuccessful. A small boy in the neighborhood ③ **who** heard about the fruitless search slipped into the ice house during the noon hour and soon emerged with the watch. Amazed, the men asked him how he found it. "I closed the door," the boy replied, "lay down in the sawdust, and kept very still and ④ **quietly**. Soon I heard the watch ticking."

071 다음 글의 밑줄 친 부분 중, 어법상 틀린 것은?

Energy doesn't like to sit around, which is hardly surprising, ① **given** that it's so energetic. Energy is always here, there, and everywhere; always doing this and that; always changing into something new. It's like the trendiest party lover in the universe. Besides ② **propelling** us down highways and into physics experiments, energy keeps us warm, grows our food, and helps us see. It even gets us up in the morning and makes the toast. So, where does the energy come from? All our energy comes, ③ **initially**, from the sun. The sun is one great big long-lasting explosion, which is throwing solar energy at us at a fantastic rate. A third of what comes our way is bounced straight back off the Earth's atmosphere and the clouds and ④ **to go** back into space, yet our planet still absorbs more energy from the sun in 1 hour than humans burn in 10 months.

072 다음 글의 밑줄 친 부분 중, 어법상 틀린 것은?

When connecting to a wireless router at a coffee shop or public library, there should be an expectation that many unknown, and thus untrusted, people are connected to the same wireless router. Because of this, one must assume that their traffic will be "sniffed" and therefore should act ① **accordingly**. This same communal sharing of a wireless network, however, should not occur with a wireless router ② **that** you own and use in your private residence. The term piggybacking refers to a user connecting to a private wireless network not ③ **intended** to be available for general public use. An attacker who piggybacks ④ **connecting** to a wireless router without permission and often even without the router's owner knowing; thus, it is an unauthorized connection. Many times, piggybacking is enabled because the owner of the wireless router failed to activate the router's security mechanisms that require all users to know a password before being granted access to the network.

*router 라우터(인터넷 네트워크 연결 장치)

073 다음 글의 밑줄 친 부분 중, 어법상 틀린 것은?

What comes to mind when we think about time? Let us go back to 4,000 B.C. in ancient China where some early clocks were invented. ① **To demonstrate** the idea of time to temple students, Chinese priests used to dangle a rope from the temple ceiling with knots representing the hours. They would light it with a flame from the bottom so that it burnt evenly, ② **indicating** the passage of time. Many temples burnt down in those days. The priests were obviously not too happy about that until someone invented a clock ③ **was made** of water buckets. It worked by punching holes in a large bucket ④ **full** of water, with markings representing the hours, to allow water to flow out at a constant rate. The temple students would then measure time by how fast the bucket drained. It was much better than burning ropes for sure, but more importantly, it taught the students that once time was gone, it could never be recovered.

074 다음 글의 밑줄 친 부분 중, 어법상 **틀린** 것은?

When people face real adversity — disease, unemployment, or the disabilities of age — affection from a pet takes on new meaning. A pet's continuing affection becomes crucially important for ① **those** enduring hardship because it reassures them that their core essence has not been damaged. Thus pets are important in the treatment of ② **depressed** or chronically ill patients. In addition, pets are ③ **used** to great advantage with the institutionalized aged. In such institutions it is difficult for the staff to retain optimism when all the patients are declining in health. Children who visit cannot help but remember what their parents or grandparents once were and be depressed by their incapacities. Animals, however, have no expectations about mental capacity. They do not worship youth. They have no memories about what the aged once ④ **was** and greet them as if they were children. An old man holding a puppy can relive a childhood moment with complete accuracy. His joy and the animal's response are the same.

075 (A), (B), (C)의 각 네모 안에서 어법에 맞는 표현을 골라 짝지은 것은?

> A tree is a huge biomass that affects everything around it. By its sheer size it provides homes for many creatures and insects, all of **(A)** [them / which] also use it for food. These creatures often distribute the seeds of the tree in return. The roots have fungi that benefit the soil, and trunks and leaves provide shelter from the wind. Even more importantly, the tree changes the temperature and climate around itself. A large oak tree can release through evaporation 40,000 gallons of water per year. Not only is this **(B)** [critical / critically] for the earth's water cycle, but it also cools the surrounding air and helps rainfall. On top of all of this, the structures of the tree **(C)** [store / stores] water in the canopy and bark, and from there water runs off down to the plants and soil below.
>
> *fungus 균류, 곰팡이류 **canopy (숲의 나뭇가지들이) 지붕 모양으로 우거진 것

	(A)	(B)	(C)
①	them	critical	stores
②	them	critically	store
③	which	critically	stores
④	which	critical	store

076 다음 글의 밑줄 친 부분 중, 어법상 틀린 것은?

Advertisers have hit on one particularly effective way of seeming to argue against their own interests. They mention a minor weakness or drawback of their product in the ads ① **promoting** it. That way, they create a perception of honesty ② **from which** they can be more persuasive about the strengths of the product. Advertisers are not alone in the use of this tactic. Attorneys are taught to "steal the opponent's thunder" by mentioning a weakness in their case before the opposing lawyer ③ **does**, thereby establishing a perception of honesty in the eyes of jury members. Experiments have demonstrated that this tactic works. When jurors heard an attorney bring up a weakness in his own case first, jurors assigned him more honesty and were more favorable to his overall case in their final verdicts ④ **because** that perceived honesty.

*verdict (배심원단의) 평결

077 (A), (B), (C)의 각 네모 안에서 어법에 맞는 표현을 골라 짝지은 것은?

> Technological advances have increased exposure to new food choices by allowing food products to be distributed from one continent to another while reducing the risk of spoilage and contamination. Before the nineteenth century, the only methods available for preserving meat **(A)** [**was / were**] drying, salting, and smoking, none of which were entirely practical since large quantities of food could not be processed or preserved for very long. The canning process was developed in 1809 and was a product of the Napoleonic wars; the process allowed heat-sterilized food to be stored for longer periods of time without spoiling. Further methods of processing in the twentieth century **(B)** [**involving / involved**] dehydrating, freezing, and treating with ultrahigh temperatures, increasing shelf life, convenience, and variety of food products. In addition, refrigeration, vacuum packing, fast freezing, etc. ensured **(C)** [**that / whether**] seasonal items would be available year-round in economically developed societies.
>
> *heat-sterilized 가열 살균 처리된 **dehydrate 건조 탈수하다

	(A)	(B)	(C)
①	was	involving	that
②	was	involved	whether
③	were	involved	that
④	were	involving	whether

078 다음 글의 밑줄 친 부분 중, 어법상 **틀린** 것은?

When people don't trust their own judgments, they look to others for evidence of how ① **to choose** correctly. This self-doubt may come about because the situation is ambiguous, as it was in a classic series of experiments conducted by the Turkish social psychologist Muzafer Sherif. Sherif projected a dot of light on the wall of a darkened room and ② **asking** subjects to indicate how much the light moved while they watched it. Actually, the light never moved at all, but because of an optical illusion ③ **termed** the autokinetic effect, it seemed to shift constantly about, although to a different extent for each subject. When participants announced their movement estimates in groups, these estimates were strongly influenced by ④ **what** the other group members estimated; nearly everyone changed toward the group average. Sherif concluded that when there's no objectively correct response, people are likely to doubt themselves and thus are especially likely to assume that the group must be right.

*optical illusion 착시

079 (A), (B), (C)의 각 네모 안에서 어법에 맞는 표현을 골라 짝지은 것은?

> Programs that offer minimal training to musicians with performance degrees in an attempt to make them instant teachers do not adequately prepare those performers for the life of a professional educator. Not only **(A)** **[is / has]** their expertise narrowly defined, but they often lack any concept of how to interact with or inspire young musicians. They may justify the challenges they experience by blaming students for "not wanting to learn". Similarly, they do not have experience with or understand the nature and structure of schools. Further complicating this scenario is the fact **(B)** **[that / which]** administrators typically lack the skill and knowledge required to properly supervise music teaching and programs. While excellence is usually easy to recognize, it is much more difficult for administrators to identify mediocre or poor programs in music and **(C)** **[provide / provides]** the necessary guidance and assistance to bring about needed improvement.
>
> *complicate 복잡하게 만들다 **mediocre 보통밖에 안 되거나 좋지 못한

	(A)	(B)	(C)
①	is	that	provide
②	is	which	provide
③	has	that	provides
④	has	which	provides

080 다음 글의 밑줄 친 부분 중, 어법상 틀린 것은?

① **Wrapped** up in the idea of embracing failure is the related notion of breaking things to make them better — particularly complex things. Often the only way to improve a complex system is to examine its limits by forcing ② **itself** to fail in various ways. Software, among the most complex things we make, is usually tested for quality by employing engineers to systematically find ways to crash it. Similarly, one way to troubleshoot a complicated device ③ **that's** broken is to deliberately force negative results (temporary breaks) in its multiple functions in order to locate the actual dysfunction. Great engineers have a respect for breaking things that sometimes ④ **surprises** nonengineers, just as scientists have a patience with failures that often puzzles outsiders. But the habit of embracing negative results is one of the most essential tricks to gaining success.

*troubleshoot (고장을) 수리하다 **dysfunction 기능 장애

081 (A), (B), (C)의 각 네모 안에서 어법에 맞는 표현을 골라 짝지은 것은?

> Imagination and creativity are the gate keys of fantasy role-playing. If students cannot imagine themselves engaged by the fantasy world described to **(A)** [it / them], then the game cannot get off the ground. The students exercise their imagination and creativity in countless ways, from taking on the role of their assigned characters to **(B)** [interact / interacting] with other creatures and alien environments. In every case, what is minimally called for is imaginative flexibility in order to react appropriately to the multiple situations the students encounter, while looking ahead to the consequences of various actions and decisions. This means **(C)** [that / what] fantasy role-playing provides an ideal environment to cultivate and test the productive use of imagination, utilizing it to enliven the fantasy narrative, envision alternatives, and empathize with others.
>
> *empathize 공감하다

	(A)	(B)	(C)
①	it	interact	that
②	it	interacting	what
③	them	interacting	that
④	them	interact	what

082 다음 글의 밑줄 친 부분 중, 어법상 틀린 것은?

When an underwater object is seen from outside the water, its appearance becomes distorted. This is ① **because** refraction changes the direction of the light rays that come from the object. When these rays enter the eyes of an observer, nerves in the eyes send signals to the observer's brain. The brain then constructs a picture based on ② **where** the rays appear to have come from. It does this without accounting for the effects of refraction, ③ **so** the object's appearance is distorted. When one looks at a straw in a glass of water, light rays from the part of the straw that is underwater ④ **refracting** at the surfaces between the water and the glass and between the glass and the air. The rays appear to come from closer to the surface than they are, and the straw looks bent. If the straw were viewed from underwater, the part above water would be distorted.

*refraction 굴절

083 다음 글의 밑줄 친 부분 중, 어법상 틀린 것은?

Ohio State University football coach Woody Hayes once visited the troops in Vietnam to raise their morale. During one stop, he spoke to the troops, then asked ① **if** there was anyone from Ohio who was not able to be present because of duty. After finding out that an Ohio soldier was on guard duty in an unsafe zone, Mr. Hayes insisted that a helicopter take him to the soldier, ② **which** he attempted to autograph a photograph for the soldier, but discovered that his only pen was out of ink. He told the soldier, "Come see me when you ③ **get** home and I'll finish signing the picture." Three years later, the ex-soldier was attending the Ohio State University. When he went to Mr. Hayes' office, the coach wasn't there, but the ex-soldier ④ **did** leave his telephone number. After attending classes, he went home and found Mr. Hayes waiting for him. Mr. Hayes finished signing the photograph, then stayed for a dinner of macaroni and cheese with the ex-soldier and his wife.

*morale 사기

084 다음 글의 밑줄 친 부분 중, 어법상 틀린 것은?

The principal concern at the beginning of an oil spill is one of public and vessel safety. Spills that occur in areas where the oil remains confined ① **to increase** the initial risk of fire or explosion. Public and vessel safety must be addressed immediately and the necessary actions ② **that** are taken to control or manage potential safety hazards could be economically costly. Areas may need to be closed or access ③ **temporarily** restricted for vessels, vehicles, and personnel. Operations such as welding, cutting, or other spark-generating activities may need to be restricted or prohibited until the risk of fire hazard no longer ④ **exists**. Such restrictions and interferences may affect normal operations in the port or harbour, to the extent that the indirect costs could exceed the direct costs associated with any physical damage from collision, explosion or fire, loss of cargo and cleanup.

*welding 용접 **cargo 화물, 뱃짐

085 다음 글의 밑줄 친 부분 중, 어법상 틀린 것은?

Many environmental problems are local in scale, and people confronted them before the word 'environment' existed. For example, the common practice in medieval Europe of tossing sewage into the street caused an environmental problem that was ① **largely** local in scope. My neighbor who insists on playing heavy metal music at all hours also ② **cause** a local environmental problem. Noise is ubiquitous in modern life, and we do not often think of it in this way, but it has ③ **many** of the hallmarks of a classic pollutant. It causes people to lose sleep and to stay away from home, and it generally degrades their quality of life. There is evidence ④ **that** persistent exposure to high levels of noise can even raise blood pressure and serum cholesterol. Noise pollution can spread out from being a matter of one household affecting another, to being a serious urban problem.

*ubiquitous 어디에나 있는 **degrade (질적으로) 저하시키다

086 다음 글의 밑줄 친 부분 중, 어법상 틀린 것은?

The Abilene paradox was suggested by Jerry Harvey as a result of his experiences on a trip to Abilene. Sitting together with his family on a very hot (104°F) Sunday afternoon, Jerry's father-in-law suggested that the family, who were at that point quite relaxed, all ① **travel** to Abilene to have dinner. This would involve a round trip of over four hours in a car without air conditioning. The family set off across the desert in blasting temperatures, to eat a tasteless meal, only ② **to return** home exhausted. What was significant about the event was ③ **that** nobody in the family wanted to go in the first place, even Jerry's father-in-law. They had assumed that each of the others wanted to go. Nobody had raised doubts about the journey because they wanted to keep the others happy. In fact, everyone had done exactly the opposite of ④ **which** they really wanted to do.

087 다음 글의 밑줄 친 부분 중, 어법상 틀린 것은?

An imaginary company called ComTech illustrates the consequences of changing technology without ① **analyzing** the constraints of culture and the interaction of subcultures. ComTech decided to increase its competitiveness by rapidly evolving to the paperless office with all major transactions to be ② **done** by the computer in the very near future. To accomplish this change, they hired a talented manager of information technology (IT) ③ **which** had a proven track record in implementing new systems. She was given a tough target of converting the clerical staff to the new paperless system within one year. Training modules were created to teach employees how to use the new system ④ **effectively**. But the IT manager was not aware that the company was, at the same time, launching intensive productivity efforts that signaled to the employees that they had to get their normal work done in addition to whatever training they could squeeze in. The subculture of production was not in line with the subculture of IT, which resulted in poor training.

*clerical 사무직의

088 (A), (B), (C)의 각 네모 안에서 어법에 맞는 표현을 골라 짝지은 것은?

In professional nursing today, there is an increasing emphasis on evidence-based practice. Almost all of the currently used nursing theories address this issue in some way. Simply stated, evidence-based practice is the practice of nursing in **(A)** [**what** / **which**] interventions are based on data from research that demonstrates that they are appropriate and successful. It involves a systematic process of uncovering, evaluating, and using information from research as the basis for making decisions about and **(B)** [**provides** / **providing**] client care. Many nursing practices and interventions of the past were performed merely because they had always been done that way (accustomed practice) or because of deductions from pathophysiological information. Clients are now more sophisticated and knowledgeable about health-care issues and demand a higher level of knowledge and skill from **(C)** [**its** / **their**] health-care providers.

*pathophysiological 병리 생리학적인

	(A)	(B)	(C)
①	what	provides	its
②	what	providing	their
③	which	provides	its
④	which	providing	their

089 (A), (B), (C)의 각 네모 안에서 어법에 맞는 표현을 골라 짝지은 것은?

> When I do head to the store to buy new clothes, I try hard not to be sucked into buying the latest, cheapest fashions. Instead I look for high-quality, versatile pieces that will still be in fashion next year and the year after. My eco-radar is always on, searching for clothing **(A)** [made / making] from earth-friendly fabrics like organic cotton or recycled wool. My conscience feels best when I buy from companies that follow fair trade principles instead of **(B)** [them / those] that utilize sweatshops to make their goods. If you're like me, you can't afford the organic and fair trade versions every time, but know **(C)** [that / what] each time you do choose to spend your clothing dollars on a sustainable alternative, it makes a difference in the world.
>
> *versatile 다용도의 **sweatshop 노동력 착취 공장

	(A)	(B)	(C)
①	made	them	that
②	made	those	that
③	making	those	what
④	making	them	what

090 (A), (B), (C)의 각 네모 안에서 어법에 맞는 표현을 골라 짝지은 것은?

> In the midst of the civil war in the Roman Empire, one emperor, Vespasian, assumed power. His hold on power was not secure, and he had to think quickly about how to gain acceptance from the people and **(A)** [**bring** / **brought**] about stability to his rule. In this, he came to understand that he could mesmerize the masses by providing them with sports spectaculars as a means of great entertainment. If he could supply them with **(B)** [**so** / **such**] enthusiastic events, they would perceive it as a great achievement on his part. As part of this effort, Vespasian, along with his son, Titus, ordered a huge sports arena to **(C)** [**build** / **be built**]. At the time, it was called the Flavian Amphitheater, but it would later be known as the Colosseum.
>
> *mesmerize 최면을 걸 듯 마음을 사로잡다

	(A)	(B)	(C)
①	bring	so	build
②	bring	such	be built
③	brought	so	be built
④	brought	such	build

091 (A), (B), (C)의 각 네모 안에서 어법에 맞는 표현을 골라 짝지은 것은?

> Fear is directly linked with desire. The stronger we desire something, the more **(A)** [intense / intensely] we fear losing it. Urged by various instincts, we strongly want, desire, and need both material and immaterial things. These range from life itself and the presence of loved ones to **(B)** [want / wanting] fame, fortune, power, prestige, love, arts, sports, and so on. Each of these provides us with a different sort of pleasure and satisfaction, and life becomes richer and highly desirable, and the thought of losing these objects **(C)** [strikes / to strike] fear in our hearts. Depending on which we cherish the most, we fear losing that the most intensely. Death, in particular, puts an end to these attachments and their related joys, and thus, people normally fear death the most.
>
> *prestige 명망

	(A)	(B)	(C)
①	intense	want	strikes
②	intensely	wanting	strikes
③	intense	wanting	to strike
④	intensely	want	to strike

092 (A), (B), (C)의 각 네모 안에서 어법에 맞는 표현을 골라 짝지은 것은?

People hate to lose something more than they like gaining something of equal value. Given this near-universal truth about the human psyche, it may not be surprising **(A)** [**that** / **what**] many acts of dishonesty and cheating in the real world are born from fear of losing something we value. Pressure to avoid getting an "F" in a class leads many students **(B)** [**bring** / **to bring**] cheat sheets into exams more so than does the possibility of getting an "A." Pressure to avoid losing market share tempts those in business to break laws more often than does setting new sales records. Not owing the government additional money is a bigger motivator for cheating on taxes than is getting a bigger refund. Sure, in all these cases gains like the bigger sales figure or the bigger refund may motivate people to cheat, but the point is that they'll never be as **(C)** [**motivated** / **motivating**] as avoiding a loss of equal amount.

*psyche 마음, 정신

	(A)	(B)	(C)
①	that	bring	motivated
②	that	to bring	motivating
③	what	to bring	motivated
④	what	bring	motivating

093 다음 글의 밑줄 친 부분 중, 어법상 틀린 것은?

Bert and Betty Oliver met at a friend's wedding. For a year they sustained a long-distance romance ① **complete** with frequent plane trips and multipage phone bills. Eventually Betty moved from Cincinnati to Chicago to be with Bert and they married six months later. Both said they came from families ② **which** the parents weren't very communicative or intimate. Bert and Betty were determined to learn from their parents' mistake and ③ **made** communication a priority in their relationship. Although they squabbled occasionally, they usually addressed their differences before the anger boiled over. They tried to be understanding of each other's point of view and usually were able to arrive at a compromise. ④ **Married** only two years when first interviewed, Betty expressed delight that she had been able to find "a truly nice man." Bert still considered himself lucky that someone as lovely as Betty was interested in him.

*squabble 옥신각신하다

094 (A), (B), (C)의 각 네모 안에서 어법에 맞는 표현을 골라 짝지은 것은?

When it comes to Korean pickles, napa cabbage kimchi is the avatar of all things Korean. Unlike the pickle slice **(A) [it / that]** may or may not be next to your sandwich, kimchi is unquestionably a part of a Korean meal — it's nonnegotiable. This single foodstuff has completely infiltrated Korean culture; there is kimjang, the annual joint kimchi-making ritual that happens each November all over the country; there is a kimchi museum in Seoul and a kimchi institute of culture; and one of the most **(B) [requested / requesting]** wedding gifts of modern-day Koreans is a specialized kimchi refrigerator — for many, a fridge, with its precise temperature controls and large storage capabilities, beats the ancient practice of burying earthenware pots underground. Kimchi — its flavor, health-enhancing properties, and other virtues — is a frequent subject of conversation in Korea and, increasingly, beyond. For me, it just makes the taste of rice come alive, and **(C) [eat / eating]** some foods without it — such as fried rice, noodles, or beef tacos — feels like some sort of undue punishment.

*infiltrate 스며들다, 침투하다 **earthenware pot (옹기로 만든) 독 ***undue 과도한

	(A)	(B)	(C)
①	it	requested	eat
②	it	requesting	eating
③	that	requesting	eat
④	that	requested	eating

095 다음 글의 밑줄 친 부분 중, 어법상 틀린 것은?

Economic growth is almost universally considered a worthwhile goal. Ecological conservation and cultural preservation are also accepted as ① **important**. These three large-scale systems are not independent so one cannot focus on one goal while ② **ignoring** the other two. The ever-expanding web of globalization and industrialization, partly caused by the expanding human population, further links these three systems. In 1987, the term 'sustainable development' ③ **brought** into common use by the World Commission on Environment and Development. The commission's report, Our Common Future, defined the term as a form of development ④ **that** "meets the needs of the present without compromising the ability of future generations to meet their own needs." Both developed and developing countries have embraced the concept of sustainable development, but often in different ways. The shared goal, however, is to maintain and improve the long-term welfare of both humans and ecosystems.

096 다음 글의 밑줄 친 부분 중, 어법상 틀린 것은?

In the context of SNS, media literacy has been argued to be especially important in order to make the users aware of their rights when ① **using** these tools, and also help them acquire or reinforce human rights values and develop the behaviour necessary to respect other people's rights and freedoms. With regard to peer-to-peer risks such as bullying, this last element is ② **of particular importance**. This relates to a basic principle that children ③ **are taught** in the offline world as well: 'do not do to others what you would not want others to do to you'. This should also be a golden rule with regard to SNS, but for children and young people it is much more difficult to estimate the consequences and potential serious impact of their actions in this environment. Hence, ④ **raise** awareness of children from a very early age about the particular characteristics of SNS and the potential long-term impact of a seemingly trivial act is crucial.

097 (A), (B), (C)의 각 네모 안에서 어법에 맞는 표현을 골라 짝지은 것은?

No cucumbers burp, but compounds called cucurbitacins produced in the skin of the fruit can have an adverse effect on the digestive system of those who eat them. Cucurbitacins also taste bitter, ruining the best cucumber sandwich. Due to genetic differences, one person in five can't taste cucurbitacins at all, which explains **(A) [what / why]** some people think others are crazy when they complain about bitter-tasting cucumbers. But two in five people have an acute sensitivity to cucurbitacins, which makes it understandable if they think the rest of us are crazy for eating cucumbers at all. The standard solution to the problem used to be simply **(B) [peeling / peeled]** the offending skin. But people are not the only ones affected by cucurbitacins. Insect pests are attracted to the compounds and focus on cucumber plants that produce **(C) [them / themselves]**, either naturally or through stress. So when plant breeders developed "burpless" varieties, with little to no cucurbitacin in the skins, everyone was happy but the bugs.

*burp 트림하다

	(A)	(B)	(C)
①	what	peeling	them
②	what	peeled	themselves
③	why	peeling	them
④	why	peeled	themselves

098 다음 글의 밑줄 친 부분 중, 어법상 틀린 것은?

Several species of Homo belonged in the genus hominid, all of ① **them** living in Africa between 2.5 and 1.8 million years ago. The best known is Homo habilis, "handy man." These creatures' brains were half again as large as those of the Australopithecines, ② **though** still only half the size of ours. The fact that they carried small stones up to nine miles from the riverbeds where they were found ③ **showing** that they could plan for the future, something no other apes could do. They used these stones as hammers and made choppers by removing flakes from both sides, an improvement over their predecessors' tools. We do not know ④ **what** other tools they made or how dependent they were on their simple technology. We know, however, that they were well adapted to surviving on the open savannas of Africa, for their anatomies and their choppers remained virtually unchanged for almost a million years.

*genus (생물 분류상의) 속(屬) **hominid 원인(原人), 사람과(科)의 일원 ***anatomy 해부학적 구조, 해부학

099 (A), (B), (C)의 각 네모 안에서 어법에 맞는 표현을 골라 짝지은 것은?

> The majority of modern peoples, if **(A)** [asked / asking] to find the place within their body where the unique self resides, would say that they live about an inch above their eyebrows and about two inches into the skull. But most indigenous and historical peoples would locate the self someplace very different. They would gesture in the region of the heart. For most of our history of habitation on Earth, that is **(B)** [what / where] the seat of intelligence, the seat of the soul, was located. That this has changed is more an expression of how and what we are taught in Western cultures than of some exact truth. For consciousness is highly mobile and is able to use a variety of locations in the body through which to process the information we receive from the world. The location that most people now identify as themselves, oriented in the brain, **(C)** [are / is] only one of them.

	(A)	(B)	(C)
①	asked	what	are
②	asked	where	is
③	asking	where	are
④	asking	where	is

100 (A), (B), (C)의 각 네모 안에서 어법에 맞는 표현을 골라 짝지은 것은?

> After conquering most of Asia, which was far more than Achilles could have claimed, Alexander preferred to liken himself to the demigod, Hercules, who was known for accomplishing seemingly impossible tasks. It stood to reason that Alexander would attempt to look like these heroes, and because painters and sculptors of his day rendered gods and heroes in the immortal splendor of youthful, beardless nudity, **(A)** [he / who] did his best to follow suit. With limitless self-confidence, Alexander dared to do what no self-respecting Greek leader had ever done before: shave his face. Audaciously, he cast himself in an otherworldly image of ageless perfection, **(B)** [takes / taking] advantage of the fact that he was still only twenty-two years old when he led his forces into Asia. He did not, of course, shed his clothes in public, though Lysippos's famous full-body bronze portrait Alexander with a Lance (now lost) was indeed nude. For the real conqueror, a smooth, youthful face with flowing curls of hair **(C)** [was / were] the best he could do.
>
> *demigod 반신반인 **splendor 빛남, 광채 ***audaciously 대담하게도

	(A)	(B)	(C)
①	he	takes	was
②	he	taking	were
③	who	takes	were
④	who	taking	was

101 다음 글의 밑줄 친 부분 중, 어법상 틀린 것은?

For nearly two centuries, people in the United States have plowed or paved over the nation's swamps and marshes. Rich wetland soils make highly productive farmlands, and sites near large rivers or the coast ① **is** desirable locations for development. These mysterious ecosystems are also home to creatures many people think of as undesirable, such as crocodiles and mosquitoes, ② **which** provides another reason to eliminate them. California has lost over 90% of its wetlands. Now, nearly two-thirds of the state's native fish are extinct, endangered, threatened, or in decline. Forested riparian wetlands near the Mississippi River once had the capacity ③ **to store** about 60 days of river discharge but now can store only about 12 days. Researchers say that the flooding of the Gulf of Mexico coast from Hurricane Katrina in 2005 would have been much less extensive ④ **had** the region not lost so much of its wetlands in the past century. Without wetlands, pollutants make their way more readily to streams, lakes, and the oceans.

*swamp 늪 **marsh 습지 ***riparian 강가의, 강가에 사는

102 (A), (B), (C)의 각 네모 안에서 어법에 맞는 표현을 골라 짝지은 것은?

> Early humans did not possess any natural weapons, such as large sharp teeth, strong hoofs or poison, to defend themselves against the dangers lurking on the savannas. **(A) [Neither / So]** did they operate in large herds. One wonders, therefore, how early humans survived the threat of being eaten by large predators. To answer this question, Adriaan Kortlandt experimented with a little machine driven by an electric motor that could swing a couple of thorny branches around itself. Underneath this machine, he placed a piece of meat, which attracted a few lions. As soon as they approached the meat, the machine would start to spin, which made it hard, if not impossible, **(B) [get / to get]** closer to the meat without getting seriously hurt by the thorny branches. After one of the lions tried to do so anyway and got his nose injured, the lions gave up and retreated. It is, of course, impossible to know **(C) [what / whether]** early humans actually defended themselves in such ways. The research done by Kortlandt only shows that such a strategy might have been effective.
>
> *hoof 발굽 **lurk 잠복하다

	(A)	(B)	(C)
①	Neither	get	what
②	Neither	to get	whether
③	So	get	whether
④	So	to get	what

103 다음 글의 밑줄 친 부분 중, 어법상 틀린 것은?

In Aristotle's opinion, men were bigger and stronger than women, so it was logical to him that men would have more teeth than women do. Thus, Aristotle concluded this as a fact without actually ① **counting** the number of teeth in any mouths. Had he done so, he would ② **find** that men and women have exactly the same number of teeth. As another example, Aristotle considered what would happen if he were to drop two balls ③ **identical** in all ways but mass. In his mind, it was clear that the heavier ball would fall faster than the lighter one would, and he concluded that this must be a law of nature. Once again, he did not consider doing an experiment ④ **to see** which ball would fall faster. This conclusion, however, was also incorrect. Eighteen centuries later, Galileo tried this experiment by dropping two balls of different masses off a building (the Leaning Tower of Pisa, according to legend). Galileo discovered, by experimental observation, that the two balls hit the ground at exactly the same time. Aristotle's logical conclusion was again wrong.

104 다음 글의 밑줄 친 부분 중, 어법상 틀린 것은?

While timely and sensational topics might initially draw readers to your blog, thorough research ① **supporting** your posts is what will keep readers coming back. Often even a single mistake in one of your posts ② **is** enough to put off readers so that they never return. Take the time to research information online. Of course, you're entitled to your opinion, but ③ **be** careful to support whatever position you take, whatever statements you represent as "true," with reasonable and confident evidence. When researching online, consider the source. If your source is simply another blog, you should continue searching for a more reputable source to clarify information or certify points. If there is no other source either confirming or denying the information, make it clear that you are merely identifying information from another post ④ **where** you have not been able to verify.

105 (A), (B), (C)의 각 네모 안에서 어법에 맞는 표현을 골라 짝지은 것은?

> If you wonder how things work, and you follow your curiosity, you never know where the information you gather will lead you. When my daughter Molly was little, one of her favorite things was a paper-folding kit and book. I was curious about it and found myself **(A) [unexplainable / unexplainably]** drawn to playing with it — and years later, when I wanted to design a wastebin with some cardboard, I realized the art of paper-folding held the answer to the burning question, "How do I fold this so it's nice and compact?" More recently, I picked up a brochure about free conversational French **(B) [being / was]** offered at my local library and decided to take the classes. And then I ended up unexpectedly going to France, where I went on a writer/artist retreat and developed the idea of a new book. Not only that, I just took a blacksmithing course for no other reason than I was curious about it. Now I'm wondering how I'll use **(C) [that / what]** I learned later on!
>
> *go on a retreat 휴양을 가다

	(A)	(B)	(C)
①	unexplainable	being	that
②	unexplainable	was	what
③	unexplainably	was	that
④	unexplainably	being	what

CHAPTER 02 OX / 영작

001 어법상 옳은 것은?

① The paper charged her with use the company's money for her own purposes.
② The investigation had to be handled with the utmost care lest suspicion be aroused.
③ Another way to speed up the process would be made the shift to a new system.
④ Burning fossil fuels is one of the lead cause of climate change.

002 우리말을 영어로 잘못 옮긴 것은?

① 혹시 내게 전화하고 싶은 경우에 이게 내 번호야.
　→ This is my number just in case you would like to call me.
② 나는 유럽 여행을 준비하느라 바쁘다.
　→ I am busy preparing for a trip to Europe.
③ 그녀는 남편과 결혼한 지 20년 이상 되었다.
　→ She has married to her husband for more than two decades.
④ 나는 내 아들이 읽을 책을 한 권 사야 한다.
　→ I should buy a book for my son to read.

003 밑줄 친 부분에 들어갈 말로 가장 옳은 것은?

> I am writing to you from a train in Germany, sitting on the floor. The train is crowded, and all the seats are taken. However, there is a special class of "comfort customers" who are allowed to make those already seated _____ their seats.

① give up
② take
③ giving up
④ taken

004 Which of the following sentences is grammatically correct?

(A) Hormone replacement therapy (HRT) tablets are associated with a higher risk of rare but serious blood clots, finds a large study in The BMJ today. (B) No increased risk was found for HRT skin patches, gels or creams, despite the vast majority of women choosing HRT continue to be prescribedoral preparations. (C) The researchers say these findings provide important information for women and her doctors to help them make the best treatment choices. (D) HRT is used to relieving menopausal symptoms such as hot flushes and night sweats. (E) Different treatments is available depending on the symptoms.

① (A)
② (B)
③ (C)
④ (D)
⑤ (E)

005 Which of the following is NOT grammatically correct?

A free education for all is the American ideal. The general educational level in the United States (A) **has risen steadily**. The number of students attending school (B) **have more than doubled** during the last half-century. More than three-fourths of the population between the ages of 5 and 19 (C) **has now enrolled**. After World War II there (D) **was a tremendous** increase in college enrollment because many thousands of military veterans took advantage of the program of higher education that (E) **was offered them** at government expense.

① (A)
② (B)
③ (C)
④ (D)
⑤ (E)

006 Which of the following is NOT grammatically correct?

① We now put up a screen for the weak-sighted, and now withdraw it from stronger eyes; thus we plague and please all parties.

② We are spending more and more effort and money trying to get a sufficient number of able high-school graduates, and we are having a difficult time finding enough of them.

③ Despite greatly increased catches in the last several years, the fish population as a whole is growing faster than the human population.

④ If she had explained to him properly why she wanted the fish watched, at the same time making special mention of a cat's fondness of fish, no doubt he watched it to better purpose.

⑤ And because man cannot bear to live with these perplexing questions unanswered, every culture in every part of the world has its own myths, explaining certain ancient customs, dear beliefs orthe facts of nature.

007 다음 중 어법상 가장 적절한 것은?

① They are looking forward to meet the President.
② The committee consists with ten members.
③ Are you familiar to the computer software they use?
④ Radioactive waste must be disposed of safely.

008 우리말을 영어로 옮긴 것 중 가장 적절한 것은?

① 밤공기가 뜨거웠지만 그들은 푹 잤다.
  → Hot as the night air was, they slept soundly.

② 어젯밤에 경찰은 행방불명된 소녀들 찾았다고 말했다.
  → Last night the police have said that they had found the missed girl.

③ 교통 신호등이 파란색으로 바뀌어 나는 출발했다.
  → The traffic lights were turned green and I pulled away.

④ 불리한 증거가 없어서 그는 석방되었다.
  → Being no evidence against him, he was released.

009 우리말을 영어로 가장 알맞게 옮긴 것은?

① 거의 들리지 않는데, 소리 좀 높여 주시겠습니까?
   → I can't barely hear that, would you please turn the volume up?
② 발레리는 무슨 일이 있었는지 그녀에게 말하지 말라고 조언했다.
   → Valerie didn't advise me to tell her what had happened.
③ 우리의 정신적인 근육은 다른 신체적인 근육과 다를 바 없다.
   → Our spiritual muscles are no less different than any other physical one.
④ 당신이 국제 기업에서 일한다면 몇 가지 언어를 아는 것이 도움이 된다.
   → Knowing several languages are helpful if you work for an international corporation.

010 우리말을 영어로 잘못 옮긴 것을 고르시오.

① 제가 당신께 말씀드렸던 새로운 선생님은 원래 페루 출신입니다.
   → The new teacher I told you about is originally from Peru.
② 나는 긴급한 일로 자정이 5분이나 지난 후 그에게 전화했다.
   → I called him five minutes shy of midnight on an urgent matter.
③ 상어로 보이는 것이 산호 뒤에 숨어 있었다.
   → What appeared to be a shark was lurking behind the coral reef.
④ 그녀는 일요일에 16세의 친구와 함께 산 정상에 올랐다.
   → She reached the mountain summit with her 16-year-old friend on Sunday.

011 우리말을 영어로 잘못 옮긴 것을 고르시오.

① 개인용 컴퓨터를 가장 많이 가지고 있는 나라는 종종 바뀐다.
   → The country with the most computers per person changes from time to time.
② 지난 여름 나의 사랑스러운 손자에게 일어난 일은 놀라웠다.
   → What happened to my lovely grandson last summer was amazing.
③ 나무 숟가락은 아이들에게 매우 좋은 장난감이고 플라스틱 병 또한 그렇다.
   → Wooden spoons are excellent toys for children, and so are plastic bottles.
④ 나는 은퇴 후부터 내내 이 일을 해 오고 있다.
   → I have been doing this work ever since I retired.

012 어법상 가장 옳은 것은?

① Had never flown in an airplane before, the little boy was surprised and a little frightened when his ears popped.

② Scarcely had we reached there when it began to snow.

③ Despite his name, Freddie Frankenstein has a good chance of electing to the local school board.

④ I would rather to be lying on a beach in India than sitting in class right now.

013 어법상 가장 옳지 않은 것은?

① For years, cosmetic companies have been telling women that beauty is a secret to success.

② You can spend an afternoon or an entire day driving on a racetrack in a genuine race car.

③ Although it survived the war, the Jules Rimettrophy was stolen from a display case in England just before the World Cup of 1966.

④ Young children's capability of recognizing and discussing these issues are important because those who do so have reduced levels of prejudice.

014 다음 우리말을 영작한 것 중 가장 적절한 것은?

① 유수는 그 회사에 지원하는 것을 고려하고 있다.
   → Yusoo is considering applying for the company.

② 그 경찰서는 난민들에게 생활필수품을 제공했다.
   → The police station provided commodities with refugees.

③ 판사는 죄수가 재구속되어야 한다고 명령했다.
   → The judge ordered that the prisoner was remanded.

④ 그는 물속으로 깊이 잠수했다.
   → He dived deeply into the water.

015 다음 중 가장 적절한 영작은?

① 가장 핵심적인 것은 그가 부유하고 재능이 있다는 것이다.
→ That is the most crucial is that he is affluent and talented.
② 여러분의 농장이 번창하고 깨끗한 물이 흐르도록 함께 일할 것을 맹세합니다.
→ We pledge to work along with you for making your farms flourish and let clean water flow.
③ 우리 둘은 서로 잘 통한다.
→ We are completely through with each other.
④ 광고가 없다면 신문이 유지될 수 없다.
→ A newspaper cannot pay its way without advertisements.

016 다음 중 영작이 가장 어색한 것을 고르시오.

① 집에 혼자 남았을 때, 나는 재미있는 서부극을 보았다.
→ Left alone at home, I watched the interesting western.
② 노래하고 춤추며, 우리는 초대받은 파티에서 즐겁게 보냈다.
→ Singing and dancing, we had a good time at the welcome party.
③ 설탕을 좀 더 넣어 봐. 맛이 좀 더 나을 거야.
→ Try putting some more sugar; that might make it taste a bit better.
④ 그는 자기 자신과 부인이 먹고 살 만큼 충분히 돈을 벌 수 없었다.
→ He could not earn enough money for himself and his wife to live.

017 다음 중 가장 적절한 영작은?

① 우리는 결혼한 지 10년 되었다.
→ It is 10 years since we got married.
② 그러한 사람은 있다고 해도 거의 없다.
→ There are few, if ever, such men.
③ 당신이 필요로 하지 않은 물건을 구입하는 것은 단지 돈 낭비일 뿐이다.
→ It is just a waste of money buying things you can dispense without.
④ 대학은 학생들이 수강신청을 좀 더 쉽게 할 수 있도록 해줘야 한다.
→ The university should make easier for students to register for classes.

018 어법상 가장 적절한 것을 고르시오.

① The stone was too heavy for him to move it.
② She explained us the theory.
③ Call on me when you are convenient to do so.
④ He was robbed of his watch on his way home.

019 다음 중 영작이 가장 바르게 된 것을 고르시오.

① 나는 내 차가 항상 고장 나는 것을 감수해 왔다.
  → I've had it with my car breaking down all the time.
② 그 행진을 보는 것은 아주 재미있는 일이었다.
  → The parade was fascinating to watch it.
③ 내 기억에는 그가 나에게 그런 뻔뻔한 거짓말을 한 적이 없다.
  → I don't remember for him to tell me such a direct lie.
④ 나는 기꺼이 그것을 받아들이겠다.
  → I am only too glad to accept it.

020 다음 중 영작이 가장 올바르게 된 것을 고르시오.

① 19세기 후반에 한국의 정치가들이 현명했다면, 오늘날 한국은 가장 선진화된 나라 중의 하나일 것이다.
  → If the Korean politicians were wise in the late 17th century, Korea would be one of the most advanced nations today.
② 처방전 없이 살 수 있는 약을 포함하여 미국에서 만들어진 모든 새로운 약품은 식약청의 규제를 받는다.
  → All new medicines made in the U.S., including non-prescription drugs, are regulated by the Food and Drug Administration.
③ 그들이 그것을 하든 말든 의사 결정 과정에는 아무 상관이 없다.
  → If they do it or not makes no difference to the decision making process.
④ 한국의 높은 산은 모두 등반했기 때문에 에베레스트 산이 나의 다음 목표이다.
  → Having climbed all the big mountains in Korea, Mount Everest is my next target.

021 다음 중 어법상 옳지 않은 것은?

① If he had taken his patron's advice then, he might have been alive now.
② A man's worth lies not in what he has, but in what he is.
③ You will have lost many things by September next year, if you fail to follow my advice.
④ He suggested to her that they go to the park.

022 다음 중 영작이 가장 어색한 것을 고르시오.

① 무엇 때문에 당신은 공무원이 되기로 결심 하셨습니까?
  → What made you decide to become a public servant?
② 그가 그렇게 어리석은 짓을 했을 리가 없다.
  → He cannot have done such a stupid thing.
③ 대부분의 여성들은 20대에 결혼을 한다.
  → Almost women marry when they are twenty years old.
④ 이 이야기는 자서전이라기 보다는 수상집이다.
  → This story is not so much an autobiography as a collection of ideas.

023 다음 중 영작이 가장 바르게 된 것을 고르시오.

① 네가 돌아올 때쯤이면, 너의 아들이 학교를 마칠 것이다.
  → By the time you return, your son has finished school.
② 만약 그가 더 좋은 시대에 태어났다면, 유명해졌을 것이다.
  → Were he to be born in better times, he would have become famous.
③ 그녀는 정말로 빨리 배워갔다. 그녀는 놀라운 발전을 만들었다.
  → She has learned really fast. She has made astonished progress.
④ 그 보물은 어딘가에 묻혀있다.
  → The treasure remains buried somewhere.

024 다음 중 문법적으로 틀린 것은?

① A dam stops the flow of water, creating a reservoir and raising the level of water.
② Hardly had I got into the building when it began to rain.
③ Business has never been as better as it is now.
④ After the accident, the policeman took the names of the people involved.

025 다음 중 영작이 가장 바르게 된 것을 고르시오.

① 당신은 영어로 자신을 이해시킬 수 있나요?
  → Can you make yourself understand in English?
② 모든 것을 고려할 때, 한국은 선진국이다.
  → All things considered, Korea is an advanced country.
③ 값비싼 보석의 가치는 강도, 색, 그리고 광택에 의해 결정된다.
  → The value of precious gems are determined by its hardness, color, and brilliance.
④ 그는 나의 팔을 잡고 도와 달라고 애걸했다.
  → He caught me by my arm and asked me to help him.

026 다음 중 영작이 가장 바르게 된 것을 고르시오.

① 그가 그 일을 감당할 수 없음이 판명되었다.
  → He turned out to be impossible to do the task.
② 그가 역에 도착했을 때, 기차는 30분 전에 떠나버렸다.
  → When he reached the station, the train had left half an hour ago.
③ 봉급이 적다고 해서 인격이 낮은 사람이라고 생각해서는 안 된다.
  → You must not regard him as a man of low character because his salary is low.
④ 그의 모든 노력에도 불구하고, 그녀는 여전히 그를 좋아하지 않는다.
  → With all his effort, she doesn't still like him.

027 다음 중 어법상 옳은 것은?

① They gradually became to enjoy their English lessons.
② I will reward whomever can solve this problem.
③ He visited me during my absent.
④ He went out without so much as saying good-bye.

028 다음 중 영작이 가장 바르게 된 것은?

① 집에서 한가할 때면, 어머니는 뜨개질, 바느질과 요리하는 것을 좋아하신다.
  → When free at home, my mother likes to knit, sew and cook.
② 그 Fitness Center는 새로운 고객들에게 한 달에 50달러라는 작은 비용으로 수영장을 마음껏 사용할 수 있도록 서비스를 제공한다.
  → The Fitness Center is offering new members the full use of its swimming pools for as less as $50 a month.
③ 그는 버스에 타고서야 돈이 한 푼도 없는 것을 알았다.
  → Only when he got on a bus he realized that he had no money with him.
④ 내가 1 마일도 채 못 가서 어두워졌다.
  → I had not walked a mile after it grew dark.

029 다음 중 영작이 가장 바르게 된 것은?

① 나는 주변에 사람이 많을 때는 항상 내 것은 꺼둔다.
  → I turn always mine off when there are a lot of people around.
② 그녀는 언제고 그의 아들이 들어오도록 문을 활짝 열어두었다.
  → She always keep the door wide opened for her son to come in.
③ 남의 약점을 이용하다니 자네답지 못하군.
  → It doesn't become you to turn other's weakness to your advantage.
④ 네가 공항에서 나를 봤을 때 나는 친구를 환송하고 있었다.
  → I saw a friend of mine off when you were seeing me at the airport.

030 다음 중 어법상 옳은 것은?

① The population of Seoul is very larger than that of London.
② This book is worth to read carefully.
③ They wouldn't let me to attend the anniversary.
④ The higher the tree is, the stronger the wind is.

031 다음을 바르게 영작한 것은?

> 내가 그녀를 좋아하지 않는 이유는 그녀가 말하는 것이 나를 실망시켜서이다.

① The reason why I don't like her is that what she says makes me disappoint.
② The reason why I don't like her is because what she says makes me disappoint.
③ The reason that I don't like her is because what she says makes me disappointed.
④ The reason for which I don't like her is that what she says makes me disappointed.

032 다음 중 영작이 가장 바르게 된 것을 고르시오.

① 그 일을 의무로 생각하든 아니든 너는 그 일을 해야 한다.
→ Whether you consider that work as your duty or not, you must do it.
② Jane은 나의 주소를 잊지 않기 위하여 적어두었다.
→ Jane wrote down my address lest she should not forget it.
③ 모든 제품이 공장에서 출하되기 전에 검사와 테스트를 철저하게 받아야 한다.
→ All products thoroughly need to inspect and test before shipment from the factory.
④ 나는 장난이 심한 소년이었으므로 아버지께서는 나를 자주 매질하셨다.
→ Being a naughty little boy, my father often whipped me.

033 다음 중 영작이 가장 어색한 것을 고르시오.

① 사람은 아무리 나이를 먹어도 배울 수 있다.
→ No one is so old but he may learn.

② 적은 지식은 네가 그것이 적다는 것을 알고 있기만 한다면 위험하지 않다.
→ A little learning is not dangerous provided you know that it is little.

③ 앞으로 무슨 일이 일어날지는 우리 둘 다 예측할 수 없다.
→ Neither of us isn't able to predict what will happen in the future.

④ 어떠한 경우에도 낯선 사람들을 들어오게 해서는 안 된다.
→ On no account must strangers be let in.

034 다음 중 틀린 것을 고르시오.

① The refugees had neither food nor shelter.
② Brave man as he was, he hesitated to do it.
③ Do what you are told, or you will be punished.
④ I haven't ever met the poet, nor I have ever had any desire to do so.

MEMO

박노준
PATTERN
영어

PART II

독해

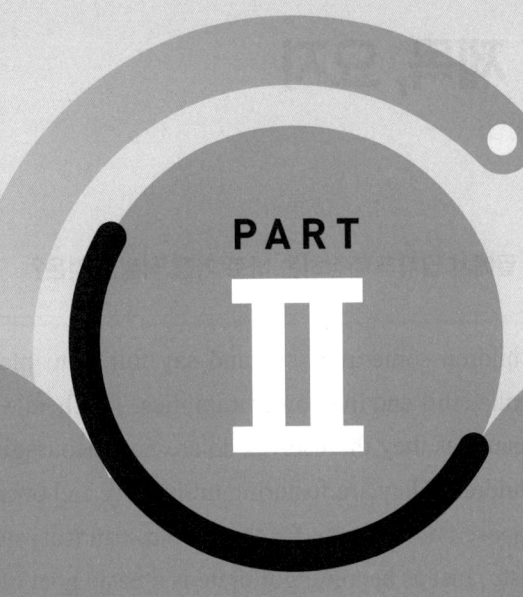

CHAPTER 01 주제, 제목, 요지
CHAPTER 02 빈칸, 연결어
CHAPTER 03 순서, 삽입, 삭제
CHAPTER 04 내용 일치

주제, 제목, 요지

001 다음 글에서 필자가 주장하는 바로 가장 적절한 것은?

Children sometimes see and say things to please adults; teachers must realize this and the power it implies. Teachers who prefer that children see beauty as they themselves do are not encouraging a sense of aesthetics in children. They are fostering uniformity and obedience. Only children who choose and evaluate for themselves can truly develop their own aesthetic taste. Just as becoming literate is a basic goal of education, one of the key goals of all creative early childhood programs is to help young children develop the ability to speak freely about their own attitudes, feelings, and ideas about art. Each child has a right to a personal choice of beauty, joy, and wonder. Aesthetic development takes place in secure settings free of competition and adult judgment.

*aesthetics 미학(美學)

① 아동의 정서 발달을 위해 미술 교육 시간을 늘려야 한다.
② 아동이 스스로 미적 감각을 기를 수 있게 해 주어야 한다.
③ 아동 미술 교육은 다른 과목과 통합적으로 실시해야 한다.
④ 아동의 창의성을 평가할 때 미적인 감각도 포함해야 한다.

002 다음 글의 요지로 가장 적절한 것은?

> Much has been written and said about positive selftalk — for example, repeating to ourselves "I am wonderful" when we feel down, "I am strong" when going through a difficult time, or "I am getting better every day in every way" each morning in front of the mirror. The evidence that this sort of pep talk works is weak, and there are psychologists who suggest that it can actually hurt more than it can help. Little, unfortunately, has been written about real selftalk, acknowledging honestly what we are feeling at a given point. When feeling down, saying "I am really sad" or "I feel so torn" — to ourselves or to someone we trust — is much more helpful than declaring "I am tough" or "I am happy."
>
> *pep talk 격려의 말

① 타인에 대한 비난은 자신의 감정도 상하게 한다.
② 우울할 때 자신에게 하는 격려의 말은 큰 힘이 된다.
③ 자아 성찰은 타인의 조언을 받는 것보다 효과적이다.
④ 자신이 느끼는 감정을 솔직히 인정하는 것이 도움이 된다.

003 다음 글의 요지로 가장 적절한 것은?

> My sister Betty has a social calendar that looks like an airline timetable. She has a lot of friends, and enjoys going to any parties or social gatherings. Yet, she told me recently, when a personal disaster struck, she didn't have one person she could call. Friendship isn't how many friends you have, but how closely you are connected. The fact of the matter is that you cannot have a profound connection with more than a few people. While there is nothing wrong with an active social life, you need to set your priorities straight. Getting close to a few people is more important than being popular enough to receive 300 Christmas cards every year. The support of some close friends will help you live better.

① 깊은 우정도 처음에는 단순한 만남에서 시작된다.
② 사교 모임은 폭넓은 인간관계 유지를 위해 필요하다.
③ 서로 간에 많은 정성을 들여야 깊은 우정이 싹트게 된다.
④ 폭넓게 친구를 사귀기보다는 소수라도 깊이 사귀는 것이 더 중요하다.

004 다음 글의 요지로 가장 적절한 것은?

> Many human discoveries are shortlived — the design of chariot wheels was very important in New Kingdom Egypt, but it is not exactly cutting-edge technology today. Mathematics, in contrast, is often permanent. Once a mathematical discovery has been made, it becomes available for anyone to use, and thereby acquires a life of its own. Good mathematical ideas seldom go out of fashion, though their usage can change dramatically. Methods for solving equations, discovered by the ancient Babylonians, are still in use today. We don't use their notation, but the historical link is undeniable. Mathematical ideas that are still in use today go back more than 4,000 years. In fact, most of the mathematics taught in schools is at least 200 years old.
>
> *chariot 전차 **notation 표기법

① 인간에게는 모두 타고난 수학적인 능력이 있다.
② 수학적인 발견은 한번 이루어지면 계속해서 사용된다.
③ 고대로부터 수학 공식은 신비로운 것으로 여겨져 왔다.
④ 수학 교수법은 인류 역사를 통틀어 끊임없이 변해 왔다.

005 다음 글의 요지로 가장 적절한 것은?

> What bothers me about this world is that whenever students or children under the age of eighteen commit a crime, either their parents, the media, or modern entertainers are blamed for it. I don't think that it is fair to any of these three groups, because it is nobody's fault but the child's. Marilyn Manson is one of the "modern entertainers" I am speaking of who seems to get blamed for nearly every crime, for one reason or another. The truth is that Marilyn Manson has done nothing but try to make a living, which he does through his song lyrics. If children want to blame their parents, Marilyn Manson, or the media for the crimes they have committed, they can, but the truth is that they have committed the crimes all by themselves and it is unfair to place the blame on others.

① 18세 미만 청소년의 범죄에 대한 책임은 본인에게 있다.
② 18세 미만 청소년 노동자의 권익을 보장해 주어야 한다.
③ 지역사회가 학교와 협력하여 청소년을 선도해야 한다.
④ 대중매체가 청소년의 직업관에 미치는 영향이 크다.

006 다음 글의 주제로 가장 적절한 것은?

The word sin itself is an interesting concept. It's actually a term from archery, and it means "to miss the mark." When we commit the "sin" of failing to take care of our bodies through proper nutrition, exercise, and rest, we're missing the mark of what life is all about. Businesspeople will tell you that the individual who is in the best physical shape often wins in negotiations, because he has the physical stamina to see the deal through. One of the reasons worldclass golfers are head and shoulders above the other golfers of their era is that they are in so much better shape than the others are. They work out not just on the practice range but in the weight room, which means that they have the strength and stamina to win not just the physical game but the mental game in order to close out their opponents in major tournaments.

*practice range 골프 연습장

① the necessity to build up physical strength
② the importance of setting specific goals
③ various ways to overcome obstacles
④ differences between business and sports

007 다음 글의 주제로 가장 적절한 것은?

> Firefighters are essential to public safety, putting out fires and pulling people from burning cars, buildings and other dangerous situations. While those who want to join the fire department often think of the positive side of the job, there are also some serious downsides. Most of all, as an emergency professional, firefighters' work is inherently pressure-packed. Not only do they have to deal with the stress of putting out fires or helping in emergencies, but they also frequently witness property destruction, injuries, and even deaths which will give them severe emotional distress. Personal safety risks such as burns or falls are other major concerns that firefighters are forced to encounter daily in their work. In extreme cases, firefighters die while trying to rescue people from burning homes or in emergencies.

① firefighters' roles and responsibilities
② difficulties of working as a firefighter
③ requirements to become a good firefighter
④ similarities between firefighters and police officers

008 다음 글의 주제로 가장 적절한 것은?

> Cultures differ widely regarding the relationship and communication between the living and the dead. Our families often make offerings to the deceased on the first and fifteenth days of the lunar month to reinforce the bond between the living and our dead ancestors. These offerings are a mode of communication with the dead and remind the living of their continued presence in the family. Recognizing the continuity of family relationships after death, Buddhists place a memorial plate in the temple for continued communication purposes. We believe that when we are born, we are taken from our spirit parents and inducted into the world of living; thus when we die, we must be sent back to the spirit world to be with our ancestors.

① ongoing bonds with the deceased
② religious meanings of the spirit world
③ misconceptions about making an offering
④ differences between the living and the dead

009 다음 글의 주제로 가장 적절한 것은?

In Native American culture, health reflects a person's relationship to nature, broadly defined as the family, the community, and the environment. Every illness is due to an imbalance with supernatural, spiritual, or social implications. Treatment focuses on the cause of the imbalance, not the symptoms, and is holistic in its approach. The sick individual is at odds with the universe, and community and family support is focused on restoring harmony, not curing the disease. As explained by the Cherokee medicine man, Sequoyah, "Indian medicine is a guide to health, rather than a treatment. The choice of being well instead of being ill is not taken away from an Indian." Traditional Native American medicine is concerned with physical, mental, and spiritual renewal through health maintenance, prevention of illness, and restoration of health.

*holistic 전체론적인

① scientific basis of traditional medicine
② bad effects of diseases on relationships
③ widely known health myths and remedies
④ traditional health beliefs of Native Americans

010 다음 글의 주제로 가장 적절한 것은?

> If we often feel worse after the experience of sleep, why do we bother to do it? Why don't we just stay awake and enjoy more of the wonderful pleasures of this precious life? It's because we can't. Without sleep there would be serious effects on our brain's ability to function. After just one night without sleep, your concentration becomes more difficult and your attention span shortens. You become irritable, forgetful, and unproductive. Research shows that sleep-deprived individuals have difficulty in responding to rapidly changing situations and making rational judgments. In real-life situations, the effects of a lack of sleep can sometimes be very serious. A lack of sleep is said to have been a contributory factor to a number of international disasters such as the Exxon Valdez oil spill, the horror of Chernobyl, and the Challenger shuttle explosion.

① ways to improve the quality of life
② consequences of insufficient sleep
③ common causes of sleeplessness
④ safety concerns for all disasters

011 다음 글의 주제로 가장 적절한 것은?

In order to avoid degenerative diseases and enjoy optimum health, we have to get the full range of nutrients. These include at least seventeen to twenty minerals, thirteen vitamins, eleven essential amino acids, and two essential fatty acids ("essential" meaning that they cannot be made in the body, but they are also essential for health). At the absolute minimum, we should eat five portions (preferably ten) of fresh fruit and vegetables each day. We are made of food, and what we eat affects our minds, bodies, and spirits. Obesity is skyrocketing in developed countries, yet, increasingly, many people are starving to death — that is, they are starved of nutrients. Calorie-rich foods, such as pastries and sugary snacks, add the pounds but take out the things our bodies need to be healthy, such as vitamins and minerals.

*degenerative 퇴행성의

① why we don't need to take vitamin pills
② how various nutrients act in our bodies
③ importance of taking necessary nutrients
④ unbalanced distribution of the world's food

012 다음 글의 주제로 가장 적절한 것은?

> Any relationship between accident rates and visual performance might well be masked because both are affected by a third factor that has a far greater effect on accident rates — age. Young drivers are at much greater risk of having an accident than older drivers, mainly because of their inexperience. Yet this group of drivers have the best eyesight. For older drivers, any increased risk of an accident due to visual problems may be compensated for by the increased caution and slower speeds produced by their years of driving experience. To get a clearer idea of how visual performance affects accident rates, it is preferable to compare the accident rates of groups of drivers who are matched for age and driving experience and who differ only in terms of their eyesight.

① drivers' efforts to cut down on traffic accidents
② bad driving habits causing severe traffic accidents
③ ways to improve visual performance when driving
④ age's effect on the relationship between eyesight and accident rates

013 다음 글의 주제로 가장 적절한 것은?

How can we access the nutrients we need with less impact on the environment? The most significant component of agriculture that contributes to climate change is livestock. Globally, beef cattle and milk cattle have the most significant impact in terms of greenhouse gas emissions(GHGEs), and are responsible for 41% of the world's CO_2 emissions and 20% of the total global GHGEs. The atmospheric increases in GHGEs caused by the transport, land clearance, methane emissions, and grain cultivation associated with the livestock industry are the main drivers behind increases in global temperatures. In contrast to conventional livestock, insects as "minilivestock" are low-GHGE emitters, use minimal land, can be fed on food waste rather than cultivated grain, and can be farmed anywhere thus potentially also avoiding GHGEs caused by long distance transportation. If we increased insect consumption and decreased meat consumption worldwide, the global warming potential of the food system would be significantly reduced.

① necessity of a dietary shift toward eating insects
② effects of supply and demand on farming insects
③ importance of reducing greenhouse gas emissions
④ technological advances to prevent global warming

014 다음 글의 주제로 가장 적절한 것은?

Imagine what life would be like if you could not habituate. Without habituation, you would respond to every sight, sound, touch, and smell you encountered every time you encountered it. You would not be able to ignore these stimuli. Think of how this would limit your ability to function during a lecture. Every time a worker hammered a bulletin board in the hall, your attention would move away from the lecture and toward the hall. You would certainly not learn much under these circumstances! With habituation, however, you can respond to novel stimuli that may pose a danger, and you can also ignore stimuli that have been checked out and deemed to be harmless. Habituation gives you flexibility in that you don't have to continue to respond to a stimulus. Habituation may also serve to protect our brains from overstimulation.

*habituate 습관이 되다

① the process of habituation
② the habituation of responding
③ various measures of habituation
④ possible benefits of habituation

015 다음 글의 주제로 가장 적절한 것은?

Competing in a new industry requires a firm to have resources to invest. In addition to physical facilities, capital is needed for inventories, marketing activities, and other critical business functions. Even when a new industry is attractive, the capital required for successful market entry may not be available to pursue the market opportunity. For example, defense industries are difficult to enter because of the substantial resource investments required to be competitive. Similarly, because of the high knowledge requirements of the high-technology industry, a firm might acquire an existing company as a means of entering this industry, but it must have access to the capital necessary to do this.

① effects of competition on technology development
② growing capital requirements in starting a business
③ capital requirements as an entry barrier to an industry
④ the amount of capital to start a high-technology business

016 　다음 글의 제목으로 가장 적절한 것은?

> Introducing recovery in all aspects of my life has transformed my overall experience. In four or five intensive hour-and-a-half sessions, each followed by at least fifteen minutes of recovery, I get just about as much done as I did previously in a twelve-hour marathon day. Taking one full day off every week makes me more productive overall rather than less so. And finally, I have come to see vacations as a good investment. Today, like a sprinter, I get as much work done as I did previously like a marathon runner—in a lot less time and with a lot more energy and positive emotions. I spend more time with my family and friends, and when I do, I am more present. There is no magic here; I am simply paying better attention to my human needs.

① Productivity Comes from Endurance
② Give Your Body and Mind Time to Relax
③ It Is Dangerous to Get Addicted to Exercise
④ Activate Positive Emotions with Positive Thinking

017 다음 글의 제목으로 가장 적절한 것은?

> In the early 1900s Gilbert Walker wanted to predict dangerous monsoons. Walker did research and found that El Nino in Peru caused the weather to change in India. But no one believed him. It took 50 years for scientists to really understand that a strong El Nino current near Peru meant weak monsoons on the other side of the world in India. A weak El Nino current meant strong monsoons. In the years when El Nino is especially strong or the current lasts a long time, it can cause weird weather all around the world. This happens because the current changes the location of the warmest ocean waters. Powerful thunderstorms develop over the warmest ocean water. These storms determine where the winds blow. El Nino can cause areas that usually have little rain to get lots of it. Places that need rain for crops may have a bad dry spell.

① El Nino: Its Problems and Solutions
② Challenges That Weather Scientists Face
③ World Weather Patterns and Food Supply
④ El Nino: A Weather Changer Around the World

018 다음 글의 제목으로 가장 적절한 것은?

One year, Wansink and his colleague gave out bowls filled with 30 candies to the secretarial staff at the University of Illinois at Urbana-Champaign. A tag explained that the candy was a personal gift and requested that the employee keep it on their desk and not share it. Wansink wanted to find out whether the recipients would eat more from the bowls in which they could see the candy. Every night for 2 weeks, after the staff went home, he went from office to office, counting candies and refilling bowls. Those who got a clear bowl ate eight candies every day, but those who got an opaque bowl had about four. What was going on? "We eat with our eyes," explains Wansink. "Having food in plain sight tempts people to eat every time they look at it."

*opaque 불투명한

① Beware of Free Gifts
② The More, the Merrier
③ Exercise Before You Eat
④ Out of Sight, Out of Mouth

019 다음 글의 제목으로 가장 적절한 것은?

> Potatoes covered in mayonnaise are a type of "salad." Milkshakes are now "smoothies." Sugar water is "vitamin water." These small marketing tricks are remarkably effective. One study found dieters are so interested in eating well that they are much more likely to choose unhealthy foods labeled as healthy. People think that a dish labeled as a "salad" is somehow healthier than the exact same dish labeled as "pasta." In a similar experiment, participants received samples of a product labeled as either "fruit chews" or "candy chews." In fact, they were eating the exact same food, just with a different label. Again, dieters perceived the "fruit chews" to be healthier and ate more because of the deceptive labeling.

① Hunger Isn't the Best Sauce
② Keep Healthy by Eating Well
③ Don't Judge Food by Its Label
④ Every Food Has Its Own Story

020 다음 글의 제목으로 가장 적절한 것은?

> In making their measurements, psychologists must rely on statistics. While statistics may tell you a lot about a group, they tell you nothing about an individual, and here psychologists run into a wall. We are generally right to accept reliable statistics but also to insist that they do not describe us as individuals. Psychological data show that, on average, girls have stronger verbal skills than boys. But that doesn't mean much to the boy who scored A+ on language arts test. Do boys need more reading classes? Can we effectively teach boys and girls together in the same groups? We can examine the statistics and try to decide what will work for large groups. But if you're a parent looking for the best situation for your child, you'd do just as well to follow your experience and intuition.

① How Different Are Statistics and Psychology?
② Why Do Statistics Justify the Gender Inequality?
③ Statistics: Not Useful in Analyzing an Individual Person
④ Psychology: A Social Science That Relies on Solid Data

021 다음 글의 제목으로 가장 적절한 것은?

> Since the start of the financial crisis, public debt levels have increased dramatically around the world. Today the US public debt/GDP ratio is much higher than it was during the Great Depression, and things are no better in Europe. Nevertheless, there is a low possibility of these debt levels coming down in the near future as most western countries face the prospect of future costs rising due to an ageing population. Furthermore, many governments are now marketing and selling public bonds to foreigners to raise a large amount of public debt because they cannot do so from the domestic market. But, most worryingly, governments which have continued to increase public debt could come to a national debt default, and if that happens, it impacts all the countries and could snowball into a crisis throughout the world.
>
> *public bond 공공 채권 **default 채무 불이행

① How Western Countries Are Reducing Public Debt
② Elderly Population Could Be an Economic Booster
③ Different Features Shown in Different Governments
④ Increased Public Debt: Possible Danger to Global Economy

022 다음 글의 제목으로 가장 적절한 것은?

> To valid criticism, the proper response is corrective action. When I was pastor of a church in Pensacola, I received a letter from a lady who was known for her outspokenness. When I realized it was from her, my first temptation was to toss it into the trash can. Instead, I decided to read it. This critic reminded me that her mother was in the nursing home, and she criticized me and the staff for not visiting her mother on a regular basis. The criticism, in this case, was accurate. I did not have a plan for visiting our shut-ins, a failure that this lady correctly identified. So instead of becoming defensive, I developed a plan that enabled us to take care of this problem, a plan that would never have developed had I not honestly evaluated the criticism.
>
> *shut-in (질병·장애로) 바깥출입을 못하는 사람

① Remember You Reap What You Sow
② Be an Advisor Rather Than a Criticizer
③ Accept Fair Criticism to Improve Yourself
④ Benefits of Outspokenness in Relationships

023 다음 글의 제목으로 가장 적절한 것은?

> Since ancient times, walking has been the primary mode of human movement. Since the very beginning, walking and being human have coexisted. On foot humans crossed the earth, experienced life, and defined their relationship with the environment. On foot they carried their children, supported their old, pulled their tools and goods, and moved their animals. Similarly, they fled, chased, killed, hunted and gathered, and sought food, water, fuel, and habitat. They traveled, played and performed, often with the elaborate and fancy footwork of dance, their defining rituals. For millions of years, our recent and distant ancestors moved across history on foot, rendering truth to the notion that we have walked our way to our being.

① A Walking Journey Designed for All Ages
② Humans Have Become Humans by Walking
③ The Human Foot as the Most Natural Vehicle
④ Development of a New Transport Mode for Humans

024 다음 글의 제목으로 가장 적절한 것은?

> Many researchers recently argue that a change in diet is responsible for the drop in the age of puberty, expecting that, in countries that still follow a largely vegetable diet, puberty would occur at a later age. The Chinese diet, for example, is centered on rice and vegetables, with little meat and virtually no dairy products. I recently asked Dr. T. Colin Campbell, a biochemist at Cornell University who directs the massive China Health Study, about the age of puberty there. His findings confirm the theory. In China, puberty in girls occurs at an average age of about seventeen, ranging between fifteen and nineteen: they have a higher age of puberty. In Japan, westernization of the Japanese diet has been accompanied by a drop in the age of puberty in girls from 15.2 to 12.5 in the past four decades.
>
> *puberty 사춘기

① Diets Affect the Age of Puberty
② Different Perspectives on Puberty
③ How We Deal with Girls in Puberty
④ Girls Start Puberty Earlier than Boys

025 다음 글의 제목으로 가장 적절한 것은?

> Consumer behavior does not necessarily reflect the action of a single individual. A group of friends, a few co-workers, or an entire family may plan a birthday party or decide where to have lunch, exchanging ideas in person, on the phone, via social media, or by e-mail or text message. Moreover, the individuals engaging in consumer behavior can take on one or more roles. In the case of a car purchase, for example, one or more family members might take on the role of information gatherer by researching different models. Others might assume the role of influencer and try to affect the outcome of a decision. One or more members may take on the role of purchaser by actually paying for the car, and some or all may be users of the car. Finally, several family members may be involved in the disposal of the car.

① Buying Decisions Depend on Individual Tastes
② Social Network Service: The Wiser Buyer
③ Consumer: A Follower of High-quality Products
④ Consumer Behavior Can Involve Many People

026 다음 글의 제목으로 가장 적절한 것은?

> Imagine you are walking along the street and see an acquaintance whom you have not met for a long time. While you are ready to greet him, he walks right by without acknowledging you at all. You might assume that he's rude, doesn't want to talk, and has, in fact, deliberately ignored you. Alternatively, you can conclude that your acquaintance was busy and preoccupied and so simply didn't notice or recognize you. Social situations like this are highly ambiguous, illustrating why our interpretations have such a big influence on how we feel. Biases in how we interpret things are at the core of our affective mind. Our brains contain a multitude of such biases, operating well below our radar of consciousness and ultimately leading us to having a particular bias on things. This tendency of our affective mind to interpret ambiguous social situations in flattering or gloomy ways is the basis of how we experience the world around us.

① Ignorance Is More Hurtful Than Insults
② We Distort Our Experience to Protect Ourselves
③ Optimistic People Try Not to Give Negative Impressions
④ Cognitive Biases Affect the Way We Interpret the World

027 다음 글의 제목으로 가장 적절한 것은?

The key strategy for wildlife tourism planning and development is that priority must be given to ecological sustainability. The overall goal of planning for wildlife tourism is the protection and enhancement of the wildlife tourism situation. Thus it is important to identify wildlife resource values and the integration of these values into decision-making processes which determine the location, the size and type of permitted wildlife tourism activities. These decisions are primarily made within the framework of management plans, zoning plans and systems for issuing permits in natural areas. The policy of appropriate levels of use is therefore concerned with the identification of levels of acceptable change which are compatible with the protection of wildlife together with associated natural and cultural resource values.

① Ecological Impacts of Wildlife Tourism
② Barriers that Restrict Research into Wildlife Tourism
③ Psychological Foundations of Human-Wildlife Relations
④ Ecological Sustainability: The Top Priority in Wildlife Tourism

028 다음 글의 주제로 가장 적절한 것은?

People change what they say they want based on who they think is advocating a position. The comedian Jimmy Kimmel stopped people on the street, and asked them which of the tax plans offered by Hillary Clinton and Donald Trump they preferred. The interviewees, however, did not know that Kimmel had switched the details of each plan. As The Hill newspaper later reported, the answers depended on whom people thought they were supporting: "Sure enough, one by one, the Clinton voters were stunned to discover that they were supporting the proposal of her opponent." As it turns out, Kimmel's high jinks actually illustrated a truth long known to pollsters and campaign experts: voters are often more interested in candidates and their personalities than in their plans or policies. The Huffington Post's polling director, Ariel Edwards-Levy, put it this way: If a politician they support is in favor of a bill, people are likely to think that it's a good idea.

*high jinks 야단법석

① People on the Street: Gauge of Public Opinion
② Tax Plans Are Difficult to Understand in Detail
③ Don't Reveal Your Political Preference in Public
④ People Support Their Advocators, Not Their Ideas

029 다음 글의 제목으로 가장 적절한 것은?

Katherine Schreiber and Leslie Sim, experts on exercise addiction, recognized that smartwatches and fitness trackers have probably inspired sedentary people to take up exercise, and encouraged people who aren't very active to exercise more consistently. But they were convinced the devices were also quite dangerous. Schreiber explained that focusing on numbers separates people from being in tune with their body. Exercising becomes mindless, which is 'the goal' of addiction. This 'goal' that she mentioned is a sort of automatic mindlessness, the outsourcing of decision making to a device. She recently sustained a stress fracture in her foot because she refused to listen to her overworked body, instead continuing to run toward an unreasonable workout target. Schreiber has suffered from addictive exercise tendencies, and vows not to use wearable tech when she works out.

*sedentary 주로 앉아서 지내는

① Get out of Your Chair If You Want to Stay Fit
② Addiction: Another Name for Unbreakable Habit
③ Don't Respond Mindlessly to Stressful Situations
④ Setting a Workout Goal with Technology Isn't Always Right

030 다음 글의 제목으로 가장 적절한 것은?

Your sense of smell links you directly with your feelings, instincts and memories. Scents have the power to stimulate states of well-being. By utilizing aromas in your daily habits, you can enjoy the advantages of an intense state of health. Find a scent that you like and inhale its perfume at times when you're feeling calmed and at peace. Perhaps it's the incense that you burn during meditation, a torch that you light during a calming bath, or an aromatic oil spray that you put on your cushion before bedtime. In time, your body will connect these relaxed feelings with the usage of that specific scent. When you encounter a moment of stress, you can smell the aroma that you connect with a state of relax and that will produce a calming response throughout your whole body.

*incense 향

① Myth and Facts of Aromatherapy
② Smell: The Most Powerful Memory Trigger
③ Relieve Stress by Meditating Every Morning
④ Using Aromas That Create States of Well-Being

031 다음 글의 요지로 가장 적절한 것은?

> These days more and more children undergo a large amount of stress just as the adults do. Lots of homework, after-school activities pressure, and competing with their peers are mainly causing stress to them and quite a few children are suffering from it, which even forces them to be in hospital. To help relieve their stress, fortunately, many parents begin to have them do yoga on a regular basis. Yoga for children, unlike that for adults, comprises dynamic movements and postures they generally like. Children can develop body awareness, flexibility, and selfcontrol by doing yoga, which is known to contribute to reducing their stress. According to research done by Seattle Yoga Association, children practicing yoga indeed felt less stress than children who didn't.

① 요가는 어린이의 스트레스 해소에 도움이 된다.
② 어린이를 위한 요가 동작이 새로 개발되어야 한다.
③ 어린이가 느끼는 스트레스는 학습 부담 때문이다.
④ 자존감이 높은 어린이가 또래 친구를 더 잘 도와준다.

032 다음 글의 요지로 가장 적절한 것은?

> Although you can mostly do whatever you want outside of work, when you put on the uniform, office rules dictate your behavior. But a lot of those rules are implicit rather than explicit. One of those unspoken office rules you don't want to break, even though it might not be in the employee handbook, is to let people off the elevator before getting on. For some reason, this needs to be said. Without fail, you're likely to see somebody make this mistake every day — especially if you work in a building with elevators. The door opens, people try to get out, and someone tries to barrel their way through to get in as if they're in danger of missing it. Perhaps a short-term panic takes hold. Or all that social etiquette is stripped away for a few seconds. Whatever it is, just give people time to crowd out before you crowd in.
>
> *barrel (통제가 안 되게) 질주하다

① 엘리베이터 안에서는 정숙함을 유지해야 한다.
② 사람들이 먼저 내린 후에 엘리베이터를 타야 한다.
③ 혼잡한 엘리베이터는 가급적 이용하지 않아야 한다.
④ 엘리베이터를 이용할 때는 안전사고에 대비해야 한다.

033 다음 글의 요지로 가장 적절한 것은?

You may be in your winter today. It may seem that every time you take one step forward, you are blocked in by three feet of snow. Nothing seems to be working. Springtime may seem like it's a million years away. Doubt is starting to fill your mind and take over your spirit. You start to hear a little voice that is asking, "Is this really worth it? What made you think that you could do this, anyway?" How are you choosing to look at this situation? I encourage you to always look for the positive possibility of any challenge. Okay, it's cold, and there is a lot of snow on the ground. However, why not ask yourself, "What's good about this?" The answer might be, "The winter may be coming to an end soon, so why not enjoy what's left of it and go skiing?" When you start to steer your mind in a positive direction, rather than a bleak direction, your thoughts will automatically lead you down the path of victory. You will start to feel more optimistic about the challenges that lie in front of you.

① 승패가 결정되는 순간에는 신중하게 행동할 필요가 있다.
② 눈앞에 놓인 현실을 외면한 해결책을 모색해서는 안 된다.
③ 끊임없는 자기 훈련을 통해 내면을 강하게 단련할 수 있다.
④ 상황이 어려워도 그것의 긍정적인 가능성을 찾아보는 것이 좋다.

034 다음 글의 요지로 가장 적절한 것은?

As a teacher you might sometimes wonder whether or not students should be given administrative access to the social media that you are using in class. For example, if you have a class blog or wiki you might want to give students administrative privileges so that class members can approve posts or pages, customize the site to their liking, and generally keep things tidy. Whilst providing such access gives students a sense of ownership, I would caution strongly against allowing them too much control over a service's settings and administration. This is not because of the potential for mischief (although that surely exists), but rather because a student administrator might accidentally delete other students' work or in some other way make irrevocable changes to the service's operation in your class. In my case, I don't allow my students administrative access to my class sites: I just don't want them to have the responsibility for any catastrophes that might occur due to user error.

① 학생들에게 지나친 학급용 소셜 미디어의 관리 권한을 주어서는 안 된다.
② 학생들이 소셜 미디어에 중독되지 않도록 확실히 주의를 주어야 한다.
③ 학생들의 학습 동기 유발을 위해 소셜 미디어의 사용을 장려해야 한다.
④ 소셜 미디어에 글을 올리기 전에 개인 정보 포함 여부를 확인해야 한다.

035 다음 글의 요지로 가장 적절한 것은?

> Are you a 'rushaholic'? Do you happen to live in a fast-paced city, where you feel in a constant hurry? A recent poll of over 1,000 Americans found that nearly half felt they lacked enough time in daily life. 'Time famine' — the feeling of having too much to do and not enough time to do it — is the cause of unnecessary stress and reduced performance. We all tend to rush when we have so many things to do, and that negatively affects our performance. Doing things quickly actually ends up slowing you down, such as when you rush out of your house only to realize you forgot your keys, phone, or wallet on the kitchen table. Driving faster will not get you to your destination any sooner. Assuming that by doing things faster you will get more done is a trap.

① 물건을 제자리에 두는 습관은 시간 낭비를 막아준다.
② 급히 서두르는 것은 오히려 일 처리를 늦어지게 한다.
③ 적절한 스트레스는 효율적인 업무 처리에 도움이 된다.
④ 해야 할 일은 미루지 않고 바로 처리하는 것이 중요하다.

036 다음 글의 주제로 가장 적절한 것은?

Many parents who have experienced personal hardship desire a better life for their children. To want to spare children from having to go through unpleasant experiences is a noble aim, and it naturally stems from love and concern for the child. What these parents don't realize, however, is that while in the short term they may be making the lives of their children more pleasant, in the long term they may be preventing their children from acquiring selfconfidence, mental strength, and important interpersonal skills. Samuel Smiles, a nineteenthcentury English author, wrote, "It is doubtful whether any heavier curse could be forced on man than the complete gratification of all his wishes without effort on his part, leaving nothing for his hopes, desires, or struggles." For healthy development, the child needs to deal with some failure, struggle through some difficult periods, and experience some painful emotions.

*gratification 만족(감), 희열

① benefits of traditional childrearing practices
② critical factors in children's physical development
③ importance of parental emotional support for children
④ necessity of parents letting their child experience difficulties

037 다음 글의 주제로 가장 적절한 것은?

When you fall asleep, your internal temperature drops slightly, and the cooler your body, the more sleepy you feel. Sleeping in a cool room helps your body temperature drop more quickly, and helps you get to sleep faster. It also prompts you to sleep under a blanket, the weight of which helps you feel safe and secure, thus relaxed. In addition, a cooler temperature has been shown to raise metabolism rates. Brown fat, otherwise known as the "good fat," increases when your body is cold, and this fat produces much more heat than the rest of your body, burning off calories and excess sugars. Sleeping well not only makes you feel great, but it also makes you look great! When you sleep in a cool — but not too cold — room, your body releases optimal levels of melatonin. Melatonin will boost your mood, but it's also an anti-aging hormone, so it will boost your looks, too!

*optimal 최적의

① necessity of keeping cool in bed for calorie burning
② positive effects of sleeping in a cool environment
③ ways to improve the quality of sleep for mental health
④ impacts of sleeping in a cool room on body temperature

038 다음 글의 주제로 가장 적절한 것은?

> People migrate for many reasons: lack of economic opportunities, resource scarcity, civil unrest, or government policies. They may also be attracted to other areas because of better economic opportunities, free land, or similar incentives. However, human migration often brings social and cultural change, threatening the environment in many parts of the world. New colonists tend to manage resources with a short-term outlook, and traditional resource management may disappear, causing the extinction of many native fish. For example, migrants may use more destructive fishing methods, such as dynamite, that are not accepted by existing fishing communities. Migrants also settle in or near protected areas or increase population pressure on an area, leading to resource overuse, deforestation, and intense soil erosion.

① the history and patterns of human migration
② human migration caused by environmental change
③ the interaction between humans and the environment
④ harmful effects of human migration on the environment

039 다음 글의 주제로 가장 적절한 것은?

> In the business world today, good speech writers are much in demand. Busy executives often turn to speech writers for help, either because they themselves are not good writers or because they just don't have time to devote to writing their own speeches. Many large corporations employ full-time speech writers, who are well-paid, respected, and have the ear of management. Other companies retain public relations firms or freelance writers to provide speech-writing help for their top executives. It isn't at all unusual for a speech writer to command a fee of three, four, or five thousand dollars or more for crafting a twenty- to thirty-minute speech. And you must believe me when I say that a really good speech is cheap at those prices, considering what a good speech can do for a company. Or, to be negative about it, what a bad speech can do to a company.

① ways of improving executives' speech skills
② the value of good speech writers for companies
③ differences between good speech and bad speech
④ the role of top executives in building ethical organization

040   다음 글의 주제로 가장 적절한 것은?

> The trio of freeze, flight, and fight are fairly universal behavioral defensive reactions in mammals and other vertebrate species. But some species have other options available, such as "playing dead," which is also called tonic immobility. Like freezing, this behavior can help prevent attack, but whereas in freezing muscles are contracted and poised to be used in fight or flight, in tonic immobility the muscles of the body are relaxed. Another such response is defensive burying: Rodents will use their paws and head to shovel dirt toward an aversive stimulus. Other behavioral options include making loud noises, retreating into a shell, rolling into a tight ball, choosing to live in a predator-free area such as underground, or relying on safety in numbers by living in a group.
>
> *vertebrate 척추동물의 **aversive 혐오의

① reasons why the population of predators increases
② impacts of survival strategies on species evolution
③ species that attack other animals as a defensive reaction
④ unusual defensive techniques certain animals use to protect themselves

빈칸, 연결어

001 다음 빈칸에 들어갈 말로 가장 적절한 것은?

When Charles Darwin developed his theory of natural selection, he created a picture of the evolutionary process in which organismic adaptation was ultimately caused by competition for survival and reproduction. This biological "struggle for existence" bears considerable resemblance to the human struggle between businessmen who are striving for economic success in competitive markets. Long before Darwin published his work, social scientist Adam Smith had already considered that in business life, competition is the driving force behind economic efficiency and adaptation. It is indeed very striking how _____ the ideas are on which the founders of modern theory in evolutionary biology and economics based their main thoughts.

*organismic 유기체의

① similar
② confusing
③ unrealistic
④ conventional

002 다음 빈칸에 들어갈 말로 가장 적절한 것은?

> In 1944 the German rocket-bomb attacks on London suddenly escalated. Over two thousand V-1 flying bombs fell on the city, killing more than five thousand people and wounding many more. Somehow, however, the Germans consistently missed their targets. Bombs that were intended for Tower Bridge, or Piccadilly, would fall well short of the city, landing in the less populated suburbs. This was because, in fixing their targets, the Germans relied on secret agents they had planted in England. They did not know that these agents had been discovered, and that in their place, English-controlled agents were giving them subtly deceptive information. The bombs would hit farther and farther from their targets every time they fell. By the end of the attack they were landing on cows in the country. By _____, the English army gained a strong advantage.

① being honest with the public
② giving the enemy a chance to retreat
③ feeding the enemy wrong information
④ focusing on one goal consistently

003 다음 빈칸에 들어갈 말로 가장 적절한 것은?

> Most people _____. If you really stop and think about it, most of what average people spend their money on revolves around the consumption of commodities. When you wake up in the morning, you might drink a cup of coffee. On the way to work, you might put gasoline in your car. When you pay your electric bills, buy a car, buy clothes, or even bake a cake, you are spending money on commodity-related expenses. The prices of these items are dependent on the prices of the physical commodities. For instance, when crude oil prices rise because of increased tensions in the Middle East, you can easily see this in gasoline prices. When excessive heat drives up demand for natural gas, you can also see this in your utility bill.

① interact with commodities on a daily basis
② spend too much and regret later
③ are in debt to some extent
④ feel the need for energy conservation

004 다음 빈칸에 들어갈 말로 가장 적절한 것은?

> Our sense of _____ is relative. This is an observation that is both obvious and (upon exploration) deeply profound, and it explains all kinds of otherwise puzzling observations. Which do you think, for example, has a higher suicide rate: countries whose citizens declare themselves to be very happy, such as Switzerland, Denmark, Iceland, the Netherlands, and Canada, or countries like Greece, Italy, Portugal, and Spain, whose citizens describe themselves as not very happy at all? Answer: the so-called happy countries. If you are depressed in a place where most people are pretty unhappy, you compare yourself to those around you and you don't feel all that bad. But can you imagine how difficult it must be to be depressed in a country where everyone else has a big smile on their face?

① who is to blame
② how deprived we are
③ what is truly worth doing
④ when we should help others

005 다음 빈칸에 들어갈 말로 가장 적절한 것은?

> I remember that I was first learning to tie my shoes when I was a kid. My dad would sit next to me and show me how he tied his. As I sat there and watched, I then started to mimic his actions and learn as I visually inspected and examined his every move. After a few failed attempts and after devoting some time and energy to mastering this skill, I was excited when I noticed that my shoelaces were tied! That was an unforgettable lesson that I learned from my father. When you repeat something, the brain sends a signal through your nervous system to your muscles, telling them to react in a certain calculated way. The more this happens in any given action, the more developed this action gets. The better you get at it, the more you master it. So, what's the point I'm trying to make? The point is this: _____ is the mother of all skills.

① Practice
② Intelligence
③ Creativity
④ Inspiration

006 다음 빈칸에 들어갈 말로 가장 적절한 것은?

> Some researchers from the University of Groningen conducted an experiment to see if _____ would encourage people to break a certain social rule. Their study was done in an alley that is frequently used to park bicycles. The researchers created two conditions: In one area, the walls of the alley were freshly painted; in the other one, they were covered with graffiti. In both areas, a large sign prohibiting graffiti was put up, and all the bikes then had an advertising flyer attached to their handlebars. When bike owners returned, their behavior was secretly observed. There were no wastebaskets in the alley, so a rider had three choices. He could take the flyer with him, hang it on another bicycle, or throw it to the floor. When the alley contained graffiti, 69% of the riders threw it compared with 33% when the walls were clean.
>
> *graffiti 낙서

① crime rates
② social customs
③ signs of disorder
④ unique talents

007 다음 빈칸에 들어갈 말로 가장 적절한 것은?

There are two boxes. Box A contains 100 balls: 50 red and 50 black. Box B also holds 100 balls, but you don't know how many are red and how many black. If you reach into one of the boxes without looking and draw out a red ball, you win $100. Which box will you choose: A or B? The majority will opt for A. Let's play again, using exactly the same boxes. This time, you win $100 if you draw out a black ball. Which box will you go for now? Most likely you'll choose A again. But that's illogical! In the first round, you assumed that B contained fewer red balls and more black balls, so, rationally, you would have to opt for B this time around. Don't worry; you're not alone in this error. This result is known as the Ellsberg Paradox — named after Daniel Ellsberg, a former Harvard psychologist. The Ellsberg Paradox offers empirical proof that we _____.

*empirical 경험상의

① focus more on evidence than on opinion
② favor known probabilities over unknown ones
③ rely too heavily on too little information
④ make external features for our performances

008 다음 빈칸에 들어갈 말로 가장 적절한 것은?

All the large social primates are fruit-eaters in one form or another. Fruits, seeds and tubers (the underground storage organs of certain plants) are the most energy-rich of all vegetable foods, and their energy is in the form most accessible to primates. As fruit-eating apes, the ancestral hominids could not have significantly improved their diet as a way to reduce their gut size. Only one source of food available to them was more nutrient-rich, and that was meat. Flesh is energy-rich, and the energy is in a form particularly easy to absorb during digestion. As a result, carnivores _____. By switching to a meat diet, the ancestral hominids were able to make significant savings in gut volume without sacrificing any of their energy intake.

*hominid 원인(原人), 사람과 비슷한 동물 **carnivore 육식 동물

① generally consume balanced diets
② play an important role as partners
③ regulate prey populations to some extent
④ have rather small guts for their body size

009 다음 빈칸에 들어갈 말로 가장 적절한 것은?

In some countries, making others wait is the essence of _____. In a survey in Brazil, my colleagues and I asked people how much they thought punctuality for appointments was tied to success. To my surprise, Brazilians rated people who are always late for appointments as most successful and punctual people as least successful. Our data also showed that Brazilians rated a person who was always late for appointments as more relaxed, happy, and likeable — all of which tend to be associated with being successful. These answers threw me at first. Even in a country of seemingly infinite temporal tolerance, this appeared to be going overboard. It is one thing to be flexible, but another to believe that not getting there on time actually pays off.

① status
② morality
③ leadership
④ negotiation

010 다음 빈칸에 들어갈 말로 가장 적절한 것은?

> The main objection to light automobiles is that they are less safe than heavier cars. Many people feel that a heavy car protects them, and they are partially right. In a heavy car, you are more likely to injure people in the car you hit than to be injured yourself. Ironically, if _____, then everyone's safety would be improved. This is an example of a phenomenon known as the paradox of the commons. If everyone cooperated, then everyone would be better off, but anyone who departed from the common agreement and picked a heavier car would be safer, although the average safety would decrease. Unless a law regulates size, the market will push toward larger cars. The easiest way to have such a law is to prescribe efficiency, because lighter cars are more fuel-efficient.

① cars were strictly prohibited
② the roads were too crowded
③ all traffic signs were removed
④ all cars were required to be light

011 다음 빈칸에 들어갈 말로 가장 적절한 것은?

> My travels and encounters with diverse cultures taught me an important thing about miracles. I learned that the less people know about basic science, the more they talk about miracles. In places where there is little awareness of astronomy and medical science, for example, one hears much talk of miracle eclipses and healings from minor illnesses and injuries that most people recover from. In societies with higher levels of science literacy, I still heard claims of miracles, but it was less frequent and almost always limited to unusual events, such as people surviving a plane crash or the rescue of some lost hiker. The correlation is clear: more understanding of the natural world means less reliance on miracles to explain events. This can be seen in history as well. Centuries ago, things that are now widely understood were thought to be _____. It is likely that this trend will hold true in the future. Today's miraculous event will probably be tomorrow's routine occurrence, thanks to future generations' greater understanding of how the universe works.

① supernatural
② economical
③ childish
④ rational

012 다음 빈칸에 들어갈 말로 가장 적절한 것은?

> One of the most meaningful findings in Darwin's theory of evolution is that difference in people, knowledge, activities, and organizational structures is crucial to creativity and innovation. Research by Dean Keith Simonton shows that the success of individual geniuses like Mozart, Shakespeare, Picasso, Einstein, and Darwin himself, is best understood from an evolutionary perspective, where excellence results from _____.
> These famous creators generated a wider scope of ideas and completed more products than their contemporaries. They didn't succeed at a higher rate than others. They simply did more. Some defy this trend, but they usually have less impact than their productive counterparts. The great artist Vermeer created fewer than 50 paintings in his lifetime, all in a similar style. He achieved a singular excellence that despite the stunning beauty of his art, adds something less than Picasso's astonishing range and history-changing influence.

① a range of variations
② consistent achievement of success
③ harmonious collaboration with others
④ completion of goals within a short time

013 다음 빈칸에 들어갈 말로 가장 적절한 것은?

You have no doubt heard the phrase "_____." Nothing could be truer when it comes to mood repair. To truly change the way you think so that you will feel less depressed, you need to change your behavior; that is, you need to act on your new alternative way of thinking. This is the most powerful approach that cognitive therapists use with their depressed patients to shift from negative automatic thinking to more positive, adaptive thinking. We call this empirical hypothesis testing, and it is designed to weaken belief in the negative, self-critical thoughts and strengthen belief in more positive alternative thinking. Essentially, this involves planning a series of activities that will constitute a test of your negative thinking versus the more realistic alternative. Some behavioral action plan forms can be used to challenge typical negative thinking.

*empirical 경험에 의거한

① Birds of a feather flock together
② Actions speak louder than words
③ Don't judge a book by its cover
④ Where there's smoke, there's fire

014 다음 빈칸에 들어갈 말로 가장 적절한 것은?

We have heard stories that tell us about some of _____. Akio Morita's Sony Walkman, the precursor for modern personal stereos, is said to have met with adverse market research results, presumably because the consumers questioned could not grasp the concept of walking around with a hi-fi playing in their ears. Sony had a retail network and marketed the Walkman in spite of the bad survey results, to great success. Truly innovative marketing ideas require creative entrepreneurship and teach consumers new consumption concepts. They are beyond the scope of conventional market research techniques because consumers have nothing with which they can compare a truly innovative concept. The Reader's Digest journal once surveyed its huge readership to find out who readers intended to vote for in the US presidential election. Even though the survey population was very large, the result proved wrong because readers of that publication were not representative of the wider US voting population.

*hi-fi 하이파이(고성능 음악 재생 장치)

① the best customer retention strategies
② the limitations of questionnaire surveys
③ the most famous business success stories
④ the worst marketing and advertising failures

015 다음 빈칸에 들어갈 말로 가장 적절한 것은?

> We are the CEOs of our own lives. We work hard to urge ourselves to get up and go to work and do what we must do day after day. We also try to encourage the people working for and with us, those who are doing business with us, and even those who regulate us. We do this in our personal lives, too: From a very young age, kids try to persuade their parents to do things for them ("Dad, I'm too scared to do this!") with varying degrees of success. As adults, we try to encourage our significant others to do things for us ("Sweetie, I had such a stressful day today, can you please put the kids to bed and do the dishes?"). We attempt to get our kids to clean up their rooms. We try to induce our neighbors to help out with a neighborhood party. Whatever our official job descriptions, we are all parttime _____.

① judges
② motivators
③ inventors
④ analysts

016 다음 빈칸에 들어갈 말로 가장 적절한 것은?

In many regions of Central America, native people can but do not grow greenvegetables packed with vital nutrients such as vitamin A. Generally speaking, the people do not have a tradition of raising these crops. They often have limited education in general and almost no exposure to health and nutrition advice, and they grow what feeds the most people. They often have plenty of tortillas and beans, so they have sufficient protein, and they eat until full. Yet the lack of micronutrients leads to their children developing blindness, iron deficiency, and other growth disorders. In these situations, families have to be educated about nutrition, encouraged to diversify their diets, plant more green vegetables, and sometimes receive nutritional assistance to _____.

*micronutrient 미량 영양소

① eliminate obesity
② improve digestion
③ correct imbalances
④ consume more protein

017 다음 빈칸에 들어갈 말로 가장 적절한 것은?

One of the most curious paintings of the Renaissance is a careful depiction of a weedy patch of ground by Albrecht Dürer. Dürer extracts design and harmony from an apparently random collection of weeds and grasses that we would normally not think twice to look at. By taking such an ordinary thing, he is able to convey his artistry in a pure form. In a similar way, scientists often _____ when trying to understand the essence of a problem. Studying relatively simple systems avoids unnecessary complications, and can allow deeper insights to be obtained. This is particularly true when we are trying to understand something as problematic as our ability to learn. Human reactions are so complex that they can be difficult to interpret objectively. It sometimes helps to step back and consider how more modest creatures, like bacteria or weeds, deal with the challenges they face.

① depend on personal experience
② choose to study humble subjects
③ work in close cooperation with one another
④ look for solutions to problems from the past

018 다음 빈칸에 들어갈 말로 가장 적절한 것은?

> Helen Keller refused to use her deafness and blindness as excuses for inaction. On the contrary, she said, "I cannot do everything, but still I can do something. And because I cannot do everything, I will not refuse to do the something that I can do." Helen Keller understood that if we want to get ahead, we have to get started. Do you ever get any good ideas? Sure you do! We all do. There's no shortage of good ideas, but there is a shortage of follow-through. Many of us have brilliant ideas, but fail to act on them. Ideas are valueless unless we breathe life into them. Unlike the rest of the animal kingdom that copes with what is, only humans create what is not. Airplanes, telephones, TV, computers, and books all came into being through the creative power of humanity. And that power was released by _____.

① knowledge
② action
③ inspiration
④ faith

019 다음 빈칸에 들어갈 말로 가장 적절한 것은?

> Jean Piaget was hugely influential in our understanding of children. According to him, children at 3-6 years of age _____. Among the many tasks that Piaget gave children at these ages are what he referred to as "conservation" tasks. In the most well-known task, he showed children two glasses of the same size that were both half-full of water. The children recognized that they both contained the same amount of water. Then he poured the water from one glass into a taller, thinner glass. The water level appeared to be higher, and despite the fact that the children saw the water being poured into the glass, they said that the taller glass contained more water than the shorter one. Piaget created quite a number of these small tasks and concluded that children at these ages did not yet understand about the world around them in a reasonable way.

① don't have an ability to think logically
② do their best to conserve what they own
③ are curious about everything around them
④ are not influenced by previous experiences

020 다음 빈칸에 들어갈 말로 가장 적절한 것은?

> An individual cannot help being affected by his or her surroundings. This is the aspect of the environment that needs the most attention. For example, if you go to a nice restaurant, expecting to have a nice meal, and a family is seated next to you with a toddler that is unruly, loud, and out of control, your enjoyment of the meal will be compromised. At that point, when the environment is interfering with your goal of having a nice meal without loud and unruly children, the important thing is _____.
> If you get excessively emotional and enraged, you may have a bad time even if the parents remove the toddler from the scene since you will be emotionally worked up. If, on the other hand, you take action by asking the waiter to seat you elsewhere where you will not be bothered by the toddler, then you may be able to overcome this obstacle and still have a nice meal.

① how you interact with the environment
② what you want to eat with your family
③ why you can't put up with unruly children
④ when you've reserved your seat for a fancy meal

021 다음 빈칸에 들어갈 말로 가장 적절한 것은?

If you're having a difficult time with a boss, assess the situation objectively and pick your battles strategically. Before you start an overt conflict with your boss, examine your motives. Are you angry? Do you feel a compelling need for justice? Is revenge your motive? These are not solid motivations in the business world. Securing or advancing your career, saving your job, or getting fair compensation and recognition are more valid motivations for a battle. Even Sun Tzu, who was a ruthless general concerned only with winning, advocated caution and restraint. In The Art of War he warned that a battle should never be fought out of anger or resentment. "If not in the interests of the state, do not act," he cautioned. And so it goes in the world of work. If you don't stand to benefit from a confrontation with your boss, _____.

*overt 공공연한

① count your blessings
② take the justice's side
③ do not engage in battle
④ care about how others feel

022 다음 빈칸에 들어갈 말로 가장 적절한 것은?

> Poetry is using words to create pictures. It is an effective tool for _____. That's because poems call for careful observation and a precise use of words. Writers of poetry must be attuned to patterns, sounds, and the subtle effect of words. Start out with free-verse poems before looking for rhyming patterns, syllable counts, or word sounds. Students who are not hindered by a particular form can focus on finding the best words to express their ideas. In free verse, students use words or phrases, but not complete sentences, to create a picture of an interesting or important person or event related to the integrated study. Another way to use poetry is to have students use only words taken from a textbook to create an interesting poem.

① teaching students about paragraphs
② advancing students' language skills
③ building up students' oral presentations
④ looking for details to support a statement

023 다음 빈칸에 들어갈 말로 가장 적절한 것은?

People who live on family farms and in small communities need no reminder of the necessity for cooperation. Barn raisings, potlucks, and community harvests have been the norm for hundreds of years. However, those of us who live in more isolated family units are likely to forget that _____. We can forget, that is, as long as things go smoothly — until something happens that affects the whole. When a major employer closes a business in a community, everyone feels the economic, social, and personal impact. In 2004, when a landslide covered several homes in the small town of La Conchita, California, those of us in neighboring towns felt the impact and got involved, working together in order to support families who had lost homes and loved ones.

*potluck 참가자가 음식을 가져와서 하는 식사

① others may not have their best interests in mind
② we all walk on the ground of interconnectedness
③ we don't know where we're going or who we are
④ others have strong passions and good ideas as well

024 다음 빈칸 (A), (B)에 들어갈 말로 가장 적절한 것은?

> There are people who are well-known but whose views on certain subjects are not well-known. __(A)__, Helen Keller is very well known, and students are taught that she was born blind and could not speak or hear and became very successful. But they are not told that she was a leader in the organization against World War I. __(B)__, Mark Twain is well known as a novelist, but most students do not learn that he protested against the war in the Philippines. They are not told that Mark Twain criticized Theodore Roosevelt because Roosevelt had congratulated an American general for winning a victory killing many people in the Philippine Islands in 1906.

	(A)	(B)
①	For instance	Similarly
②	For instance	However
③	In contrast	Similarly
④	In contrast	Therefore

025 다음 빈칸 (A), (B)에 들어갈 말로 가장 적절한 것은?

> Reading speed is usually measured in words per minute (wpm). Your wpm is actually the average number of words you read in one minute of a reading test that lasts several minutes. But when you read books, it is not the only way to get an idea of how fast you read. You might read a book in a few hours, days, or even weeks ___(A)___, although you take weeks to finish a book, you don't have to feel bad. There are many people who have never completed reading a single book in their entire lives. Incredibly, a few of them are college graduates. About half of the people in this country have not read a book in the last four or five years. ___(B)___, even if you take weeks to finish a book, you are far ahead of many people.

        (A)   (B)
① However ⋯⋯ Worst of all
② For example ⋯⋯ Moreover
③ However ⋯⋯ Therefore
④ For example ⋯⋯ Worst of all

026 다음 빈칸 (A), (B)에 들어갈 말로 가장 적절한 것은?

> The fact that life isn't fair doesn't mean we shouldn't do everything in our power to improve our own lives or the world as a whole. __(A)__, it suggests that we should. When we don't admit that life isn't fair, we tend to feel pity for others and for ourselves. Pity is a self-defeating emotion that does nothing for anyone, except to make everyone feel worse than they already do. __(B)__, when we do recognize that life isn't fair, we feel compassion for others and for ourselves. And compassion is a heartfelt emotion that delivers kindness to everyone. The next time you find yourself thinking about the injustices of the world, try reminding yourself of this very basic fact.

	(A)	(B)
①	As a result	However
②	As a result	Moreover
③	To the contrary	However
④	To the contrary	Consequently

027 다음 빈칸 (A), (B)에 들어갈 말로 가장 적절한 것은?

> You could be a victim of various forms of bullying. __(A)__, you could be left out of a social circle, considered as different, forced to hand over money and possessions, or attacked physically. Often bullying is described as a school thing, but it may not finish even if you leave the school gates. In fact, it can happen to anyone at any age anywhere in our lives. It can affect people on buses, in the street, and at work. __(B)__, together with advancing technology, sending threatening e-mails or text messages is becoming another form of bullying. It is now reported that one in five children is being bullied in this way.
>
> *bullying 약자를 괴롭히기

	(A)	(B)
①	For example	In addition
②	For example	Consequently
③	In contrast	In addition
④	In contrast	Consequently

028 다음 빈칸 (A), (B)에 들어갈 말로 가장 적절한 것은?

> Most people are slightly nervous about flying. According to several recent reports, "economy-class syndrome" has captured as much public attention as concerns about high levels of cosmic radiation and the questionable quality of the air we breathe in cabins. ___(A)___, it is believed that the cramped sitting leads some passengers to develop the blood clots, causing sharp pain and swelling in the lower leg. Then, more seriously, part of the clot may travel through bloodstream to the lungs. The airlines, ___(B)___, maintain there is no conclusive evidence so far that suggests the cramped aircraft cabin might be more dangerous than sitting still on a crowded train, bus, or car. They say it's basically a matter of self-care.
>
> *blood clot 혈액 응고물

	(A)	(B)
①	In fact	therefore
②	In fact	however
③	On the other hand	therefore
④	On the other hand	however

029 다음 빈칸 (A), (B)에 들어갈 말로 가장 적절한 것은?

> Among the physical traits you inherit from your parents, are your general build, your skin color, your eye color and shape, your hair color and texture, straightness or curliness, plus the shape and size of your nose, ears, hands, and feet. Among the mental traits you inherit, are your ability to learn, and your talent in special fields such as art, music, mechanics, or science.   (A) , you inherit emotional traits such as how you respond to certain situations or feelings, how easily you get upset, or how calm you stay. All these traits,   (B) , are greatly influenced by your environment, the world you live in, what your parents and teachers teach you, and what you learn from your community.

	(A)	(B)
①	In addition	however
②	In addition	therefore
③	As a result	similarly
④	As a result	therefore

030 다음 빈칸 (A), (B)에 들어갈 말로 가장 적절한 것은?

> Calmness can most easily occur during a state of relaxation from accepting one's situation. A woman who faces surgery in the morning may spend the night tossing and turning. __(A)__, another woman facing the same surgery may sleep soundly because she knows she cannot control her operation and must rely on her doctor. The second woman is calm. Sometimes, a person feels calm because they are experienced. A driver in a snowstorm can handle the weather calmly because he has driven in snow many times. __(B)__, fire fighters or police officers deal with dangerous situations every day, so when they face danger, they calmly do their jobs.

	(A)	(B)
①	In addition	In other words
②	For instance	As a result
③	In addition	As a result
④	For instance	On the other hand

031 다음 빈칸 (A), (B)에 들어갈 말로 가장 적절한 것은?

> It is often said that what most immediately sets English apart from other languages is the richness of its vocabulary. This means that English speakers can find the difference between words, which is unavailable to non-English speakers. ___(A)___, the French cannot distinguish between house and home, between mind and brain, between man and gentleman, between "I wrote" and "I have written." The Spanish cannot differentiate a chairman from a president, and in Russian there are no native words for efficiency, challenge, or engagement ring. ___(B)___, other languages have potential English lacks. Portuguese has words that differentiate between an interior angle and an exterior one.

	(A)	(B)
①	On the other hand	Similarly
②	On the other hand	As a result
③	In addition	Likewise
④	In addition	Consequently

032 다음 빈칸 (A), (B)에 들어갈 말로 가장 적절한 것은?

> According to a study, when fish are killed by fishing or predation, the first obvious effect is that the total number of fish of the species declines. __(A)__, the removal of fish also results in less competition for food among the remaining individuals. For example, when a certain percentage of young small fish is selectively removed, the remaining ones have more food available to grow into bigger and stronger adults. __(B)__, these adults are able to produce more offspring to compensate for young small fish that were killed. In fact, the increased reproduction more than compensates for the number of young small fish that were selectively removed in the first place.

	(A)	(B)
①	However	Nevertheless
②	However	As a result
③	Worst of all	In contrast
④	Worst of all	As a result

033 다음 빈칸 (A), (B)에 들어갈 말로 가장 적절한 것은?

> Look closely at the ads in magazines an TV commercials. Notice how many times the advertisers will associate their product with something that appeals to people. __(A)__, a sports car might be shown with an attractive woman. This is meant to make men associate that car with the pretty woman. The suggestion is that if they buy that car, they could date that woman. Notice how happy people seem in many cigarette ads. The advertisers want to associate smoking with having a great time. __(B)__, ads generally suggest that you'll earn more respect, more love, more success, and more happiness if you use their product.

	(A)	(B)
①	In addition	In contrast
②	In addition	By the way
③	For example	In contrast
④	For example	In brief

034 다음 빈칸 (A), (B)에 들어갈 말로 가장 적절한 것은?

> IQ tests carried out recently show that the average female IQ is equal to the average male IQ. However, at the extremes of the spectrum, there is a widening gap between the sexes.   (A) , there are more men who score at the bottom and the top end of the intelligence scale. There are four times as many men as women with IQ scores of 80. And there are twice as many men with IQ scores of 125 and five times as many men with IQ scores of 155, which is associated with "genius" level.   (B) , if we consider those who are at the same IQ level, women are able to achieve more than men, possibly because they are better able to adapt to periods of sustained hard work.

	(A)	(B)
①	In other words	However
②	In other words	Therefore
③	On the contrary	However
④	On the contrary	Similarly

035 다음 빈칸 (A), (B)에 들어갈 말로 가장 적절한 것은?

> The Internet provides used-car buyers with a wealth of information. For one thing, they can look at photos and find data about comparative safety, reliability, and owner satisfaction. Also, they can read independent reviews, locate dealers in their area, select options, and compare prices. At the Auto Channel's website, ___(A)___, consumers can find data on used-car prices, and the website lets shoppers design a search based on geographic area, make, model, price range, year, and desired features. ___(B)___, customers can click on another site that provides a toll-free number to VINguard, which reports on a vehicle's history and tells if it has ever been in a collision.

	(A)	(B)
①	however	Otherwise
②	however	In addition
③	for example	That is
④	for example	In addition

036 다음 빈칸 (A), (B)에 들어갈 말로 가장 적절한 것은?

> South Korea has the 13th largest economy in the world, but the Anholt-Gfk Roper Nation Brands Index has ranked its global image at only 33rd among nearly 200 countries surveyed every year. __(A)__, the South Korean government has created a list of the top ten things that the nation must do to increase its global image. The first thing on the government's list is to increase international awareness of South Korean culture and the Korean language. __(B)__, the government has decided to actively promote the national sport of taekwondo within Korea and abroad and unify international Korean language schools under the name "King Sejong Institute."

	(A)	(B)
①	In response	For instance
②	In response	Similarly
③	In addition	Similarly
④	In addition	For instance

037 다음 빈칸 (A), (B)에 들어갈 말로 가장 적절한 것은?

> Historians have traced the introduction of belts to martial arts to Jigoro Kano, the founder of Judo. Kano used white and black belts to represent which group of students could train and compete in particular activities. White belted students could not, __(A)__, practice the full contact fighting techniques taught to black belts. Shortly, other martial arts, such as Taekwondo and Kung Fu, also introduced different colors of belts. Thanks to the use of belts, the proficiency and experience of students within a school could be easily recognized. __(B)__, since skills were unique and different depending on schools, it was confusing to determine a student's rank as compared with students from other schools. So, most schools of each martial art have created consistent ranking criteria.

	(A)	(B)
①	otherwise	However
②	otherwise	In addition
③	for example	However
④	for example	In addition

038 다음 빈칸 (A), (B)에 들어갈 말로 가장 적절한 것은?

> One of the most basic principles in the rules of evidence in court is that evidence must be relevant to the issue. ___(A)___, if you are charged with offensive language, it is not relevant that you violated some traffic rules. This is irrelevant and any evidence to that effect should be excluded. Another rule is against evidence from rumor. That is, evidence is generally not accepted if someone is saying what he or she heard someone else say. Witnesses can only tell of what they directly witnessed of an offence. A witness can say that he or she saw a robbery taking place, heard sounds of a robbery, or saw some people running from the scene of a robbery. ___(B)___, the witness cannot say what he or she heard other witnesses say about the robbery.

	(A)	(B)
①	In contrast	Instead
②	In contrast	Otherwise
③	For example	Otherwise
④	For example	However

039 다음 빈칸 (A), (B)에 들어갈 말로 가장 적절한 것은?

> Let's say your company has been making athletic shoes for 50 or 60 years. They are good shoes. __(A)__, other companies have sped past you in the race for fame and the income that goes with it. Products with the logos of the companies are status symbols. Products with your logo make people think of basketball stars from the 1970's. To turn things around, you have to convert your product's old-fashioned image into something new, and make sure consumers get the message. They must equate your product with some larger idea that has nothing to do with shoes, but rather beauty, prosperity, or even world peace. __(B)__, you have to build a brand.

	(A)	(B)
①	For example	In other words
②	For example	On the contrary
③	Nevertheless	On the contrary
④	Nevertheless	In other words

040 다음 빈칸 (A), (B)에 들어갈 말로 가장 적절한 것은?

> All tamed animals are not domesticated animals. It takes many centuries for a wild animal to change completely into a domesticated animal — one that has been tamed by man and raised to provide him with food, clothing, transportation, or friendship. Once an animal is domesticated, its offspring behave like domesticated animals without having to be tamed themselves. ___(A)___, lions and bears can be tamed, but their offspring would behave like wild animals if they did not have the same upbringing by humans as their parents did. ___(B)___, dogs, cows, and sheep are born already tame and domesticated. The dog was the first animal to be domesticated, probably before recorded history began. Cattle, sheep, goats, and pigs soon followed. The horse, chicken, and cat were domesticated much later — about 3,000 B.C.

       (A)   (B)
① In contrast ······ Therefore
② In contrast ······ However
③ For example ······ However
④ For example ······ Besides

041 다음 빈칸 (A), (B)에 들어갈 말로 가장 적절한 것은?

> We often think of persuasion as something that a speaker does to an audience. In fact, persuasion is something that a speaker does with an audience. Listeners do not just listen passively, nor do they soak in everything the speaker says. __(A)__, while they listen, they assess the speaker's credibility, delivery, supporting materials, language, reasoning, and emotional appeals. This mental give-and-take is especially vigorous when listeners are highly involved with the topic and believe it has a direct effect on their lives. __(B)__, you must think of your persuasive speech as a kind of mental dialogue with your audience.

	(A)		(B)
①	Instead	……	Therefore
②	Furthermore	……	Otherwise
③	For instance	……	Besides
④	Instead	……	However

042 다음 빈칸 (A), (B)에 들어갈 말로 가장 적절한 것은?

> Overpopulation is a condition where an organism's numbers exceed the carrying capacity of its habitat. If a given environment has a population of 10 individuals, but there is food or drinking water enough for only 9, that environment is overpopulated.   (A) , if the population is 100 but there is enough food, shelter, and water for 200 for the indefinite future, then it is not overpopulated. Thus, it is possible for very sparsely-populated areas to be overpopulated, as the area in question may have a meager or non-existent capability to sustain human life.   (B) , overpopulation does not depend only on the size or density of the population, but on the ratio of population to available sustainable resources, and on the means of resource use and distribution used by that population.

	(A)	(B)
①	As a result	In other words
②	As a result	On the contrary
③	On the other hand	In other words
④	On the other hand	On the contrary

043 다음 빈칸 (A), (B)에 들어갈 말로 가장 적절한 것은?

> Once swine flu vaccinations start next month, some people getting them will die of heart attacks or strokes, and some pregnant women will miscarry. __(A)__, these events will not necessarily have to do with the vaccine. Officials, who remember how sensational reports of deaths and illnesses ruined the large-scale flu vaccine drive of 1976, are making plans to respond promptly to such events and reassure a nervous public that the vaccine is not to blame. Every year, there are 1.1 million heart attacks and 876,000 miscarriages in the US. __(B)__, it is no wonder that some of these tragedies will occur within days or even hours of receiving a flu shot.
>
> *swine flu 신종 플루

    (A)   (B)
① However ······ Therefore
② However ······ Nevertheless
③ Similarly ······ Therefore
④ Similarly ······ Nevertheless

044 다음 빈칸 (A), (B)에 들어갈 말로 가장 적절한 것은?

> Automation seems to be a very complicated process. But really it is just a way of having machines do work without human operators controlling the machines every moment they are running. In other words, an automated system is a system in which machines work by themselves. Automated systems often help people because machines do work that is boring or even dangerous for people. __(A)__, jobs such as handling radioactive materials used in nuclear power plants are often done by machines. Automation permits fewer people to manufacture more and better goods, which often means that prices can be lowered. __(B)__, automation can cause big problems. When an automatic system is installed in an office or factory, many workers may lose their jobs.

	(A)		(B)
①	For example	……	However
②	For example	……	By the way
③	In contrast	……	As a result
④	In contrast	……	However

순서, 삽입, 삭제

001 주어진 글 다음에 이어질 글의 순서로 가장 적절한 것은?

James Francis was born in England and emigrated to the United States at age 18. One of his first contributions to water engineering was the invention of the sprinkler system now widely used in buildings for fire protection.

(A) Once the system was activated by opening the valve, water would flow out everywhere. If the building did not burn down, it would certainly be completely flooded.

(B) Francis's design involved a series of perforated pipes running throughout the building. It had two defects: it had to be turned on manually, and it had only one valve.

(C) Only some years later, when other engineers perfected the kind of sprinkler heads in use nowadays, did the concept become popular. They turned on automatically and were activated only where actually needed.

*perforate 구멍을 내다

① (C) – (B) – (A)
② (B) – (A) – (C)
③ (B) – (C) – (A)
④ (C) – (A) – (B)

002 주어진 글 다음에 이어질 글의 순서로 가장 적절한 것은?

The difference between selling and marketing is very simple. Selling focuses mainly on the firm's desire to sell products for revenue.

(A) When a product or service is marketed in the proper manner, very little selling is necessary because the consumer need already exists and the product or service is merely being produced to satisfy the need.

(B) Salespeople and other forms of promotion are used to create demand for a firm's current products. Clearly, the needs of the seller are very strong.

(C) Marketing, however, focuses on the needs of the consumer, ultimately benefiting the seller as well. When a product or service is truly marketed, the needs of the consumer are considered from the very beginning of the new product development process, and the product-service mix is designed to meet the unsatisfied needs of the consuming public.

*revenue 수익

① (C) – (B) – (A)
② (B) – (A) – (C)
③ (B) – (C) – (A)
④ (C) – (A) – (B)

003 주어진 글 다음에 이어질 글의 순서로 가장 적절한 것은?

> Benjamin Franklin, who is said to have discovered electricity by flying a kite in a storm and who later invented the lightning rod, made the important discovery that low pressure systems caused the atmosphere to circulate in a rotating pattern.

(A) Of course, he wasn't able to travel northeast from Philadelphia to Boston, but what he did find out the next day was that the storm that had been in Philadelphia had traveled to Boston.

(B) He made this discovery in 1743, after unsuccessfully attempting to see a lunar eclipse on October 21. There was a storm in Philadelphia at the time, but he later learned that the skies were clear in Boston that day.

(C) From this geographical information, he got the idea that the storm was traveling in a clockwise manner from southwest to northeast. Putting two and two together, Franklin concluded that the low pressure system was causing the storm to move in this manner.

① (C) – (B) – (A)
② (B) – (A) – (C)
③ (B) – (C) – (A)
④ (C) – (A) – (B)

004 주어진 글 다음에 이어질 글의 순서로 가장 적절한 것은?

I heard of a chef who was so specialized that she had narrowed down her field of expertise to vegetarian cooking, specializing in avocados and chia seeds.

(A) Pursuing more than one career at once may require more effort than pursuing a single area. You'll find, however, that the reward is well worth the effort. Why not do a few things at a time? You can build a life around all your interests.

(B) But if you have a hard time in your field, keep in mind that there's another way. You don't have to choose a niche. You probably have more than one interest, and that's what makes you interesting.

(C) Some of you do something that way the chef did — and sometimes there can be a lot of value in becoming the world's leading expert in your field. If that's you, and you've decided to lean on the specific way of life, that's good for you.

*niche 아주 꼭 맞는 자리

① (C) – (A) – (B)
② (B) – (A) – (C)
③ (B) – (C) – (A)
④ (C) – (B) – (A)

005 주어진 글 다음에 이어질 글의 순서로 가장 적절한 것은?

> Our family dog Sparky always let us know when he wasn't getting enough attention. For instance, if he thought we were away from home too much, he'd perform his record trick.

(A) He never hurt the cat; he simply sat on her as one would sit on a fine cushion, with her head poking out under his tail, and a silly grin on his face that said, "See, if you'd play with me, I wouldn't get into such mischief."

(B) While we were out, Sparky would tap the album cover on the record rack in just such a way that the record would roll out. Then he would chomp the record! We'd return to find our favorite LP chewed into tiny bits.

(C) Another popular Sparky trick was the cat-sit. If the family was peacefully settled on the porch, not playing with him, Sparky would grab the cat by the ear and drag her over to the steps, and then he would sit on top of her until someone paid attention to him.

*chomp 우적우적 씹다

① (C) – (B) – (A)
② (B) – (A) – (C)
③ (B) – (C) – (A)
④ (C) – (A) – (B)

006 주어진 문장이 들어가기에 가장 적절한 곳은?

> On the other hand, if you are saving for auto repairs and pay down your debt a little slower, you will feel proud that you planned for the auto repair.

If you apply all your extra money to paying off debt without saving for the things that are guaranteed to happen, you will feel like you've failed when something does happen. You will end up going further into debt. (①) Let's use an example of an unexpected auto repair bill of $500. (②) If you don't save for this, you'll end up with another debt to pay off. (③) You'll feel frustrated that you have been working so hard to pay things off and yet you just added more debt to your list. (④) You will have cash to pay for it, and you are still paying down your debt uninterrupted and on schedule. Instead of frustration and disappointment from the unexpected auto repair, you feel proud and excited.

007 주어진 문장이 들어가기에 가장 적절한 곳은?

> Only after everyone had finished lunch would the hostess inform her guests that what they had just eaten was neither tuna salad nor chicken salad but rather rattlesnake salad.

A dramatic example of how culture can influence our biological processes was provided by anthropologist Clyde Kluckhohn, who spent much of his career in the American Southwest studying the Navajo culture. (①) Kluckhohn tells of a non-Navajo woman he knew in Arizona who took a somewhat perverse pleasure in causing a cultural response to food. (②) At luncheon parties she often served sandwiches filled with a light meat that resembled tuna or chicken but had a distinctive taste. (③) Invariably, someone would vomit upon learning what they had eaten. (④) Here, then, is an excellent example of how the biological process of digestion was influenced by a cultural idea. Not only was the process influenced, it was reversed: the culturally based idea that rattlesnake meat is a disgusting thing to eat triggered a violent reversal of the normal digestive process.

*perverse 심술궂은

008 주어진 문장이 들어가기에 가장 적절한 곳은?

> It enabled people to send messages from one mainframe to another over the network.

Electronic mail, known more commonly as email, uses communication facilities to transmit messages. (①) A user can send a message to a single recipient or to many different recipients at one time. (②) In the early 1970s, computer engineer Ray Tomlinson noticed that people working at the same mainframe computer could leave one another messages. (③) He imagined great utility of this communication system that could send messages to different mainframes. So he created a software program over the period of about a week that used send-and-receive features. (④) To make sure the messages went to the right system, he adopted the @ symbol because it was the least ambiguous keyboard symbol and because it was brief.

009 다음 글에서 전체 흐름과 관계 없는 문장은?

Companies would like to enhance employee contentment on the job for several reasons. Job satisfaction increases productivity because happy employees work harder, allowing them to produce more at a lower cost. ① Moreover, in many service organizations, client satisfaction often depends directly on the attitudes of employees, who are the company's face for customers. ② Because people's purchasing patterns are affected by how they feel during the buying experience, happy employees matter. ③ When workers are dissatisfied, their unhappiness makes the customer's experience worse; as a result, consumers buy less, and company performance suffers. ④ In other words, when a product costs more, but is worth it, its value becomes acceptable to the consumer. Clearly, it is important for companies to know what makes their employees satisfied with their jobs.

*contentment 만족(감)

010 다음 글에서 전체 흐름과 관계 없는 문장은?

Certain types of businesses have few or no competitors. Most of these businesses provide essential services to the public. ① For example, many public utility companies have a legal monopoly in their fields. ② In providing such services as electric power and water, one company may be able to operate more efficiently than several competing firms. ③ Other enterprises, such as airports and railroads, are too expensive for several companies to operate in the same area. ④ For freight transport, rail transport and ship transport are generally much more efficient than trucking, and air freight is much less efficient. In these types of businesses, government regulation replaces competition in setting prices and establishing standards of quality.

011 다음 글에서 전체 흐름과 관계 없는 문장은?

Growing crops in raised beds rather than in the open ground allows you greater control over the growing conditions. ① When creating a new bed or renovating an old one, you can fill it with fresh, rich soil, but even in following years it will be easy to improve the soil to suit your crops. ② The raised height of the bed also makes it easier to dig it over and remove rocks, which is ideal for root crops such as carrots that will suffer in rocky soil. ③ Organic matter can be applied on the raised beds as necessary, not the paths, so there will be little waste. ④ Since preserving the delicate soil structure is your number one goal, you should not dig over the garden soil. The elevated soil level will provide good drainage, so this is a great way to provide a space for herbs and other warm-season plants that flourish in dry soil.

*raised bed 흙을 평지보다 높이 쌓아 만든 부분

012 다음 글에서 전체 흐름과 관계 없는 문장은?

Companies would like to enhance employee contentment on the job for several reasons. Job satisfaction increases productivity because happy employees work harder, allowing them to produce more at a lower cost. ① Moreover, in many service organizations, client satisfaction often depends directly on the attitudes of employees, who are the company's face for customers. ② Because people's purchasing patterns are affected by how they feel during the buying experience, happy employees matter. ③ When workers are dissatisfied, their unhappiness makes the customer's experience worse; as a result, consumers buy less, and company performance suffers. ④ In other words, when a product costs more, but is worth it, its value becomes acceptable to the consumer. Clearly, it is important for companies to know what makes their employees satisfied with their jobs.

*contentment 만족(감)

013 다음 글에서 전체 흐름과 관계 없는 문장은?

Certain types of businesses have few or no competitors. Most of these businesses provide essential services to the public. ① For example, many public utility companies have a legal monopoly in their fields. ② In providing such services as electric power and water, one company may be able to operate more efficiently than several competing firms. ③ Other enterprises, such as airports and railroads, are too expensive for several companies to operate in the same area. ④ For freight transport, rail transport and ship transport are generally much more efficient than trucking, and air freight is much less efficient. In these types of businesses, government regulation replaces competition in setting prices and establishing standards of quality.

014 다음 글에서 전체 흐름과 관계 없는 문장은?

Regardless of how many bosses you really have, invest some time upfront to get to know them. ① You need to understand what they want, what their strengths and weaknesses are, and what their career goals and aspirations are. ② If you can discover those, you can find out how to support them in their mission, and this will help you keep from spinning your wheels and guessing what they want. ③ Exploring these topics will allow you to think about your bosses in a much more dynamic and multidimensional way. ④ Do not limit yourself to one possible career and consider how your skills might translate to another career, and what benefits they could bring to a different sector. You will find commonalities and connections you did not know you shared, and this will enable you to interact more productively and enhance your relationship with your bosses.

015 다음 글에서 전체 흐름과 관계 없는 문장은?

Children can enjoy attending plays, puppet shows, or other performances if the selection is appropriate for their level of development. Performances should be chosen that would be enjoyable for young children to attend. ① This should not be a stressful experience that requires active children to be quiet and still for a long period of time. ② Also important in the selection process is the location of the performance. ③ Parents should keep their children quiet and under control while the performance is going on. ④ If it requires a one-hour ride on the bus, before a two-hour performance, it is probably inappropriate for preschoolers. It would be much more appropriate to attend the rehearsal of a play that is being performed at a closer location.

016 다음 글에서 전체 흐름과 관계 없는 문장은?

A company's vison communicates what makes the company singular and unequaled. ① A company's vison must differentiate it from others if the company is to attract and retain employees, volunteers, customers, clients, donors, or investors. ② There's no advantage to working for, buying from, or investing in a company that has exactly the same vision as the one across the street or down the hall. ③ Only when people understand how you're truly distinctive, how you stand out in the crowd, will they want to sign up with you. ④ It is very important to make every single member of your company strive for the same goal. After all, how would you like to go to work every day if the sign over the front door read, "Welcome to our place. We're just like everyone else."?

017 주어진 문장이 들어가기에 가장 적절한 곳은?

One of them is to talk to your family about ways each family member can contribute to a vacation fund.

You'd like the family's next trip to be terrific, but you're worried about money. You know the family has to cut back on some expenses. (①) This situation could be the perfect chance for the entire family to come up with plans to finance the trip and then stick to them. (②) For Mom and Dad, for example, the way might be giving up that daily cappuccino on the way to work. (③) For the teenagers, it could be missing the Saturday night trip to the movies every second week. (④) Put the money in a jar so you can see it accumulate. Not only will your family have the opportunity to work together for a common goal, but they may just well have the best vacation ever!

018 주어진 문장이 들어가기에 가장 적절한 곳은?

> For wrecks that are too deep for scuba divers to reach, submersible vehicles are used.

Once a shipwreck has been located, it's time to dive down and learn more about it. Scuba divers swim in lightweight rubber wetsuits, breathing oxygen from tanks strapped to their backs. (①) Invented by French ocean explorer Jacques Cousteau in 1943, scuba stands for "Self-contained Underwater Breathing Apparatus." (②) Scuba divers can swim to depths of about 100m, or if sealed inside a special atmospheric diving suit, they can work at depths of 610m. (③) Some of them are manned and can stay underwater for up to ten hours. (④) Inside such manned submersibles, divers are protected from the huge pressure of water at depths of the ocean. Other unmanned submersibles are remotely operated vehicles, controlled from a ship on the surface.

*submersible 물속에서 쓸 수 있는; 잠수정

019 주어진 문장이 들어가기에 가장 적절한 곳은?

> Better than any other Meso-americans, they survived the Spanish invasion.

The Maya have aptly been called the Greeks of the New World. They lived in city-states that differed widely in detail while sharing a rich cultural tradition. (①) Their main achievements were intellectual, not political. (②) They never built an empire, yet neighboring Mexican empires owed much to Maya inspiration and continuity. (③) When those empires fell, the Maya were shaken but never collapsed like their Mexican neighbors. Like the Greeks, they were and are flexible: the Maya have always absorbed the culture of other peoples and remade it as their own. (④) For example, a Maya kingdom remained in the middle of the Guatemalan jungle until 1697, more than 150 years after the Aztecs and Incas had fallen to the Spaniards.

*Meso-american 중미 사람

020 주어진 글 다음에 이어질 글의 순서로 가장 적절한 것은?

How do you get rid of hiccups? Everybody has a cure, whether it's a good scare, swallowing a spoon of sugar, or holding your nose while sipping water.

(A) Take poor Charles Osborne, for instance. Born in 1894, Osborne was 28 years old when he started to hiccup. And he didn't stop for 69 years. At first, the spasms hit at a rate of 40 times a minute.

(B) Later in life they had weakened to 20 a minute, during which Osborne was worried about the dangers of losing his false teeth. But they had little significant effect. Osborne died at the age of 97, one year after the hiccups mysteriously stopped.

(C) But do any of these cures work? Oddly enough, scientists say that some will serve to interrupt the spasm of the muscle, but not in all people. So, what works for one may not work for the other.

*spasm 경련

① (C) – (B) – (A)
② (B) – (A) – (C)
③ (B) – (C) – (A)
④ (C) – (A) – (B)

021 주어진 글 다음에 이어질 글의 순서로 가장 적절한 것은?

> It is often easier to recall information stored in long-term memory when our internal state is similar to that which existed when the information was first entered into memory.

(A) The basic principle that underlies this kind of effect is sometimes described as the encoding specificity principle: Retrieval of information is successful to the extent that the retrieval cues match the cues the learner used during the study phase.

(B) For example, suppose that while studying for an exam, you drink lots of coffee. Thus, the effects of caffeine are present while you memorize the information in question. On the day of the test, should you also drink lots of coffee?

(C) The answer appears to be "yes," and not just for the boost in alertness the caffeine may provide. In addition, being in the same physical state may provide you with retrieval cues that may help boost your performance.

① (C) – (B) – (A)
② (B) – (A) – (C)
③ (B) – (C) – (A)
④ (C) – (A) – (B)

022 주어진 글 다음에 이어질 글의 순서로 가장 적절한 것은?

Young children tend to reconnect a lot faster than adults do. Take a tip from them: one minute your kids might feel sad and depressed, the next they are energized and excited.

(A) This is a wonderful gift of consideration and trust that they are continually giving to you. Children are anxious to receive the same consideration from you.

(B) They may have outbursts of emotion; however, they get over them quickly and don't hold grudges. They let go of the past with startling speed and bounce back with freshness and openness for whatever is next.

(C) However, the habit of holding on to hurt is deeply rooted in adults. This common habit prevents parents from seeing the more positive side of their children's behavior and eventually prevents children from wanting to express it.

*grudge 악의, 원한

① (C) – (B) – (A)
② (B) – (A) – (C)
③ (B) – (C) – (A)
④ (C) – (A) – (B)

023 주어진 글 다음에 이어질 글의 순서로 가장 적절한 것은?

> Mr. Evans was an elderly man who treasured his privacy and quiet. To his dismay, the house next door was purchased by the Vargas family, who he considered too big and too friendly.

(A) In fact, the Vargas family was celebrating Las Posadas as they had in Mexico. As part of the celebration, they had a piñata.

(B) When one of the guests broke it open, a hard candy flew out and smashed against Evans' window. The Vargas family explained the Posadas tradition to Evans, but he only reluctantly accepted their apology.

(C) One night, Mr. Evans was beside himself over the party going on next door. A large group had gathered in the Vargas' backyard, laughing and singing. Suddenly, a small hard object flew through the air, slamming against Evans' kitchen window.

*piñata 피냐타(파티 때 눈을 가리고 막대기로 쳐서 넘어뜨리는 통)

① (C) – (B) – (A)
② (B) – (A) – (C)
③ (B) – (C) – (A)
④ (C) – (A) – (B)

024 주어진 글 다음에 이어질 글의 순서로 가장 적절한 것은?

> Confucius said: "Learning without thought is useless; thought without learning is dangerous." For the intuition to manipulate many facts or ideas simultaneously, these facts and ideas must first be consciously learned — usually one at a time.

(A) At first, the beginner consciously thinks about each of these things as she does them, and it feels awkward and slow. But after two or three years of practice she will execute each stroke entirely well without thinking. By instinct!

(B) A good coach will teach her to execute things correctly. The coach will show her perhaps six important elements that must be mastered to hit a consistently good forehand, five things to hit a good backhand, and seven things to develop a good serve.

(C) Consider a beginning tennis player. At first the player is slow. She has to think about each move, and she is likely to execute each move badly or entirely wrong.

① (C) – (A) – (B)
② (B) – (A) – (C)
③ (B) – (C) – (A)
④ (C) – (B) – (A)

내용 일치

001 Victor Frankl에 관한 다음 글의 내용과 일치하지 않는 것은?

> Victor Frankl, a famous psychiatrist, remained head of the neurology department at the Vienna Policlinic Hospital for twenty-five years. He wrote more than thirty books for both professionals and general readers. He met with politicians, world leaders such as Pope Paul VI, philosophers, students, teachers, and numerous individuals who had read and been inspired by his books. He lectured widely in Europe, the Americas, Australia, Asia, and Africa; and held professorships at Harvard, Stanford, and the University of Pittsburgh. Even in his nineties, Frankl continued to engage in dialogue with visitors from all over the world and to respond personally to some of the hundreds of letters he received every week. Twenty-nine universities awarded him honorary degrees, and the American Psychiatric Association honored him with the Oskar Pfister Award.
>
> *neurology 신경(병)학

① 전문가와 일반 독자를 위한 책을 30권 넘게 썼다.
② 자신의 책에 영감을 받은 많은 사람들을 만났다.
③ 대학교에서 강연을 했지만 교수직은 맡지 않았다.
④ 90대에도 방문객과의 대화를 계속했다.

002 Elizabeth Catlett에 관한 다음 글의 내용과 일치하지 않는 것은?

> Elizabeth Catlett was born in Washington, D.C. She studied painting and design at Howard University. She became the first person to receive an MFA (Master of Fine Arts) degree from the University of Iowa in 1940. Grant Wood was her painting teacher. Wood encouraged his students to focus on subjects they knew best and to experiment with different media. Catlett spent the rest of her career following his advice. Her subjects were almost exclusively African American women. She made lithograph prints as well as sculptures from wood, stone, clay, and bronze. She won a grant to study printmaking in Mexico in 1946. From then, she divided her time between her studios in New York City and Cuernavaca, Mexico.
>
> *lithograph 석판 인쇄 **printmaking 판화 제작

① Howard 대학교에서 회화와 디자인을 공부했다.
② Iowa 대학교에서 미술 석사 학위를 받은 첫 번째 사람이었다.
③ 거의 아프리카계 미국 여성만을 작품의 소재로 삼았다.
④ 1946년에 미국을 떠나 멕시코로 영구 이주했다.

003 Hulagu에 관한 다음 글의 내용과 일치하지 않는 것은?

> In 1255, one of Genghis Khan's grandsons Mongke sent his brother Hulagu to conquer the Muslim world. Hulagu destroyed Baghdad in 1258 and killed hundreds of thousands in the process, the tragedy still mourned in the Muslim world today. The Mongols surely would have continued into the Mediterranean if Mongke had not died. Hulagu was forced to return to Mongolia in an attempt to claim his dead brother's throne, leaving behind a force that was completely defeated by the Mamluk Egyptians in 1260 at Ain Jalut in Palestine. Adding insult to injury, Hulagu failed to take Mongke's crown, which instead fell to the third brother, Kublai, who would later take control of China.

① 이슬람 세계를 정복하러 파견되었다.
② 바그다드를 파괴하고 수십만 명을 죽였다.
③ Mongke가 죽자 지중해로 계속 나가지 못했다.
④ 몽골로 돌아올 때 군대를 모두 철수시켰다.

004 Joe Girard에 관한 다음 글의 내용과 일치하지 않는 것은?

> Joe Girard was born the son of Antonino Girard, an extremely poor man of Sicilian birth. When Joe Girard was a kid, his father's business failed and he had to work from then on. He started working as a shoeshine boy at the age of nine, and then as a newsboy for the Detroit Free Press, a dishwasher, and a delivery boy. After he became an adult, he had an interest in selling cars and found employment as a salesman at a Detroit car dealership in 1962. He sold a car on his first day and, by the second month, was the best, but some of the other salesmen got jealous of him and urged their manager to fire him. In 1963, he finally moved to a Chevrolet car dealership, in Eastpointe, Michigan, where he stayed until his retirement in 1978. There, having sold 13,001 cars over the course of 15 years, he was selected by the Guinness Book of World Records as the world's greatest car salesman in 1978.

① 어렸을 때 아버지가 사업에 실패했다.
② 9세에 구두 닦는 일을 시작했다.
③ 성인이 된 후 자동차 판매에 관심을 갖게 되었다.
④ Detroit 자동차 대리점에서 수년간 일했다.

005 Francis Crick에 관한 다음 글의 내용과 일치하지 않는 것은?

> Francis Crick, the Nobel Prize-winning codiscoverer of the structure of the DNA molecule, was born in Northampton, England in 1916. He attended University College London, where he studied physics, graduating with a Bachelor of Science degree in 1937. He soon began conducting research toward a Ph.D., but his path was interrupted by the outbreak of World War II. During the war, he was involved in naval weapons research, working on the development of magnetic and acoustic mines. After the war, Dr. R. V. Jones, the head of Britain's wartime scientific intelligence, asked Crick to continue the work, but Crick decided to continue his studies, this time in biology. In 1951, Crick met James Watson, a young American biologist, at the Strangeways Research Laboratory. They formed a collaborative working relationship solving the mysteries of the structure of DNA.

① University College London에서 물리학을 공부했다.
② 제2차 세계대전의 발발로 박사 학위를 위한 연구가 중단됐다.
③ 전쟁 중 해군 무기 연구에 참여했다.
④ Dr. R. V. Jones의 요청으로 전공을 생물학으로 바꿨다.

006 Monarch butterflies에 관한 다음 글의 내용과 일치하지 않는 것은?

Monarchs are large, beautifully colored butterflies that are easy to recognize by their striking orange, black, and white markings. They live in North, Central, and South America as well as Australia, some Pacific Islands, India, and Western Europe. The wingspan of a full-grown monarch can reach nearly 13 centimeters. The distinctive pattern warns predators that the insects are poisonous. An animal that eats a monarch butterfly usually doesn't die, but it feels sick enough to avoid monarchs in the future. That's why in either the caterpillar or butterfly stage the monarch needs no camouflage. The most amazing thing about monarch butterflies is the enormous migration that North American monarchs undertake each year. Every fall millions of these delicate insects leave their home in Canada and the United States and begin flying south. They continue until they reach Southern California or central Mexico, more than 3,200 kilometers away!

① 주황, 검정, 그리고 흰색의 무늬로 알아보기 쉽다.
② 다 자라면 날개의 폭이 거의 13센티미터에 이른다.
③ 갖고 있는 독으로 포식자를 매번 죽음에 이르게 한다.
④ 애벌레 단계나 나비 단계에서 위장술을 필요로 하지 않는다.

007 Jemaa el-Fna에 관한 다음 글의 내용과 일치하지 않는 것은?

> Jemaa el-Fna is a square and market place in Marrakesh's old city. It remains the main square of Marrakesh, used by locals and tourists. The current name of the Jemaa el-Fna square appears only in the early seventeenth century in historical texts. After a destructive war, Jemaa el-Fna was constructed again in the eleventh century. During the day it is occupied by juice stalls, water sellers with traditional leather water bags and brass cups, youths with chained apes and snake charmers, despite the protected status of these species under Moroccan law. As darkness falls, the square fills with dozens of food stalls as the number of people in the square peaks. Once a bus station, the place was closed to vehicle traffic 24 hours a day in the early 2000s.

① 17세기 초반의 역사적인 글에 이름이 나와 있다.
② 전쟁으로 파괴되었다가 11세기에 재건되었다.
③ 낮 시간에 가죽 물주머니에 담긴 물을 파는 사람들이 있다.
④ 2000년대 초반부터 광장 내 버스의 통행이 허가되었다.

008 goliath bird-eater에 관한 다음 글의 내용과 일치하지 않는 것은?

> The second largest spider in the world, the goliath bird-eater, is related to the tarantula. It received its fearsome name after Victorian explorers witnessed one feasting on a hummingbird. The big spiders inhabit marshy land in the rainforests of northern South America. They can grow to a leg span of up to 30 cm and can weigh more than 170 grams. Males have a lifespan of 3 to 6 years, while females have a lifespan of 15 to 25 years. Despite the spider's name, birds are not the main prey of the goliath bird-eater. They prefer to eat insects. These big spiders are not generally considered dangerous to human beings, although they can bite if disturbed, leaving a wound about as painful as a wasp sting.
>
> *hummingbird 벌새

① 남아메리카 북부 다우림의 습지에 서식한다.
② 몸무게가 170g 이상 나갈 수 있다.
③ 암컷의 수명은 15년에서 25년 사이이다.
④ 먹이로 곤충과 새를 똑같이 선호한다.

박노준
PATTERN
영어

PART III

어휘 & 생활영어

CHAPTER 01 어휘 & 생활영어
CHAPTER 02 구동사

CHAPTER 01 어휘 & 생활영어

001 다음 밑줄 친 어휘의 동의어를 고르시오.

> The job of selecting, preserving, and housing the vast accumulation of government **documents**, dating as far back as 1975, is handled by the National Archives in Washington D.C.

① variety
② culmination
③ collection
④ duplication

002 다음 빈칸에 알맞은 어휘를 고르시오.

> The police _____ the middle-aged man armed with a shot gun.

① apprehended
② interfered
③ comprehend
④ preoccupied

003 다음 밑줄 친 어휘의 동의어를 고르시오.

> Both parties agreed on the **reciprocal** policy that will take effect in 1976.

① involving two people or groups
② not paying enough attention to
③ not following a definite plan
④ rotating around something

004 다음 빈칸에 알맞은 어휘를 고르시오.

> A specialist in the human respiratory system is an expert on _____.

① lungs
② bones
③ nerves
④ stomach

005 다음 빈칸에 알맞은 어휘를 고르시오.

> Robert did not hear the bell, because he was completely _____ in his reading.

① disguised
② suspended
③ confirmed
④ absorbed

006 다음 빈칸에 알맞은 표현을 고르시오.

> A : Are you coming to the party tonight?
> B : _____.
> A : Great! I'll look forward to seeing you.

① No, thanks.
② I'm afraid I can't.
③ You bet.
④ Of course not.

007 다음 밑줄 친 어휘의 동의어를 고르시오.

> Audiences cheered as Luke Sky walker and Princess Leia made their **audacious**, death-defying leap to freedom, escaping Darth Vader's troops.

① prudent
② bold
③ hilarious
④ intelligent

008 다음 밑줄 친 어휘의 동의어를 고르시오.

> It is so good to see that they have **reconciled** their differences.

① heeded
② discussed
③ concealed
④ settled

009 다음 빈칸에 알맞은 어휘를 고르시오.

> In England military service used to be voluntary, but now it is _____.

① compulsory
② optional
③ recommendable
④ abominable

010 다음 빈칸에 알맞은 어휘를 고르시오.

> If we _____ these experienced people to positions of unimportance for their political reasons, we shall lose the services of valuably trained personnel.

① propel
② relegate
③ constrict
④ detract

011 다음 빈칸에 알맞은 어휘를 고르시오.

> I had _____ for ten minutes before the telephone operator put me through.

① hung about
② hung up
③ hung on
④ hung out

012 다음 빈칸에 알맞은 표현을 고르시오

> A : Excuse me. Could you tell me the way to City Hall?
> B : Sure, take this road until you pass the wedding hall on your left. Just after passing it, turn right. Continue down the road for about 10 minutes. When you see a bank, turn right and ... _____.
> A : Sorry, can you say that again?

① Are you following me?
② Are you rooting for me?
③ Can you just pick one now?
④ Are you up and about sooner or later?

013 다음 밑줄 친 어휘의 동의어를 고르시오.

> With the latest technological advances, robots can be equipped with devices that simulate the **rudimentary** functions associated with sight and touch.

① basic
② human
③ complex
④ intelligible

014 다음 밑줄 친 어휘의 동의어를 고르시오.

> The function of a car engine is **comparable** to that of human heart.

① similar
② contradictory
③ opposite
④ mixed

015 다음 빈칸에 알맞은 어휘를 고르시오.

> The whirlwinds of _____ will continue to shake the foundations of our nation until the bright day of justice emerges.

① repose
② revolt
③ inscription
④ vision

016 다음 빈칸에 알맞은 어휘를 고르시오.

> The banker _____ $100,000 from the bank where he worked and used it for his personal investment in stocks.

① embezzled
② eluded
③ embarrassed
④ extenuated

017 다음 빈칸에 알맞은 어휘를 고르시오.

> Certain conditions were _____ in the contract.

① put off
② set out
③ called off
④ opened out

018 다음 빈칸에 알맞은 표현을 고르시오.

> A : Could you do me a favor, please?
> B : What is it?
> A : My car broke down, so _____ tomorrow.
> B : No problem. When do you want me to pick you up?
> A : Around 10 o'clock. Thanks a lot.

① I need a lift
② I'll be dead broke
③ I'll hang on
④ I want a set-up

019 다음 밑줄 친 어휘의 동의어를 고르시오.

> Tom's decision to leave early turned out to be **sagacious**; about an hour later, it began to pour.

① conspicuous
② terse
③ telling
④ wise

020 다음 밑줄 친 어휘의 동의어를 고르시오.

> Because of the crazy drivers on the road today, it's necessary that **stringent** registration procedures be established.

① rigorous
② lenient
③ plausible
④ pragmatic

021 다음 빈칸에 알맞은 어휘를 고르시오.

> Rubber and leather are _____ ; wood and glass are not.

① devastated
② simplified
③ flexible
④ attached

022 다음 빈칸에 알맞은 어휘를 고르시오.

> Part of learning is helping students learn how to _____ ambiguity, consider possibilities, and ask questions that are unanswerable.

① ignore
② repress
③ tolerate
④ yield

023 다음 빈칸에 알맞은 어휘를 고르시오.

> When you pay an arm and a leg for something, it is not _____ at all.

① expensive
② precious
③ refundable
④ cheap

024 다음 빈칸에 들어가기에 가장 어색한 것을 고르시오.

> A: Do you have any time to talk right now?
> B: I'm sorry, but _____. Can I call you later?
> A: Oh, sorry, I didn't know that you were busy. Talk to you later.

① you caught me at a bad time.
② I'm busy right now.
③ it's time that I let my hair down.
④ I'm about to go to a meeting.

025 다음 밑줄 친 어휘의 동의어를 고르시오.

> Smallpox was the first **widespread** disease to be eliminated by human intervention.

① stationary
② definite
③ fickle
④ prevalent

026 다음 밑줄 친 어휘의 동의어를 고르시오.

> After years of working twelve hours a day, Rachel decided to take a six-month **hiatus** in order to travel and reflect.

① session
② break
③ adventure
④ crest

027 다음 빈칸에 알맞은 어휘를 고르시오.

> Don't let any listeners feel _____ from a conversation. You would not want to be ignored. Don't ignore anyone else.

① included
② involved
③ enjoyment
④ excluded

028 다음 빈칸에 알맞은 어휘를 고르시오.

> When I listened to his cogent arguments, all my _____ were _____ and I was forced to agree with his point of view.

① sense   – stimulated
② questions – asked
③ doubts   – dispelled
④ suspicion – verified

029 다음 빈칸에 알맞은 어휘를 고르시오.

> I never saw John _____ ; he always spent time on something valuable.

① carry on
② make up
③ get along
④ fool around

030 다음 대화 중 어색한 것을 고르시오.

① A : How would you like your coffee?
   B : I take it with lots of cream.
② A : So you're taking this class, too?
   B : Yes, I registered for it yesterday.
③ A : Hey, Steve, doesn't that guy look kind of suspicious?
   B : Hang in there.
④ A : Don't I know you from somewhere?
   B : I don't think so.

031 다음 밑줄 친 어휘의 동의어를 고르시오.

> Now I'm for it. There is no turning point. I have gone too far to **withdraw**.

① retreat
② reiterate
③ exculpate
④ ponder

032 다음 밑줄 친 어휘의 동의어를 고르시오.

> France and Britain won a pledge from Washington that it would not abandon its allies as they struggled to **extricate** their forces.

① defeat
② send in
③ free
④ strengthen

033 다음 빈칸에 알맞은 어휘를 고르시오.

> If one person is regarded as _____ another, he is considered less important because he has low status and less ability.

① inferior to
② superior to
③ similar to
④ familiar to

034 다음 빈칸에 알맞은 어휘를 고르시오.

> One way to show our _____ to our mentors is by the achievements we have made.

① gravity
② gratitude
③ insomnia
④ immortality

035 다음 빈칸에 알맞은 어휘를 고르시오.

> This is the final call for ABC Airlines Flight 329 bound for Los Angeles. All passengers should be on _____.

① hand
② board
③ target
④ plate

036 다음 빈칸에 알맞은 표현을 고르시오.

> A: What has brought you here so early in the morning?
> B: _____.

① Sorry, I haven't brought you anything.
② I've got nothing to declare.
③ I didn't take anything from here yesterday
④ I've got some business to take care of.

037 다음 밑줄 친 어휘의 동의어를 고르시오.

> It can be inferred that dinosaurs became **extinct** because of a global firestorm.

① broad
② predominant
③ accidental
④ vanished

038 다음 밑줄 친 어휘의 동의어를 고르시오.

> With the **advent** of the Internet, an explosion of e-commerce, content development and self-publishing has come.

① appearance
② surge
③ peak
④ close

039 다음 빈칸에 알맞은 어휘를 고르시오.

> The rapid increase in population gave rise to a _____ of houses.

① movement
② shortage
③ change
④ reduction

040 다음 빈칸에 알맞은 어휘를 고르시오.

> Unable to pay off his debts, the businessman went _____.

① independence
② delinquency
③ collateral
④ bankrupt

041 다음 빈칸에 알맞은 어휘를 고르시오.

> People with a certain blood type are said to be more _____ to heart problems.

① susceptible
② preferable
③ acceptable
④ responsible

042 다음 빈칸에 알맞은 표현을 고르시오.

> M: I guess I'd better ask my boss for a raise. It's about time.
> W: Yeah, you've been working with us for two years. Do you have a salary in mind?
> M: As a senior researcher, all I expect is a salary commensurate with my position.
> W: _____. You should give it a shot.

① We're sitting on our hands
② We are history
③ You really deserve it
④ You are always led by the nose

043 다음 빈칸에 알맞은 표현을 고르시오.

> A: Do you drink a lot?
> B: I can't drink much. Nor _____.

① I wish to drink
② wish I to drink
③ do I wish to
④ do I wish

044 다음 밑줄 친 어휘의 동의어를 고르시오.

> Unlike **carnivores** and several orders of herbivores, which live on plants, humans are omnivores, eating a wide variety of fruits, vegetables, and other animals.

① meat-eaters
② enemies
③ vegetarians
④ giant animals

045 다음 밑줄 친 어휘의 동의어를 고르시오.

> The enthusiastic publisher released audiotapes as **an adjunct** to its popular serious of vocabulary books.

① a present
② a souvenir
③ an adviser
④ a supplement

046 다음 빈칸에 알맞은 어휘를 고르시오.

> Until the new building's construction is complete, the library will _____ be using former municipal building.

① narrowly
② closely
③ accidentally
④ temporarily

047 다음 빈칸에 알맞은 어휘를 고르시오.

> Immediately after the earthquake, a tidal wave warning was issued and people in the coastal areas were ordered to _____ their homes.

① calculate
② lubricate
③ confiscate
④ evacuate

048 다음 빈칸에 알맞은 어휘를 고르시오.

> A: Can you _____ out why he did such a stupid thing?
> B: Well, I'm not sure.

① figure
② turn
③ work
④ give

049 다음 대화 중 어색한 것을 고르시오.

① A : I'm calling to ask if you carry floppy disks.
　B : Let me check and see if they're in.
② A : Front desk, may I help you?
　B : Yeah. Could you have the light bulb in my room changed?
③ A : Do you happen to know her?
　B : Well... now I remember to meet her last summer.
④ A : What's he like?
　B : He's carefree. He is easy to work with.

050 다음 밑줄 친 어휘의 동의어를 고르시오.

> It is **required** for the students who wish to earn a master's degree to be able to read two foreign languages.

① mandatory
② satisfactory
③ manageable
④ comfortable

051 다음 밑줄 친 어휘의 동의어를 고르시오.

> The inverse relationship between interest rates and inflations is one of the **cardinal** principles of macroeconomics.

① delirious
② augmentative
③ fundamental
④ gregarious

052 다음 빈칸에 알맞은 어휘를 고르시오.

> A: What was the announcement about?
> B: They said takeoff will be _____ for three hours.

① cancelled
② delayed
③ expected
④ extended

053 다음 빈칸에 알맞은 어휘를 고르시오.

> A: Do you have any plants, fruits, or animals with you?
> B: No, I don't. Here is my customs _____.

① declaration
② proposition
③ announcement
④ testimony

054 다음 빈칸에 알맞은 어휘를 고르시오.

> As a prolific writer, he _____ three novels last year.

① picked out
② spelled out
③ wore out
④ turned out

055 다음 밑줄 친 의미와 바꿔 쓸 수 없는 것을 고르시오.

> A: Wow, What a smart guy Smith is!
> B: I'm not surprised, <u>it runs in his family</u>. His father is a university professor and his mother is a doctor.

① He's a chip off the old block
② he's been stood up for a long time.
③ it is inherited from his family
④ He's the very picture of his father.

056 다음 밑줄 친 어휘의 동의어를 고르시오.

> This <u>solution</u> must be diluted before use and taken in the exact dose directed by the prescription.

① a kind of medication
② a way of solving problem
③ a solid substance
④ a kind of discussion

057 다음 밑줄 친 어휘의 동의어를 고르시오.

> Frostbitten fingers and toes should be treated with <u>lukewarm</u> water.

① tepid
② boiling
③ frigid
④ steamy

058 다음 빈칸에 알맞은 어휘를 고르시오.

> All the refugees were _____ to have a physical examination before they were admitted.

① compelled
② performed
③ dissuaded
④ indicated

059 다음 빈칸에 알맞은 어휘를 고르시오.

> Sometimes a third party can help _____ two warring factions in order to resolve their conflict.

① estrange
② invade
③ infiltrate
④ reconcile

060 다음 빈칸에 알맞은 어휘를 고르시오.

> I'm sorry I'm late. I was _____ in the traffic.

① held in
② held over
③ held up
④ held down

061 다음 빈칸에 알맞은 표현을 고르시오.

> A: What the heck happened to you?
> B: It's a long story.
> A: I've been waiting for you for more than an hour!
> B: _____

① Why are you acting so mean?
② It's never happened to me.
③ I'll make it up to you.
④ This can't wait.

062 다음 밑줄 친 어휘의 동의어를 고르시오.

> Offenders had been treated **leniently** by the judge.

① kindly
② conveniently
③ warmly
④ mercifully

063 다음 밑줄 친 어휘의 동의어를 고르시오.

> He is an art critic who **loathes** modern art.

① adores
② relishes
③ detests
④ craves

064 다음 빈칸에 알맞은 어휘를 고르시오.

> The Celts originally _____ an area in southern Germany and Bohemia.

① outlasted
② involved
③ inhabited
④ prohibited

065 다음 빈칸에 알맞은 어휘를 고르시오.

> You are _____ invited to our opening ceremony.

① fairly
② sweetly
③ elegantly
④ cordially

066 다음 빈칸에 알맞은 어휘를 고르시오.

> A : It's easier than I expected.
> B : Yeah. Once you get the _____ of it, it's very easy.

① helm
② hang
③ hand
④ help

067 다음 밑줄 친 부분을 올바르게 연결한 것이 아닌 것을 고르시오.

① The suspect is still at large. (= not caught yet)
② He reads books at random. (= aimlessly)
③ He gave vent to his feelings in an impassioned speech. (= suppressed)
④ He came in company with a group of boys. (= together with)

068 다음 빈칸에 알맞은 표현을 고르시오.

> A: How's your sociology paper coming?
> B: _____.
> A: Why don't you ask Tom for help? He specialized in it.

① I get sentimental
② I don't think it's worth all the hassle
③ I'll get along with Tom
④ I am really struggling with it

CHAPTER 02 구동사

001 다음 빈칸에 알맞은 어휘를 고르시오.

> How did you _____ selling cosmetics online?

① come off
② play off
③ hand over
④ go into

002 다음 빈칸에 알맞은 어휘를 고르시오.

> Initial decision-making and actions vary _____ the nature and type of the incident.

① in honor of
② on behalf of
③ for the sake of
④ according to

003 다음 빈칸에 알맞은 어휘를 고르시오.

> To avoid death duty, the man _____ the greater part of his property to his only son as soon as he retired.

① made up of
② made over
③ made out
④ made up for

004 밑줄 친 표현과 바꿔 쓸 수 있는 것을 고르시오.

> The company cannot expect me to move my home and family **immediately**.

① at the drop of a hat
② like a bull in a china shop
③ by the book
④ across the board

005 밑줄 친 표현과 바꿔 쓸 수 있는 것을 고르시오.

> By the time the war **began**, most of the people already left.

① broke out
② broke off
③ gave in
④ wound up

006 밑줄 친 표현과 바꿔 쓸 수 있는 것을 고르시오.

> There are some diseases your doctor will **rule out** before making a diagnosis.

① go over
② leave out
③ chew over
④ take to

007 밑줄 친 표현과 바꿔 쓸 수 있는 것을 고르시오.

> I was told to let Jim **pore over** computer printouts.

① look into
② turn to
③ keep to
④ refer to

008 밑줄 친 표현과 바꿔 쓸 수 있는 것을 고르시오.

> The injury may keep him out of football **permanently**.

① for good
② up in the air
③ by the back door
④ like clockwork

009 밑줄 친 표현과 바꿔 쓸 수 있는 것을 고르시오.

> They have to **make do with** the old washing machine.

① come up with
② get away
③ manage with
④ turn away

010 밑줄 친 표현과 바꿔 쓸 수 있는 것을 고르시오.

> At my last school, they **called me names** because I was so slow.

① abused me
② threw me away
③ called the roll
④ fooled around

011 다음 빈칸에 알맞은 어휘를 고르시오.

> If you provide me with evidence, I will have it _____ urgently.

① look down on
② look after
③ look into
④ look up to

012 다음 빈칸에 알맞은 어휘를 고르시오.

> • In Korea, the eldest son tends to _____ a lot of responsibility.
> • The same words _____ different meaning when said in different ways.

① take over
② take down
③ take on
④ take off

013 다음 빈칸에 알맞은 어휘를 고르시오.

> If you _____ when you are driving, it means that you stop.

① go through
② put off
③ pull over
④ get over

014 밑줄 친 표현과 바꿔 쓸 수 있는 것을 고르시오.

> I always get a funny feeling in my stomach when the plane **gets off** the ground.

① takes on
② takes off
③ takes over
④ takes after

015 밑줄 친 표현과 바꿔 쓸 수 있는 것을 고르시오.

> After a long engagement, the two finally **tied the knot**.

① put on airs
② called it a day
③ got married
④ added fuel to the fire

016 밑줄 친 표현과 바꿔 쓸 수 있는 것을 고르시오.

> It is necessary for the young painter to **go through** a period of imitation.

① ask for the moon
② get through
③ break the ice
④ arm to the teeth

017 밑줄 친 표현과 바꿔 쓸 수 있는 것을 고르시오.

> This ring has been **handed down** from generation to generation

① took a back seat
② passed down
③ beat about the bush
④ handed in

018 밑줄 친 표현과 바꿔 쓸 수 있는 것을 고르시오.

> Why don't you go home and **sleep on** it?

① make a beeline for
② ponder over
③ bend over backwards
④ burn your bridges

019 밑줄 친 표현과 바꿔 쓸 수 있는 것을 고르시오.

> The politician **plays down** chance of losing seat.

① knocks down
② boils down to
③ cracks down
④ passes over

020 밑줄 친 표현과 바꿔 쓸 수 있는 것을 고르시오.

> Robert wasn't able to **make ends meet** so he had to ask his parents to pay his rent and utility fees.

① hit the sack
② slack off
③ keep his chin up
④ live from hand to mouth

021 다음 빈칸에 알맞은 어휘를 고르시오.

> Americans lose millions of dollars when the stock market _____.

① takes a nosedive
② hits the ceiling
③ hits the road
④ stands on its own feet

022 다음 빈칸에 알맞은 어휘를 고르시오.

> His inaugural address was hilarious. Quite a few people were unable to _____ their laughter.

① cut back
② keep up
③ hold back
④ hold up

023 다음 빈칸에 알맞은 어휘를 고르시오.

> When you _____ an arm and a leg for something, it is not cheap at all.

① pay
② take
③ have
④ make

024 밑줄 친 표현과 바꿔 쓸 수 있는 것을 고르시오.

> We can **play it by ear** to clarify the truth in many circumstances and environments.

① make shift
② put the cart before the horse
③ let the cat out of the bag
④ catch someone red-handed

025 밑줄 친 표현과 바꿔 쓸 수 있는 것을 고르시오.

> The machines that contribute so much to the flood of information do little to help most of us **cope with** it.

① deal with
② live with
③ break with
④ keep up with

026 밑줄 친 표현과 바꿔 쓸 수 있는 것을 고르시오.

> While at first glance it seems that his friends are just leeches, they prove to be the ones he can depend on **through thick and thin**.

① behind closed doors
② on cloud nine
③ in cold blood
④ in good times and bad times

027 밑줄 친 표현과 바꿔 쓸 수 있는 것을 고르시오.

> It is not unusual that people **get cold feet** about taking a trip to the North Pole.

① give someone the cold shoulder
② lose courage
③ cook the books
④ shed crocodile tears

028 밑줄 친 표현과 바꿔 쓸 수 있는 것을 고르시오.

> Surgeons were forced to **call it a day** because they couldn't find the right tools for the job.

① cross swords
② put an end
③ cut corners
④ drag one's feet

029 밑줄 친 표현과 바꿔 쓸 수 있는 것을 고르시오.

> I usually **make light of** my problems, and that makes me feel better.

① give something the green light
② think light of
③ come to light
④ set the scene for

030 밑줄 친 표현과 바꿔 쓸 수 있는 것을 고르시오.

> She made one decision where she finally **saw eye to eye** with her parents.

① caught someone's eye
② chased one's own tail
③ saw the light
④ was of one mind

031 다음 빈칸에 알맞은 어휘를 고르시오.

> A police sergeant with 15 years of experience was dismayed after being _____ for promotion.

① run over
② asked out
③ carried out
④ passed over

032 다음 빈칸에 알맞은 어휘를 고르시오.

> Do you think this team _____ winning the championship?

① stands a chance of
② stands by
③ stands for
④ stands up for

033 다음 빈칸에 알맞은 어휘를 고르시오.

> If you weren't so careless, the machine wouldn't _____ so easily.

① break in
② break down
③ settle down
④ kick in

034 밑줄 친 표현과 바꿔 쓸 수 있는 것을 고르시오.

> They stopped work on a smaller structure that they had been building so they could **undertake** this job.

① put on
② wait on
③ act on
④ take on

035 밑줄 친 표현과 바꿔 쓸 수 있는 것을 고르시오.

> Officials at the National Institute of Health say that Severe Acute Respiratory Syndrome(SARS) is spreading and all children under five are **at stake**.

① over the counter
② at risk
③ from cradle to grave
④ off and cuff

036 밑줄 친 표현과 바꿔 쓸 수 있는 것을 고르시오.

> We need to **solve** a few problems first.

① work on
② kick off
③ iron out
④ break off

037 밑줄 친 표현과 바꿔 쓸 수 있는 것을 고르시오.

> He needs to **remain sensible and realistic about life**.

① get into deep water
② eat his words
③ put all his eggs in one basket
④ keep his feet on the ground.

038 밑줄 친 표현과 바꿔 쓸 수 있는 것을 고르시오.

> Ms. West, the winner of the silver in the women's 1,500 m event, **is impressive** through the race.

① gets a black eye
② stands out
③ gets the picture
④ stands off

039 밑줄 친 표현과 바꿔 쓸 수 있는 것을 고르시오.

> Students who click their ball-point pens in class **annoy me greatly**.

① feel the pinch
② drive me up the wall.
③ play up to me frequently
④ take a big load off my mind

040 밑줄 친 표현과 바꿔 쓸 수 있는 것을 고르시오.

> She's disappointed about their final decision, but she'll **overcome** it eventually.

① get away
② get down
③ get ahead
④ get over

041 다음 빈칸에 알맞은 어휘를 고르시오.

> You should have brought _____ to children how to use their allowance.

① attic
② base
③ ground
④ home

042 다음 빈칸에 알맞은 어휘를 고르시오.

> She _____ the price tag so that her mother would not know how expensive the blouse was.

① got off
② pulled off
③ payed off
④ showed off

043 다음 빈칸에 알맞은 어휘를 고르시오.

> I think you need to learn how to _____ your search with proper key words.

① calm down
② narrow down
③ knock down
④ put down

044 밑줄 친 표현과 바꿔 쓸 수 있는 것을 고르시오.

> When I heard the poem, some of the lines **sounded familiar**.

① rang a bell
② put on an act
③ ran in the family
④ got a break

045 밑줄 친 표현과 바꿔 쓸 수 있는 것을 고르시오.

> She is **undecided** about going to see the Mona Lisa at the Louvre Museum.

① at a glance
② by chance
③ on the double
④ on the fence

046 밑줄 친 표현과 바꿔 쓸 수 있는 것을 고르시오.

> If you want to **make something of yourself**, you need hard work and more discipline.

① keep your nose to the grindstone
② get on in the world
③ get on your soapbox
④ talk through your hat

047 밑줄 친 표현과 바꿔 쓸 수 있는 것을 고르시오.

> You always **refuse to come to the point** on such a problem, which is bothering to everyone concerned.

① fly by the seat of your pants
② rob Peter to pay Paul
③ kick against the pricks
④ beat around the bush

048 밑줄 친 표현과 바꿔 쓸 수 있는 것을 고르시오.

> Paul insisted that I pay for everything. Unfortunately I refused to **compromise** in this matter.

① meet halfway
② blow hot and cold
③ kill the goose
④ paint the town red

049 밑줄 친 표현과 바꿔 쓸 수 있는 것을 고르시오.

> Scientists and engineers say that our efforts to protect that earth's environment don't yet **achieve the goal**.

① leave no stone unturned
② bury the hatchet
③ meet the mark.
④ follow suit

050 밑줄 친 표현과 바꿔 쓸 수 있는 것을 고르시오.

> Peter was **in trouble** for using his mother's car without her permission.

① fresh off the boat
② in deep water
③ the cream of the crop
④ loaded for bear

051 다음 빈칸에 알맞은 어휘를 고르시오.

> I'm getting my final exam results tomorrow. _____ for me!

① Give a free hand
② Keep your fingers crossed
③ Have a soft spot
④ Find out how the land lies

052 다음 빈칸에 알맞은 어휘를 고르시오.

> He wants to _____ : he wants a well-paid secure job, but he doesn't want to have to work evenings or weekends.

① jump the gun
② have his cake and eat it
③ bite the bullet
④ have egg on his face

053 다음 빈칸에 알맞은 어휘를 고르시오.

> He _____ instead of taking a back seat. Thus he acted positively to face and attack the problem.

① poured oil on troubled waters
② laid his cards on the table
③ went back to square one
④ took the bull by the horn

054 밑줄 친 표현과 바꿔 쓸 수 있는 것을 고르시오.

> It was personal. Why did you have to **interfere**?

① stick your nose in
② shoot from the hip
③ pull out all the stops
④ play it by ear

055 밑줄 친 표현과 바꿔 쓸 수 있는 것을 고르시오.

> The principles of mathematics resulted from attempts to **solve** everyday problems.

① come by
② figure out
③ get by
④ drop by

056 밑줄 친 표현과 바꿔 쓸 수 있는 것을 고르시오.

> Tom isn't easy to **have friendly relations with**.

① see stars
② get over
③ go with
④ get along with

057 밑줄 친 표현과 바꿔 쓸 수 있는 것을 고르시오.

> I gave him a difficult problem in algebra and he did it **off-hand**.

① in the way
② at once
③ by and by
④ in advacne

058 밑줄 친 표현과 바꿔 쓸 수 있는 것을 고르시오.

> The two scientists broke academia's unwritten rules and **paid dearly** for it.

① knew the score
② kept their fingers crossed
③ got across
④ suffered a lot

059 밑줄 친 표현과 바꿔 쓸 수 있는 것을 고르시오.

> He couldn't **decide** which course to follow.

① keep his temper
② make up his mind
③ live beyond his means
④ lose his head

060 밑줄 친 표현과 바꿔 쓸 수 있는 것을 고르시오.

> An investigation of the complaint is **progressing**.

① under way
② by the way
③ on the way
④ next to none

061 다음 빈칸에 알맞은 어휘를 고르시오.

> Computers in the 60's used to be so huge that they _____ a lot of space.

① took on
② took up
③ took over
④ took down

062 다음 빈칸에 알맞은 어휘를 고르시오.

> In the sentence "She said that she was sick," you can _____ "that."

① leave out
② put out
③ drop out
④ give out

063 다음 빈칸에 알맞은 어휘를 고르시오.

> The bank _____ my application to expedite a home loan.

① turned into
② turned on
③ turned off
④ turned down

064 밑줄 친 표현과 바꿔 쓸 수 있는 것을 고르시오.

> John had just started working for the company, and he **was not dry behind the ears** yet.

① pulled a long face
② knew his way around
③ was not experienced
④ blew his own trumpet

065 밑줄 친 표현과 바꿔 쓸 수 있는 것을 고르시오.

> Teachers are **turning a blind eye to** pupils smoking at school, a report reveals today.

① punishing hard
② giving a serious warning to
③ pretending not to notice
④ making a report about

066 밑줄 친 표현과 바꿔 쓸 수 있는 것을 고르시오.

> Listeners with only basic language skills tend to **zero in on** words but miss the meaning of phrases or sentences.

① take place
② work out
③ zoom out
④ focus on

067 밑줄 친 표현과 바꿔 쓸 수 있는 것을 고르시오.

> All along the route were thousands of homespun attempts to **pay tribute to** the team.

① honor
② compose
③ publicize
④ join

068 밑줄 친 표현과 바꿔 쓸 수 있는 것을 고르시오.

> The governor made an attempt to **brush aside** allegations regarding tax evasion.

① disregard
② advocate
③ elucidate
④ legitimate

069 밑줄 친 표현과 바꿔 쓸 수 있는 것을 고르시오.

> The cruel sights **touched off** thoughts that otherwise wouldn't have entered her mind.

① looked after
② gave rise to
③ made up for
④ kept in contact with

070 밑줄 친 표현과 바꿔 쓸 수 있는 것을 고르시오.

> I caught the plane **by the skin of my teeth**.

① accidentally
② sparsely
③ narrowly
④ unexpectedly

071 다음 빈칸에 알맞은 어휘를 고르시오.

> The psychologist used a new test to _____ overall personality development of students.

① carry on
② figure out
③ account for
④ make off

072 다음 빈칸에 알맞은 어휘를 고르시오.

> The government is trying to find an alternative to garbage disposal to _____ environmental pollution.

① go off
② head off
③ set off
④ run off

073 다음 빈칸에 알맞은 어휘를 고르시오.

> The suspect was running so fast that the police couldn't _____ him.

① get along with
② catch up with
③ look up to
④ put up with

074 밑줄 친 표현과 바꿔 쓸 수 있는 것을 고르시오.

> I understand the factory is going to **dismiss** a hundred men this month.

① break new ground
② lay off
③ bury the hatchet
④ cut down to size

075 밑줄 친 표현과 바꿔 쓸 수 있는 것을 고르시오.

> In making the final decision, each applicant's age, health condition, and job experience are **considered**.

① mapped out
② sold out
③ propped up
④ taken into account.

076 밑줄 친 표현과 바꿔 쓸 수 있는 것을 고르시오.

> It took him about one month to **understand** how to start the equipment.

① figure out
② stay up
③ stand up for
④ go Dutch

077 밑줄 친 표현과 바꿔 쓸 수 있는 것을 고르시오.

> Two top scams rely on a victim's greed and their willingness to **do something illegal**.

① bend the law
② abide by the law
③ eat a horse
④ face the music

078 밑줄 친 표현과 바꿔 쓸 수 있는 것을 고르시오.

> Even though the pace of American orders is now slowing, the company's sales elsewhere continue to **gain** double-digit growth rates.

① rack its brain
② fly off the handle
③ rack up
④ set up

079 밑줄 친 표현과 바꿔 쓸 수 있는 것을 고르시오.

> They **destroyed** the old building to construct a new one in its place.

① tore down
② lived up to
③ put up with
④ let up

080 밑줄 친 표현과 바꿔 쓸 수 있는 것을 고르시오.

> My wife wants me to **discard** this nice old hat.

① cover up
② do away with
③ dress up
④ go against the grain

081 다음 빈칸에 알맞은 어휘를 고르시오.

> The scientists working in the government laboratory _____ the experiment.

① lead to
② carry out
③ tear off
④ hold on

082 다음 빈칸에 알맞은 어휘를 고르시오.

> Often our emotions _____ us, and we speak or act without thinking first.

① make the grade
② come up with
③ make up for
④ get the better of

083 다음 빈칸에 알맞은 어휘를 고르시오.

> There are a variety of superfoods that will _____ the immune system.

① beef up
② give off
③ pick up
④ let on

084 밑줄 친 표현과 바꿔 쓸 수 있는 것을 고르시오.

> Professor Baker **proposed** an idea in his lecture yesterday.

① got off the ground
② took his hat off to
③ came up with
④ uesd up

085 밑줄 친 표현과 바꿔 쓸 수 있는 것을 고르시오.

> The scientists are busy finding out some evidence to **support** the hypothesis.

① look up
② prop up
③ turn up
④ line up

086 밑줄 친 표현과 바꿔 쓸 수 있는 것을 고르시오.

> The signs of battle here were slowly **effaced** as peace came about.

① wiped away
② came down to
③ ran down
④ groped

087 밑줄 친 표현과 바꿔 쓸 수 있는 것을 고르시오.

> Your blood pressure can **rise very quickly**, and the only way you can know is by getting it checked.

① jump on the bandwagon
② go through the roof
③ keep your head
④ kick the bucket

088 밑줄 친 표현과 바꿔 쓸 수 있는 것을 고르시오.

> When are you going to **tell** to your family?

① have the last laugh
② know the ropes
③ let down
④ break the news

089 밑줄 친 표현과 바꿔 쓸 수 있는 것을 고르시오.

> We move to the country, because we couldn't **tolerate** the city smoke any longer.

① lose face
② meet half way
③ get on our nerves
④ put up with

090 밑줄 친 표현과 바꿔 쓸 수 있는 것을 고르시오.

> I bought that house **at a very low price**.

① in a nutshell
② for a song
③ at odds
④ from scratch

091 다음 빈칸에 알맞은 어휘를 고르시오.

> By _____ where you trip up or make mistakes, you're being honest with yourself.

① getting away with
② owning up to
③ looking down on
④ turning away from

092 다음 빈칸에 알맞은 어휘를 고르시오.

> Coach Mark Pinker will _____ one of the most powerful positions in NBA, putting behind an up-and-down coaching career in the process.

① hit on
② take over
③ see off
④ call off

093 다음 빈칸에 알맞은 어휘를 고르시오.

> Before she traveled to Mexico last winter, she needed to _____ her Spanish because she had not practiced it since college.

① make up to
② brush up on
③ lay off
④ come down with

094 밑줄 친 표현과 바꿔 쓸 수 있는 것을 고르시오.

> You have **omitted** vital information in the application form.

① picked on
② put off
③ let go of
④ left off

095 밑줄 친 표현과 바꿔 쓸 수 있는 것을 고르시오.

> It snowed for three days before it **stopped**.

① let up
② held off
③ came over
④ came across

096 밑줄 친 표현과 바꿔 쓸 수 있는 것을 고르시오.

> The president **became enraged** when he heard that one of his top aids was involved in the bribery case.

① got his back up
② sent him packing
③ set the ball rolling
④ spilt the beans

097 밑줄 친 표현과 바꿔 쓸 수 있는 것을 고르시오.

> The company's exports made it **profitable** for the current fiscal year.

① under the table
② into thin air
③ on top of the world
④ in the black

098 밑줄 친 표현과 바꿔 쓸 수 있는 것을 고르시오.

> The flower bud of a water lily opens at sunset, since the decreased light **triggers** its opening.

① turns the tables
② has the upper hand
③ sets off
④ wipes the slate clean

099 밑줄 친 표현과 바꿔 쓸 수 있는 것을 고르시오

> The company's shareholders are **nervous** as the bailout bill is coming out tonight

① out of the blue
② on pins and needles
③ like gold dust
④ with flying colors

100 밑줄 친 표현과 바꿔 쓸 수 있는 것을 고르시오.

> Newspaper articles **superficially deal with** this tremendously complex issue.

① scratch the surface
② hit the nail on the head
③ fall by the wayside
④ call a spade a spade

MEMO

빈출 속담 정리

D

Do in Rome as the Romans do.
When in Rome do as the Romans do.
로마에서는 로마사람이 하는 대로 하라. 로마에 가면 로마 풍습대로.

Don't count your chickens before they are hatched.
병아리가 깨기 전에 병아리의 숫자를 세지 말라.
떡 줄 사람은 생각도 않는데 김칫국부터 마시지 마라.

Don't cross the bridge until you come to it.
다리에 이를 때까지 그 다리를 건너지 말라.
공연히 지레 걱정하지 말라.

Don't cry before you are hurt.
You are a worrywart.
아프기 전에 울지 말라.
일이 일어나기도 전에 미리 걱정부터 하지 말라.

Don't let flies stick to your heels.
파리가 네 뒤꿈치에 달라붙게 하지 마라.
우물쭈물 하지 말라.

Don't put all your eggs in the basket.
한 가지에만 모든 걸 걸지 마라.

Don't put/set the cart before the horse.
마차를 말 앞에 놓지 말라.
일에는 선후가 있다. 본말을 전도하다

Don't put off for tomorrow what you can do today!
오늘 할일을 내일로 미루지 말라.

Do to others as you would be done by.
네가 다른 사람에 의하여 해지기를 바라는 대로 다른 사람들에게 하라.

E

Eagles don't catch flies.
독수리는 파리를 잡지 않는다.

Early birds catch the worms.
일찍 일어나는 새가 벌레를 잡는다.

Easier said than done.
행해지는 것 보다 말해지는 것이 더 쉽다.
말하기는 쉬우나 행하기는 어렵다. (행동보다 말이 쉽다.)

East or west, home is best.
(= There is nothing/no place like home.)
동쪽에서나 서쪽에서나 집이 최고다.
집 같은 곳은 없다.

Easy come, easy go.
(= Soon got/gotten, soon gone/spent.)
쉽게 얻은 것은 쉽게 나간다.

Empty vessels make the most/greatest sound/noise.
The worst wheel of the cart creaks most.
빈배가 가장 큰 소리를 낸다.
빈 수레가 요란하다.
가장 나쁜 바퀴가 가장 삐걱거린다.

Every dog has his day.
견공들도 한때가 있다.
쥐구멍에도 볕들 날이 있다.

Every Jack has his Gill.
모든 남자는 그의 짝이 있다.
헌 짚신도 짝이 있다.

Every why has a wherefore.
핑계 없는 무덤 없다.

Everyone has his own standard.
제 눈에 안경

Everything comes to those who wait.
모든 것은 기다리는 자에게 온다.
기다리는 자에게 때가 온다.

Example is better than precept.
Practice is better than precept.
본보기를 보이는 것이 가르치는 것보다 낫다.
백문이 불여일견

Experience is the best teacher.
경험이 최고의 스승.

Extremes meets.
극과 극은 통한다.

F

Face the music.
자진하여 책임을 지다. 당당히 비판을 받다. 위험에 맞서다.
울며 겨자 먹기
*이때의 music은 음악이라기보다는 큰 소동, 대 논쟁의 뜻. face도 얼굴이 아니라 직면하다, 맞대면 하다란 동사.

Facts are stubborn things.
사필귀정

Failure is but a stepping stone to success.
실패는 성공의 어머니

First catch your hare. (then cook him.)
먼저 토끼를 잡아라. (요리는 그 후의 일)
김칫국 마시지 말라.

First impressions are most lasting.
첫 번째 인상이 가장 오래 지속된다.
첫인상이 중요하다.

Fish story
놓친 물고기 이야기 (허풍, 과장)

Fools rush in where angels fear to tread.
바보는 천사들이 무서워 밟지 못한 곳으로 뛰어든다.
하룻강아지 범 무서운 줄 모른다.

Friends and wines improve with age.
친구와 포도주는 오래될수록 좋다.

From rags to riches.
가난뱅이에서 부자로.
개천에서 용 났다.

부록 · 빈출 속담 정리

G

Go for wool and come home shorn.
모피 얻으러 갔다가 머리까지 깎이고 돌아온다.
혹 떼러 갔다가 혹 붙이고 돌아오다.

Go in (at) one ear and out (at) the other.
한 귀로 듣고 한 귀로 흘린다.

Good medicine tastes bitter.
몸에 좋은 약은 입에 쓰다.

Good wine needs no bush.
좋은 포도주는 간판을 필요로 하지 않는다.

Greed has no limits.
탐욕은 끝이 없다.

H

Habit is (a) second nature.
습관은 제 2의 천성.
세 살 버릇 여든까지 간다.

Haste makes waste.
서두름이 낭비를 만든다.
서두르면 일을 그르친다.
급한 길일수록 돌아가라.

Haven[God] helps those who help themselves.
하늘은(신)은 스스로 돕는 자를 돕는다.

He bit off more than he can chew.
그는 그가 씹을 수 있는 것보다 더 많은 양을 깨물었다.
힘에 겨운 일을 계획하다. 감당할 수 없을 만큼 일을 벌렸다.
감당 못할 일을 시작했다. 주제 파악을 못하다.

He laughs best who laughs last.
마지막으로 웃는 자가 가장 잘 웃는 자이다.

He that will steal a pin will steal an ox.
바늘 도둑이 소도둑 된다.

He who begins many things, finishes but few.
많은 것을 시작한 자는 거의 아무 것도 끝내지 못한다.

His fingers are all thumbs.
그의 손가락은 모두 엄지손가락이다.
그는 도무지 손재주가 없다.

History repeats itself.
역사는 되풀이한다.

Honesty is the best policy.
정직이 최상의 방책. (정직은 최선의 정책이다.)

Hunger is the best sauce.
배고픔이 최고의 양념.
시장이 반찬이다.

I

I am so hungry I could eat a horse.
배가 고파서 말이라도 먹을 수 있다는 뜻.
반대로 아주 조금만 먹는 경우는 eat like a bird.
라고 함. 새처럼 조금 먹는다.

I'll news flies/runs apace.
Bad news travels quickly.
나쁜 소문은 빨리 퍼진다.

Icing on the cake.
케이크에 설탕 입히기. 금상첨화

If Jack's in love, he's no judge of Jill's beauty.
만약 Jack이 사랑에 빠졌다면 그는 Jill의 아름다움을 공정히 판단하지 못한다.(제 눈에 안경.)

If you laugh, blessings will come your way.
웃으면 복이 와요.

If you run after two hares, you will catch neither.
만약 네가 두 마리의 토끼를 쫓는다면 너는 어느 쪽도 잡지 못할 것이다. (한 우물만 파기.)

Ignorance is bliss.
무식은 축복.
모르는 게 약이다.

In peace prepare for war.
평화시에 전쟁을 준비하라.(유비무환)

In the country of the blind, the one eyed man is king.
사자가 없는 곳에서는 토끼가 왕이다.

It's a piece of cake.
케이크 한 쪽. 누워 떡 먹기.

It is never too late to mend.
허물을 고치는데 너무 늦은 법은 없다.
= It is never too late to learn.
너무 늦어 배울 수 없는 경우란 없다.

It is no use crying over spilt milk.
Repentance comes too late.
엎질러진 우유에 대해 울어봤자 소용없다.
이미 엎질러진 물이다.

It is too late to lock the stable when the horse has been stolen.
말을 도둑맞은 후에 마굿간을 잠그는 것은 너무 늦은 일이다.
소 잃고 외양간 고치기.

It is within a stone's throw.
그것은 돌 던지면 닿을 범위 안이다.
엎드리면 코 닿을 곳

It never rains but it pours.
One misfortune rides upon another's back.
Misfortunes never come single/singly.
비는 왔다하면 폭우다. (퍼붓지 않고는 오지 않는다.)
엎친 데 덮친 격.

부록: 빈출 속담 정리

J

Jack of all trades is master of none.
모든 일을 하려는 사람은 아무 것도 하지 못한다.
한 우물만 파라.

A rolling stone gathers no moss.
(구르는 돌에는 이끼가 끼지 않는다.)
직업을 자주 옮기면 돈이 모이지 않는다.

K

Keep something for a rainy day.
비오는 날을 위해 무엇인가를 저축하라.

Kill the goose that lays the golden eggs.
황금 알을 낳는 거위를 죽이다.
눈앞의 이익에 눈이 어두워 장래에 훨씬 더 큰 이익이 될 것을 희생시키다.

Kill two birds with one stone.
돌멩이 하나로 새 두 마리 죽이기.
일석이조(一石二鳥).

Knowledge is power.
아는 것이 힘. 반대말은 모르는 것이 약.
– Ignorance is bliss.

L

Learn to walk before you run.
뛰기 전에 걷는 것을 배워라.

Let bygones be bygones.
지나간 일은 지난 일이게끔 하자.
과거의 일을 허물하지 말라는 뜻.

Let's get to the point.
곧장 요점에 도착하도록 하자. 거두절미.

Let sleeping dogs lie.
자는 개는 그냥 있게 놔두라. 긁어 부스럼.
벼룩 잡으려다 초가삼간 태운다.

Life is full of ups and downs.
(Life is made up of little things.)
인생은 오르막길과 내리막길로 꽉 차있다.
양지가 음지 되고 음지가 양지된다.

Like cures like.
같은 것이 같은 것을 치료한다.

Like father, like son.
아버지처럼, 아들처럼. 그 아버지에 그 아들.
부전자전(父傳子傳).

Like for like.
같은 것을 같은 것으로. 이에는 이, 눈에는 눈. 은혜는 은혜로, 원한은 원한으로 갚다.

Little drops of water make the mighty ocean.
작은 물방울이 저 거대한 바다를 만든다. 티끌 모아 태산.

Little strokes fell great oaks.
사소한 도끼질이 거대한 참나무를 넘어뜨린다.
열 번 찍어 안 넘어가는 나무 없다.
= Small drops make a shower.
(작은 물방울이 소나기를 만든다.)
= Water will wear away stone.
(낙숫물이 댓돌을 뚫는다.)

Look before you leap.
뛰기 전에 보라.
뛰기 전에 살펴라.
돌다리도 두들겨보고 건너라.
유비무환(有備無患)

M

Make bricks without straw.
헛수고하다.

Make haste slowly.
급할수록 천천히.

Make hay while the sun shines.
해가 비추는 동안에 건초를 말려라.
쇠뿔도 단김에 빼라. 기회를 놓치지 마라.

Many a little/pickle makes a mickle.
많은 작은 것이 다량을 만든다. 티끌 모아 태산.

Many hands make light work.
많은 손이 가벼운 일을 만든다. 백짓장도 맞들면 낫다.

Match made in heaven.
하늘에서 만들어진 인연. 천생연분.

Men are known by the company they keep.
사람은 사귀고 있는 친구에 의해 알려진다. 친구를 보면 친구를 안다.

Mend the barn after the horse is stolen.
말을 잃은 후 외양간을 고친다. 소 잃고 외양간 고친다.

Might is right.
힘이 곧 정의다.

Misfortunes never come singly.
불행은 결코 혼자 오지 않는다.

More haste, less speed.
급할수록 천천히.
급할수록 돌아가라.

N

Near neighbor is better than a distant cousin.
가까운 이웃이 먼 사촌보다 낫다. (이웃사촌.)

Necessity is the mother of invention.
필요는 발명의 어머니. (궁하면 통한다.)

Never judge by appearances.
겉모습으로 판단하지 말라.
= Don`t judge a book by its cover.

Never put off till tomorrow what may be done today.
오늘 할 수 있는 일을 내일로 미루지 말라.
* 하루 물림이 열을 간다. : 무슨 일이든지 한 번 미루기 시작하면 계속 뒤로 미루게 되니 일은 결코 미루지 말라는 뜻.

부록 — 빈출 속담 정리

Never too old to learn.
(= No man is too old to learn.)
배울 수 없을 정도로 늦는 경우는 없다.

No pains, no gains,
No gain without pain,
Nothing venture, nothing have
No gain without pain.
고통 없이는 얻는 것도 없다. 부뚜막의 소금도 집어 넣어야 짜다.
호랑이를 잡으려면 호랑이 굴에 들어가야 한다.

No man is too old to learn.
배울 수 없을 정도로 그렇게 나이 든 사람은 없다.

No news is good news.
무소식이 희소식.

No smoke without fire.
아니 땐 굴뚝에 연기 날까.

No sweat, no sweet.
땀 없는 달콤함 없다. 노력 없이는 결실을 맺을 수 없다.

Nothing comes from nothing.
아무 것도 없는 상태에서는 아무 것도 나오지 않는다.
그 어떤 것도 무로부터 나오지는 않는다

O

One beats the bush, and another catches the birds.
한사람이 숲을 헤치면 다른 사람이 새를 줍는다.
재주는 곰이 부리고 돈은 되놈이 번다.
(= One man sows and another man reaps.)

One cannot eat one's cake and have it.
과자를 먹고 동시에 소유할 수 없다. 한 우물만 파라.
= One cannot have one's cake and eat it. :
두 마리 토끼를 동시에 쫓지 말라는 뜻.

One cannot see the wood for the trees.
나무만 보고 숲을 보지 못한다.

One lie makes many.
하나의 거짓말이 많은 거짓말을 만든다.
거짓말이 거짓말을 낳는다.
바늘 도둑이 소도둑 된다.

One man sows and another man reaps.
한사람이 뿌리고 다른 사람이 거둔다. 재주는 곰이 넘고 돈은 되놈이 번다.

One picture is worth a thousand words.
하나의 그림이 천 마디의 말보다 가치 있다.
백문불여일견(百聞不如一見).

One rotten apple spoils the barrel.
하나의 썩은 사과가 한 통의 사과를 상하게 한다.
미꾸라지 한 마리가 온 웅덩이를 흐린다.

Opportunity seldom knocks twice.
행운은 거의 두 번 문을 두드리지 않는다.
기회는 왔을 때 잡아라. 쇠뿔도 단김에 빼라.

Other times, other manners.
다른 시대엔 다른 매너.
시대가 다르면 행동도 달라야한다.

Out of sight, out of mind.
안보면 멀어진다.
안보면 마음도 멀어진다.

P

Patience is a virtue.
인내는 미덕. (참는 자에게 복이 있다.)

Pie in the sky.
하늘에 있는 파이 (그림의 떡.)

Pitchers/Walls have ears.
물주전자/벽에도 귀가 있다.
낮말은 새가 듣고 밤 말을 쥐가 듣는다.

Practice makes perfect.
거듭 연습함으로써 완전해질 수 있다. 연습하면 완벽해진다.

Practice is better than precept.
실천은 교훈보다 더 좋다. 모범을 보이는 것이 가르치는 것보다 낫다.

Practice makes porfoct.
연습이 완벽함을 만든다.

Prevention is better than cure.
예방이 치료보다 낫다. (유비무환.)

S

Saying is one thing and doing another.
말하는 것과 행하는 것은 다른 문제.
말하기는 쉬우나 실천은 어렵다.

Searching/Looking for a needle in a haystack.
건초 더미에서 바늘 찾기.

Security is the greatest enemy.
방심이 제일 무서운 적. (유비무환)

Sit back and enjoy the ride.
굿이나 보고 떡이나 먹어라.

Slow and steady wins the race/game.
천천히 그리고 꾸준히 하면 경주(게임)에 이긴다.

So many men, so many minds.
그렇게 많은 사람에 그렇게 많은 마음. 각양각색(各樣各色)

Spare the rod and spoil the child.
매를 아끼면 아이를 망친다.
미운 자식은 떡 하나 더 주고 귀한 자식에게는 매 하나 더 준다.

Speech is silver, but silence is gold.
웅변은 은, 그러나 침묵은 금
말은 은이요, 침묵은 금이다.

부록 · 빈출 속담 정리

Still waters run deep.
잔잔한 물이 깊다. 벼는 익을수록 고개를 숙인다.
빈 수레가 요란하다.

Sweet talk.
달콤한 말. 감언이설. 교언영색.

T

Talk to the wall.
벽에 대고 말하기
쇠귀에 경읽기. 우이독경(牛耳讀經). 마이동풍(馬耳東風)

Tastes differ.
취미는 다르다. (십인십색.) 취향도 각각이다.

The apples in the neighbor's garden are sweetest.
이웃집 정원의 사과가 가장 달콤하다. 남의 손에 든 떡이 더 커 보인다.

The darkest hour is that before the dawn.
가장 어두운 시간은 해뜨기 전이다.

The early bird catches the worms.
일찍 일어나는 새가 벌레를 잡는다. 부지런해야 성공한다.

The fish that got away.
놓친 물고기. 놓친 물고기가 더 크다

The grass is greener on the other side of the fence.
울타리 다른 쪽 즉 너머 다시 즉 이웃집 잔디가 더 푸르다.
남의 떡이 커 보인다.

The/an iron hand in the/a velvet glove.
융단 장갑 속의 철로 만든 손. (외유내강)

(The) least said, (the) soonest mended.
적게 말하면 가장 빨리 고친다.
말은 적게 할수록 좋다.

The more, the better.
많으면 많을수록 좋다. 다다익선(多多益善)

The older I grow, the more I learn.
나이가 많으면 많을수록 나는 더 많이 배운다. 경험이 인생의 스승.

The pen is mightier than the sword.
펜은 칼보다 강하다.

The pot calls the kettle black.
가마솥이 주전자보고 검다고 말한다. 똥 묻은 개가 겨 묻은 개를 나무랜다.

The tree is known by its fruit.
나무는 열매를 보면 안다. 사람은 그 언행을 보면 안다.

There are two sides every question.
모든 문제는 두 가지 측면이 있다.

There is no place/nothing like home.
집만한 곳은 없다.

There is no pleasure without pain.
고통 없는 기쁨은 없다.

There is no rest for a family(mother) with many children.
가지 많은 나무 바람 잘날 없다.

There is no royal road to learning.
학문/배움에 왕도는 없다.

Thick-skinned.
두꺼운 피부.(철면피.)

Think of the end before you begin.
시작하기 전에 끝을 생각하라.

Think today and speak tomorrow.
오늘 생각하고 내일 말하라.

Time and tide waits for no man.
세월(시간)은 사람을 기다리지 않는다. 시간과 조류는 사람을 기다리지 않는다.

Time heals all wounds/sorrows.
시간이 모든 부상/슬픔을 치료한다.
세월이 약이라.

To bite off more than one can chew.
사람이 씹을 수 있는 것보다 더 많은 것을 떼어 물다.
분에 넘치는 일을 하다. 송충이는 솔잎을 먹어야 산다.

To err is human, to forgive divine.
잘못하는 것은 인간이고, 용서하는 것은 신이다.

To have the right chemistry.
이심전심.

To teach a fish how to swim.
물고기에게 수영하는 방법을 가르치기. 공자 앞에서 문자 쓴다. 번데기 앞에서 주름잡기.

Too many cooks spoil the broth.
요리사가 너무 많으면 국을 망친다. 사공이 많으면 배가 산으로 간다.

Two heads are better than one.
두 사람의 머리가 한 사람의 머리보다 낫다. 백지장도 맞들면 낫다.

Two peas in the same pod !
정말 친한 친구 두 사람을 가리켜 하는 말.

U

United we stand, divided we fall.
뭉치면 서고, 나뉘면 떨어진다. 뭉치면 살고, 흩어지면 죽는다.

W

Wake not a sleeping lion.
잠자는 사자를 깨우지(건드리지) 말라.

Walls/Pitchers have ears.
벽에도 귀가 있다. 낮말은 새가 듣고 밤 말은 쥐가 듣는다.

Waste not, want not.
낭비가 없으면 부족함도 없다.

Well begun is half done.
시작이 반이다.

부록: 빈출 속담 정리

What's learned in the cradle is carried to the tomb/grave.
요람에서 배운 것이 무덤까지 간다. 세 살 버릇 여든까지 간다.

When in Rome do as the Romans do.
로마에 있을 때는 로마 사람들이 하는 대로 하라.
로마에서는 로마의 풍습을 따른다.

Where there is a will there is a way.
의지가 있는 곳에 길이 있다. 뜻이 있는 곳에 길이 있다.

While there is life, there is hope.
하늘이 무너져도 솟아날 구멍이 있다.

You never miss the water till the well runs dry.
무엇인가가 없을 때 비로소 그 소중함을 느낀다.

Y

You can't eat your cake and have it (too).
= You can't have your cake and eat it (too).
과자는 먹으면 없어진다.
과자를 먹으면서 동시에 갖고 있을 수 없다는 뜻.
즉 서로 반대되는 두 가지 일을 한꺼번에 할 수는 없다는 뜻.

You can take a horse to the water, but you cannot make him drink.
말을 물 있는 곳에 데려갈 순 있어도 강제로 먹일 수는 없다.

You can't judge a book by its cover.
너는 책을 겉모습만 보고 판단할 수는 없다.

You don't know what you've got until you've lost it.
너는 어떤 것을 잃어버릴 때까지 네가 무엇을 잃었는지 알 수 없다.

MEMO

박노준
PATTERN
영어

SIMPLE & LIGHT

2024

박노준
PATTERN 영어

심플하고 라이트하게 모든 문제를 패턴으로

9급 공무원
시험 대비

문제풀이 | step ❷

기출패턴
적용문제

정답
해설

SIMPLE & LIGHT

박노준
PATTERN 영어

심플하고 라이트하게 모든 문제를 패턴으로

문제풀이 | step ❷
기출패턴
적용문제

정답/해설

PART I 문법

CHAPTER 01 밑줄
문제편 006p

001 ③
해설 ① be interested in: ~에 흥미가 있다
② 요리사는 cook이고 cooker는 요리기구
③ be form ~출신이다.
④ 3개월 동안 즉 3개월 전부터(과거) 지금까지(현재)를 포함해 주는 시제는 현재완료(have + p.p)

해석 나는 New York News에 당신이 낸 광고를 보았습니다. 나는 취직을 원합니다. 식당에서 요리사와 웨이터로 2년 넘게 일했고, 브라질 음식을 요리한 경험도 있습니다. 나는 브라질 출신이고, 미국에서 3달 동안 머무르고 있습니다. 위의 주소로 연락을 하시든지 663-5918로 전화 주십시오. 나는 대개 매일 정오까지는 집에 있습니다. 당신으로부터 소식이 오기를 기다립니다.

002 ③
해설 (A) 전치사 뒤에는 동명사가 나와야 한다.
(B) 의미적으로 얼마나(how)가 타당하다.
(C) 부사 '쉽게(easily)'가 동사를 수식하고 있다.

해석 옛날에 다섯 명의 아들을 가진 남자가 있었다. 아들들은 우애 있게 지내지 못하고 항상 말다툼을 하였다. 아버지는 그들이 얼마나 어리석은지를 보여주기로 결심하였다. 그는 다섯 개의 막대기를 집어들어 한 묶음으로 묶고서, 아들을 부른 후, "이 막대기 묶음을 무릎에 대고 부러뜨려 보아라" 라고 말했다. "나는 그것을 쉽게 할 수 있어요" 라고 큰 아들이 말했다.

어휘 quarrel 말다툼하다.   make up one's mind 결심하다.
bundle 묶음, 꾸러미

003 ①
해설 우주선을 타고 우주를 날고 싶으세요? 그것은 불가능한 것이 아닙니다. 많은 사람들이 이미 여행을 했고 미래에는 더 많은 사람들이 미래에 우주로 갈 것입니다. 만약 당신이 우주에 가게되면 약간의 적응을 해야 하는데 그것은 우주에서 생활하는 것이 지구에서와는 약간 다르기 때문입니다. 그러나 지금까지는 아무도 그 변화에 어려움을 겪은 사람은 없습니다.

004 ④
해석 만약 여러분이 한국의 지도를 보게 되면, 한국은 호랑이의 모습처럼 보인다는 것을 알게 될 것입니다. 한국의 민간 전설에는 호랑이가 자주 등장한다. 한국의 어린이들은 부모의 말을 듣지 않으면, "네가 얌전히 굴지 않으면, 호랑이가 물어갈 거야"라는 말을 듣게 된다. 따라서 호랑이가 한국인들에게 중요한 부분이라는 것은 놀랄만한 일이 아니다.

어휘 look like ~처럼 보이다   be told ~듣다
surprising 사물이나 상황이 놀라운   surprised 사람이 놀란

005 ④
해설 ④ having a hobby라는 동명사구가 주어이므로 단수 취급한다.

해석 취미를 갖는 주된 목적 중의 하나는 시간 죽이기다. 과학과 기술의 커다란 진보는 우리에게 더 많은 여가 시간을 준다. 그러나 주말을 어떻게 보내야 할지 모르는 사람들은 스트레스를 받게 된다. 그래서 취미를 갖는다는 것은 현대 사회의 의무가 되었다.

006 ①
해설 (A) a little girl을 수식하는 분사로 능동의 의미를 갖고 있기 때문에 현재분사로 쓴다.
(B) 지각동사 saw의 목적보어로서 현재분사가 쓰여야 바르고 to 부정사는 지각동사의 목적보어가 될 수 없다.
(C) used to + 동사원형 구문으로 "~하곤 했다"의 의미를 가진다.

해석 어느 날 오후 커다란 늑대 한 마리가 어두운 숲 속에서 할머니에게 한 바구니의 먹을 것을 드리려고 오고 있는 한 소녀를 기다렸다. 늑대가 그녀를 발견하고 잠시 따라 왔지만 사라졌다. 마침내 그 어린 소녀는 할머니 댁에 도착해서 문을 열고 할머니 침대에서 할머니 옷을 입고 있는 누군가를 보았다. 그녀는 곧 그것이 늑대라는 것을 알아챘다. 다행히, 오늘날 어린 소녀들은 예전보다 더 영리해서 (준비가 되어 있어서), 그녀는 총을 꺼내 늑대를 쏘아 죽였다.

007 ④
해설 ④ a beautiful place를 수식하는 관계부사절로서 전치사 in이 없기 때문에 which는 쓸 수 없다.

해석 오래 전, 작은 보육원에서 피터팬 이야기를 좋아했던 웬디, 존,

마이클이라는 세 아이가 살았다. 어느 날 밤, 웬디가 아이들에게 이야기를 들려줄 때 피터는 그들을 Never Land에 초대할 것을 결심했다. 우선, 그는 그들에게 비행하는 법을 가르쳤다. 그리고 나서 그는 Never Land로 함께 날아갔다. 그곳은 요정들이 야수들과 함께 살고 있는 아름다운 곳이었다.

어휘 nursery 보육원

008 ④

해설 (A) 글의 흐름상 과거시제가 필요하다.
(B) a ten dollar가 수식어 역할을 하기 때문에 단수로 써야 한다.
(C) 부정문에 anything을 써야 한다.

해석 어제 나는 버스를 타고 시내 쇼핑몰에 갔었다. 서점, 레코드 가게와 선물 가게들을 구경하면서 하루 종일을 보냈다. 10달러짜리 CD를 사서 돌아왔다. 오늘 일어나자 다리가 아팠다. 나는 아무것도 못했다. 나는 그냥 앉아서 TV만 보았다.

009 ④

해설 (A) 관계대명사 소유격 형태가 와야 한다.
(B) 주어가 복수(people)이기 때문에 were를 써야 한다.
(C) <형용사 + enough + to 부정사> 구문

해석 옛날 Richard Whittington이라는 어린 소년이 있었다. 그의 아버지와 어머니는 그가 겨우 어린아이였을 때 돌아가셨다. 그를 돌보아 주던 사람들은 매우 가난했다. Richard는 일 할 수 있을 만큼 충분히 나이가 들지 않았고, 그래서 정말 힘든 시간을 보냈다. 때론 아침도, 저녁도 먹질 못해서, 빵 한 조각이나 우유 한 방울이라도 얻어먹게 될 땐 언제라도 즐거웠다.

010 ④

해설 ④는 부정문이기 때문에 too가 아니라 either를 써야 한다.

해석 Helen Keller는 1880년 Alabama주 Tuscumbia에서 태어났다. 두 살이 되기도 전에 매우 아팠다. 아무도 그녀가 살 것이라고 기대하지 않았지만 그녀는 살아났다. 문제는 다만 그 질병이 그녀의 시력과 청력을 모두 앗아가 버렸다는 것이었다. 가족들은 그녀를 어떻게 해야 할지 몰랐다. 보지도 듣지도 못하는 사람을 이떻게 기르쳐야 할지를 몰랐던 것이다. 하루는 부모님들이 전문가에게 검사를 받게 하기 위해 그녀를 Baltimore로 데려갔지만, 그도 역시 그녀를 도와줄 수가 없었다.

011 ②

해설 ① one of the 최상급 + 복수명사
② a producted called White Soap: 과거분사 (called)가 뒤에서 명사를 수식
③ forget + to 부정사: 해야 할 일을 잊음
④ much + 비교급: 비교급 강조

해석 세계에서 가장 인기 있는 상품 중의 하나인 아이보리 비누의 발명은 우연히 이루어졌다. 생산자는 1878년에 White Soap이라 불리는 상품을 만들기 시작했다. 그러나 어느 날 종업원이 점심을 먹으러 가서 혼합기를 끄는 것을 잊어버렸다. 결과적으로 평상시보다 더 많은 공기가 비누에 들어가게 되었다. 공기로 채워진 상품이 틀에서 떼어졌을 때, 그것이 세계 최초의 물에 뜨는 비누가 된 것이다. 소비자들은 목욕탕 욕조에서 분실될 염려가 없기 때문에 그 비누를 대단히 좋아했다.

어휘 much unmold 틀에서 떼어내다

012 ④

해설 (A) since 구문과 함께 쓰이는 동사는 현재완료이다.
(B) That is why + 결과
(C) 훈련견은 훈련을 받는 것이므로 수동태를 써야 한다.
has been + p.p. (현재완료 수동)

해석 몇 해 전 Ken은 자동차 사고를 당했다. 그 이후 휠체어에서 지내오고 있다. 그가 전등을 켜고, 문을 열고, 물건을 집는다는 것은 어려운 일이다. 그래서 그의 훈련견인 Sinbad가 그에게 그토록 중요하다. Sinbad는 Ken과 같은 사람들을 돕도록 훈련받아 오고 있다. 그의 개의 도움으로 Ken은 이제 직장에도 가고 자신의 집을 돌볼 수도 있다.

013 ③

해석 재활용은 환경 보호에 도움이 된다. 예를 들어, 50킬로그램의 종이를 재활용하면 한 그루의 나무를 살린다. 일부 도시에서는 시민들에게 쓰레기를 분리수거하도록 훈련시켰다. 사람들은 캔이나 플라스틱 병을 다른 쓰레기봉투에 버려야 한다. 종이 또한 분리되어 보관된다. 플라스틱, 금속, 종이 등은 종류별로 특수한 재활용 센터로 보내진다.

014 ①

해석 지난 토요일 오후, 나는 런던에 축구 경기를 구경하러 갔다. 아버지께서 네덜란드와의 결승전 표를 나에게 사 주셨던 것이다. 경기는 처음부터 정말 흥미진진했다. 경기 시작 10분 후에 네덜란드가 한 골을 넣었고 훌륭한 경기를 펼쳤다. 그러나 하프 타임이 지난 후에는 잉글랜드가 더 잘했다. 내가 제일 좋아하는 Rooney가 정말 잘했다. 경기 시작 60분 후에 그가 첫 골을 넣었다. 10분 후에 그가 추가 골을 넣어서 점수가 2:1이 되었

다. 나는 Rooney가 최고의 선수라고 생각한다. 그는 다른 어떤 선수보다 경기를 더 잘하고 더 빠르게 달리며 더 강한 슈팅을 한다.

015 ②

해설 오늘날 사람들은 잠잘 시간이 충분하지 않다. 사람들은 자는 시간을 다른 일을 하는 데 쓴다. 사람들은 더 오래 일을 하거나, 밤에 모임을 갖거나, 늦게 저녁식사를 하거나, 텔레비전을 보거나 늦게까지 외출을 한다. 오늘날의 사회에서는, 밤에 더 많은 일을 하기가 더 쉬워졌다. 상점들은 하루에 24시간 쇼핑을 할 수 있도록 열려 있다. 회사들은 직원들이 늦게까지 일하기를 원한다. 텔레비전 방송국은 낮에도 밤에도 방송을 한다.

016 ②

해설 꽃을 주는 일은 요즘 매우 인기가 있는데, 꽃을 주는 가장 흔한 이유는 낭만적 사랑을 표현하기 위해서이다. 초조한 첫 데이트, 결혼식 장식과 부케, 기념일, 발렌타인데이는 모두 아름답고 신중하게 고른 꽃을 필요로 하는 특별한 행사들이다. 그러나, 사랑만이 꽃을 주는 유일한 이유는 아니다. 꽃은 종종 생일과 같은 축하 잔치나 어머니날에 선물로 주어진다.

017 ①

해설 kid와 goat란 단어 사이에는 연관이 있다. 비록 오늘날 kid란 단어가 어린아이를 표현하는 영어 단어로 받아들여지고 있지만, 그것이 새끼 염소를 의미하는 단어에서 유래된 것이기 때문에 한 때 속어로 간주되었다. "새끼 염소들은 장난을 치며 뛰어다니고 일반적으로 성가시게 하기 때문에 새끼 염소와 어린아이 사이의 연관성은 일리가 있는 것 같다."라고 Collins Dictionaries의 편집장인 Jeremy Butterfield는 말한다.

어휘 connection 관련 goat 염소 accept 받아들이다
describe 묘사하다 consider 여기다 playfully 장난스럽게
annoying 성가신 make sense 일리가 있다
editor-in-chief 편집장

018 ③

해설 아이들은 몇 살에 컴퓨터 사용법을 배워야 하는가? 그 답은 누구에게 묻는가에 따라 달라질 것 같다. 일부 아동 교육자들은 현대 사회에서 컴퓨터 기술은 모든 아이들에게 기본적으로 필요한 것이라고 생각한다. 그러나 다른 일부 교육자들은 컴퓨터 화면이 아이들에게 모든 것을 보여주기 때문에 아이들이 자신의 상상력을 충분히 사용하지 않는다고 한다. 신체적으로, 오랫동안 컴퓨터 자판을 두드리거나 마우스를 너무 많이 사용하는 것은 아이들의 몸에 문제를 일으킬 수 있다. 아마도 어린아이들이 컴퓨터를 쓰는 최상의 방법은 매일 잠깐씩만 사용하는 것일 것이다.

어휘 educator 교육자 necessity 필수품
imagination 상상 physically 신체적으로
develop (병에) 걸리다

019 ②

해설 listened to로 해야 한다.

해석 내가 깨어났을 때 눈이 오고 있었다. 나는 침대 옆에 놓여 있는 라디오를 듣고 있었다. 나는 라디오에서 "날씨 때문에 학교가 휴교한다."라는 말이 흘러나오기를 바라고 있었다. 우리는 오늘 아침 수학시간에 시험을 보기로 되어 있었다.

어휘 be supposed to ~하기로 되어 있다, ~할 의무가 있다

020 ①

해설 (A) are의 보어로 형용사형 useful을 써야 한다.
(B) 선행사가 사람이므로 who를 써야 한다.
(C) 수동형을 써야 한다.

해석 어떤 식물도 유카만큼 유용하지 못하다. 유카는 미국 남서부에서 자란다. 이 지역에 사는 인디언들은 여러 가지 유카 사용법을 발견했다. 유카 잎은 로프, 매트, 바구니 그리고 샌들을 만드는 데도 사용된다.

어휘 yucca 백합과 유카속(屬) 식물

021 ④

해설 (A) himself는 주어 he를 받는 재귀대명사이다.
(B) 전치사 뒤에는 목적어로 명사를 써야 한다.
(C) become의 보어로는 부사가 아닌 형용사를 써야 한다.

해석 옛날에 어떤 왕이 길가에 큰 바위를 놓아두었다. 그런 후 그는 자신을 숨긴 채 그 바위를 누가 치우는지 아닌 지를 알아보기 위해 지켜보았다. 대부분 사람들은 다가와서는 단지 그 바위를 돌아서 지나갈 뿐이었다. 사람들은 돌을 치우지 않은 것에 대해서 왕을 크게 비난했다. 그런 후에 한 농부가 와서 그 돌을 봤다. 그는 그 돌을 길가로 옮겨 놓았다. 왕은 굉장히 행복했으며 그 농부에게 많은 금화를 주었다.

어휘 hide 숨다, 숨기다 remove 옮기다

022 ①

해설 (A) 과거분사 wounded는 '수동'의 뜻을 나타낸다.
(B) avoid는 목적어로 (동)명사를 취한다.

(C) 동물이 공격하는 것이므로 능동문을 써야 한다.

해석 Bob은 부상당한 야생동물을 발견했을 때 취할 주의사항을 전달한다. "야생동물을 만져도 괜찮다는 확신이 들 때에도 동물 만지는 일을 피하시오."라고 충고한다. "이런 사항은 쉽게 결정할 수 없기 때문에 도움을 요청하는 것이 최선의 방법이다. 그 동물이 당신을 공격할 수도 있다. 가능하면, 그 동물을 담요나 판지로 덮어주어라. 그런 다음 야생동물 센터로 전화해라."

어휘 **avoid** 피하다

023 ③

해설 (A)에서 수동적 의미를 갖는 observed를, (B)에서는 ways를 수식하는 to bring, (C)에서는 주격관계대명사의 계속적 용법으로 which를 써야 한다.

해석 오늘날 미국에서 지켜지는 대부분의 결혼관습은 다른 나라에서 지난 수세기에 걸쳐 시작되었던 것이다. 그 중 어떤 것들은 부부에게 행운과 많은 자녀를 가져다주는 방법에 관한 오래된 미신에 근거하고 있다. 다른 것들은 평생의 헌신에 대한 결혼의 약속을 상징한다. 전통적으로 미국 신부들은 긴 하얀 드레스를 입고 면사포를 쓴다. 일찍이 사람들은 그 면사포가 악령으로부터 신부를 보호해 줄 것이라고 생각했다. 신랑은 보통 턱시도를 입는데 이것은 일반적으로 결혼식 날을 위해 대여가 된다.

어휘 **observe** 준수하다 **superstition** 미신
symbolize 상징하다 **marital** 결혼의, 결혼에 관계된

024 ①

해설 호주의 Mungo 국립공원에서 발견된 인간의 발자국에 관한 이야기이다. (A)에서 발견의 의미를 갖는 discovery, (B)에서는 드러난다는 의미의 revealed, (C) 존재하다의 의미인 existed가 정답이 된다.

해석 호주의 Mungo 국립공원에서 수백 개의 인간 발자국이 발견되었다. 연구원들은 457개의 발자국 들은 약 20,000년 전으로 거슬러 올라간다고 말했다. 이 발견은 세계에서 가장 오래되고 가장 많은 인간의 발자국이다. 발자국을 덮고 있었던 모래언덕을 바람이 휩쓸어 갈 때 발자국이 드러났다. 주(州)환경장관인 Bob Debus는 발자국들은 오래전 그 지역에 많은 사람들이 존재했다는 것을 증명한다고 말했다. 발자국들은 호주 원주민들이 어떻게 살았었는지에 대한 구체적인 사항을 보여 주고 있다.

어휘 **researcher** 연구원
date back 소급하다, 거슬러 올라가다(시간상)
details 세부사항, 구체적인 사항 **used to** ~ 하곤 했다

025 ①

해설 두 번째 문장의 주어인 Some이 복수 대명사이기 때문에 동사 are를 써야 한다.

해석 우리의 삶을 위해 나무들이 할 수 있는 많은 일들이 있다. 나무들이 우리를 위해서 하고 있는 좋은 일들 중에 몇몇은 쉽게 알 수 있다. 나무들은 우리가 먹는 많은 음식물을 제공하고 있다. 사과, 오렌지 및 레몬은 나무에서 난다. 여러 가지 다른 견과류들도 나무에서 난다. 카카오 나무 의 씨앗은 말리고, 굽고, 으깨어 반죽으로 만들어진다. 이 반죽은 초콜릿을 만드는데 사용되고 있다. 심지어 씹는 껌도 나무를 이용하여 만들어 진다! 나무의 목재는 종이로 만들어진다. 여러분이 읽고 쓰기 위해 사용하는 모든 종이를 생각해 보아라.

어휘 **toast** 굽다 **seed** 씨, 씨앗 **mash** 으깨다
paste 풀, 반죽, 풀로 붙이다 **be used to v** ~하기 위해 사용되다
be used to ~ing ~하는 데 익숙하다
be made into ~으로 만들어지다

026 ④

해설 한 그룹의 과학자들이 다음과 같은 가설을 이용하여 실험을 했다: 매일 일정한 분량의 유익한 박테리아를 복용하면 병원에 입원한 아이들이 설사에 걸리지 않아 병원에서 더 많은 시간을 보낼 필요가 없을 것이다. 과학자들은 한 그룹의 아이들이 병원에 있는 동안 유익한 박테리아를 복용하게 해서 이 가설을 실험했다. 또 다른 그룹은 아무 효과가 없는 알약을 받았다. 그 결과 박테리아를 복용한 그룹이 그렇지 않은 그룹보다 설사에 걸릴 위험률이 80%나 낮았다.

어휘 **dose** 1회분, 복용량 **beneficial** 유익한 **pill** 알약

027 ②

해설 요르단 남부의 Petra는 멋진 고대 도시이다. 그것의 건물들과 사원들은 2,000년 전에 단단한 돌을 깎아내어 만든 것이다. 그것은 산 속에 깊이 숨겨져 있기 때문에 700년 동안 Petra의 존재를 아는 사람은 거의 없었다. 그 지역에 있던 사라진 도시에 대한 보고서들이 있었지만 아무도 그곳을 찾지 못했다. 400평방마일에 걸쳐 퍼져있는 Petra라는 거대한 도시는 여러 단계로 건설되었다. 그 곳에는 많은 거대한 무덤들이 있지만 무덤의 기능이 무엇인지를 아는 사람은 아무도 없다. 거기에서 유골이 발견된 적도 없다. 1812년에 발견된 이래로 Petra는 방문해 볼 만한 유명한 멋진 장소가 되었다.

어휘 **temple** 사원 **enormous** 거대한
marvelous 놀라운, 기적적인 **function** 기능

028 ④

해석 나의 할머니는 70세이다. 그녀는 컴퓨터에 관심이 있어서 공공도서관에서 컴퓨터 사용법을 배우고 있다. 수업에서 그녀는 훌륭한 학생이다. 그녀는 교사가 가르치는 것들을 정말로 이해하고 싶어 한다. 그래서 그녀는 교사에게 많은 질문을 하려고 한다. 나는 할머니와 같은 훌륭한 학생이 되고 싶다.

029 ④

해설 동사인 read, take, do가 등위접속사 or로 병렬구조를 이루어야 하므로 doing을 do로 고쳐야 한다.

해석 미국으로 건너 온 이후 내 삶의 속도는 너무 빨라졌다. 나는 너무 오랫동안 "미국의 꿈"을 추구해왔다. 그런데 그것은 행복, 평화, 또는 어떤 종류의 성공도 가져다주지 못하고 있다. 지금 나는 사실 혼자서 조용한 밤을 좀 보내기를 학수고대하고 있다. 나는 그저 소설을 좀 읽거나, 산책을 하거나, 또는 내가 원하는 것 무엇이든 하고 싶다.

030 ④

해설 (A) 'were'의 주어가 필요하므로 'whose achievements'가 적절하다.
(B) 동사 'made'의 <목적어 + 목적보어>가 필요하므로 'their work easier'가 적절하다.

해석 마야 인디언들은 성취한 업적들이 많은 총명하고, 문화적으로 풍요로운 사람들이었다. 그들에게는 농장들, 아름다운 궁전들, 그리고 많은 건물들로 이루어진 도시들이 있었다. 마야 사람들은 자연과 그들의 주변 세계에 대한 지식이 많았다. 이러한 지식은 그들이 그 당시 대부분의 사람들보다 더 나은 삶을 살 수 있게 도움을 주었다. 예를 들어, 농기구에 대한 그들의 지식은 노동을 보다 용이하게 해 주었다.

031 ④

해설 (A) box는 셀 수 있는 명사이므로 lots of 다음에 복수 형태인 boxes가 적합하다.
(B) many products를 지칭하는 소유격대명사인 their가 적합하다.
(C) make + 목적어 + 동사원형을 취하므로 buy가 적합하다.

해석 한 여자가 샴푸 상자 앞에 서 있다. 그녀는 한 상품을 선택한다. 이것이 다른 것보다 훨씬 더 좋을까? 아마 그렇지는 않을지도 모른다. 요즘에는 많은 상품이 품질과 가격 면에서 꽤 비슷하다. 상품이 서로 비슷하다면 무엇이 소비자로 하여금 특정 브랜드를 선택하게 하는가? 아마 TV 광고가 영향을 미쳤을 것이다.

어휘 quality 질   influence 영향을 끼치다

032 ②

해설 (A) 선행사(people)가 사람이므로 관계대명사 who가 적합하다.
(B) 주어(Children)가 복수이니까 have가 적합하다.
(C) 주어로 동명사(getting~)가 오는 것이 적합하다.

해석 미국에는 먹을 음식이 충분치 못한 사람들이 매우 많다. 이들 중에는 어린이들도 있다. 미국에는 식량이 충분치 못한 가정의 아이들이 3백만 명 이상이다. 배고픔을 겪는 아이들은 학교에서 주의를 집중하는 데 어려움을 겪는다. 그들은 운동장에서 뛰어다닐 힘이 부족하다. 오랜 기간 동안 충분한 음식을 섭취하지 못하면 아이들의 성장과 뇌의 발달이 저해될 수 있다.

어휘 deal with ~을 겪다, ~을 다루다
have trouble ~ing ~하는 데 어려움을 겪다

033 ①

해설 ① had born → was born(태어났다)
② be allowed to 동사원형: ~을 허락받다
③ be shocked ~에 놀라다
④ 감탄문의 어순 'How + 형용사 + 주어 + 동사!'

해석 1976년 4월 6일에 나는 팔과 다리가 없이 태어났다. 어머니는 나를 출산하던 날 나를 볼 수가 없었다. 한 달 뒤 마침내 어머니는 나를 만날 수 있었다. 모든 사람들이 그녀에 대해서 걱정을 했지만 어머니는 전혀 놀라지 않으셨다. 어머니는 나를 처음 보았을 때 "이렇게 귀여울 수가!"라고 말씀하셨다. 그녀는 나를 보고 매우 행복해하는 것 같았다. 그 시절에 부모들은 장애 자녀들을 남들에게 보여주지 않았지만 우리 부모님은 그렇지 않았다. 그들은 외출할 때 항상 나를 데리고 다니셨다.

어휘 handicapped (신체적, 정신적) 장애가 있는
give birth to 출산하다

034 ③

해설 (A) 버드나무라 '불리운다'는 의미로 과거분사가 필요하므로 'called'가 필요하다.
(B) 동사 make가 사역동사이므로 동사원형 'go'가 필요하다.
(C) 수의 일치를 위해 주어와 동사를 복수형으로 일치시켜야 하므로 복수형 'were'가 필요하다.

해석 아스피린 발명 이전에 사람들은 버드나무라 불리는 나무껍질로 음료수를 만들어 마셨다. 이 음료수는 그들의 통증과 열을 사라지게 해 주었다. 사람들은 수천 년 동안 버드나무 껍질 음료수를 마셔왔지만, 어느 누구도 왜 그것이 도움이 되는지를 알지는 못했다. 1830년대에 이르러 영국의 과학자들이 그 버드나무 껍질 속에 들어 있는 모든 것들을 분석했다. 그들은 그 나무의 어느 부분이 통증을 없애준다는 것을 밝혀

냈다. 그들은 이 통증을 완화시켜 주는 물질을 살리신(salicin)이라 명명했다. 얼마 지나지 않아 사람들은 살리신으로 약품을 제조하여 판매하게 되었다.

어휘 **bark** 나무껍질　**analyze** 분석하다　**substance** 물질

035 ③

해설 ① look + 형용사 보어 : ~하게 보인다
② be used to V는 be used가 목적을 나타내는 to부정사의 부사적 용법과 결합하여 '~하기 위해서 사용된다'의 수동 의미이다.
③ Winter Queen Gamma 3를 선행사로 하는 계속적 용법의 관계대명사 which가 필요한데, that이 쓰였으므로 잘못된 표현이다.
④ 시간을 나타내는 부사절에서는 종종 주어와 be동사가 생략된다. 여기서는 it is가 생략된 것이다. 혹은 분사구문을 만들 때 의미를 명확하게 하기 위해 접속사를 생략하지 않을 수도 있는데, 이 경우가 그에 해당한다.

해석 심지어 꽃들도 우리를 위해서 일할 수 있다. 그들은 예쁘게 보일 뿐만 아니라 어떤 한 종류의 꽃은 도쿄 상공의 대기 속에 얼마나 많은 스모그가 있는지를 측정하기 위해 사용된다. 그 꽃의 이름은 Winter Queen Gamma 3인데 그것은 베고니아의 일종이다. 그것은 스모그에 6일간 방치되면 꽃잎에 흰 반점이 생긴다. 만약 스모그가 이틀 더 지속되면 그 점들은 물집으로 변한다. 그러면 그 꽃잎들은 갈색으로 변하면서 입 전체에 구멍이 난다. 그 꽃들은 이러한 위험 속에서 살고 있는 사람들에게 경고하기 위해 일하고 있다.

어휘 **spot** 반점　**warn A of B** A에게 B를 경고하다

036 ④

해설 1826년에 텍사스는 살기에 위험한 곳이었다. 자신들이 원하는 일은 무엇이든지 할 수 있는 강도들과 범죄자들이 있었다. Stephen Austin은 텍사스가 더 안전한 곳이 되어야 한다고 느꼈다. 그는 25명 정도를 Texas Rangers라고 부르는 한 단위로 조직했다. 그들이 맡은 일은 문제가 있는 곳은 어느 곳이든 가서 그것을 없애는 것이었다. Texas Rangers는 그들의 용기와 뛰어난 사격 솜씨와 말 타는 능력 때문에 유명해졌다. 그들은 어떤 훈련도 받지 않았고 제복도 입지 않았다. 그들은 단지 권총과 소총만을 받았을 뿐이다. 곧 텍사스는 더 안전한 곳이 되었다.

어휘 **criminal** 범죄자　**pistol** 권총

037 ①

해설 읽으면 읽을수록 당신은 어휘가 늘어나고 읽기 능력이 향상될 것이다. 가능한 한 어디서든지 당신이 계속해서 읽도록 해주는 책이나 기사를 선택하라. 그것들은 꼭 당신의 수준에 맞거나 약간 높은 것이어야 하며, 너무 어려워도, 너무 쉬워도 안 된다. 단어장을 가지고 공부하기보다는 오히려 내용 속에서 새로운 단어를 아는 것이 대개는 가장 좋다. 그러면 당신은 그것들이 어떻게 사용되는지를 이해할 것이다. 당신이 내용 속에서 새로운 단어를 만날 때 그것의 의미를 추측해 볼 수 있는 매우 좋은 기회가 될 것이다.

038 ④

해설 블로그는 기존의 웹사이트와 여러 면에서 다르다. 가장 중요한 점은, 블로그는 더 정기적으로 업데이트 된다는 것이다. 많은 블로그들이 매일 업데이트 되고 있으며, 일부는 하루에도 몇 번씩 업데이트 된다. 또한 대부분의 블로그들이 특정하게 블로그 사용자들을 대상으로 하는 특별한 소프트웨어나 웹사이트를 사용하므로, 당신은 당신의 블로그를 만들기 위해 컴퓨터 전문가가 될 필요는 없다. 이는 컴퓨터가 사용하기 어렵다고 생각하는 보통 사람들이 그들 자신의 블로그를 쉽게 만들고 글쓰기를 시작할 수 있음을 의미한다. 2003년에 인터넷 회사인 America Online이 블로그 서비스를 도입하여, 3천 5백만 가입자들이 빠르고 쉽게 블로그를 시작할 수 있게 되었다.

어휘 **update** ~을 최신의 것으로 만들다　**aim** ~을 목표로 삼다

039 ④

해설 지구의 해양들이 많은 생물들로 가득 차 있음에도 불구하고, 많은 바다 생물체들이 사라지는 위기에 처해있다. 예를 들어, 참치와 상어 같은 대어의 수가 1950년 이래로 90% 가량 감소했다. 이 감소는 해양의 온도 상승과 함께 어업의 증가 때문이다. 많은 국가들은 특정 구역에서의 어업을 제한하고 멸종 위기에 처한 종의 어업을 금지하는 법들을 통과시켰다. 해양과학에 종사하는 과학자들은 해양 생물에 관한 더 많은 이해와 연구를 통해 훨씬 더 많은 사람들이 바다에 사는 종들을 보호하기를 희망한다.

어휘 **forbid** 금지하다　**endangered** 멸종위기에 처한

040 ③

해설 (A) in the university를 의미하므로 관계부사 where가 쓰여야 한다.
(B) pass the test가 '시험에 합격하다'는 의미이므로 수동태가 쓰이면 안 된다. 그리고 주절이 과거이므로 대과거의 의미를 담기 위해 과거완료시제 had passed가 쓰였다.
(C) '놀란'이라는 의미의 단어는 surprised이다. surprising은 '놀라게 하는'의 의미이다.

해석 Harry는 공부하고 싶은 대학교의 입학시험을 치렀다. 시험을 치를 당시 몸이 아팠기 때문에 합격할 정도로 시험을 잘 보았다고 생각

하지 않았다. 어제 그는 결국 합격했다는 소식을 들었다. 그는 놀랍기도 하고 기쁘기도 했다. 내일 저녁에 그의 가족은 축하하기 위해 외식을 할 것이다.

어휘 entrance exam 입학시험　celebrate 축하하다

041 ④

해설 painting과 병렬 구조이므로 ④ washing을 써야 한다.

해석 어떤 것이 멋진 휴가인가에 대해서는 사람마다 의견이 다르다. 어떤 사람들은 숲에서 오래도록 산책하는 것을 좋아한다. 그곳에서는 며칠 동안 아무도 보지 않을 것이다. 또 어떤 사람들은 신나는 도시에서 휴가를 보내기를 더 좋아한다. 그곳에서 그들은 박물관, 극장, 그리고 좋은 식당을 방문할 수 있다. 또 어떤 사람들은 해변에서 신선한 공기를 마시기를 좋아한다. 그들은 낮에는 해변에서 보내고 밤에는 파도 소리를 들을 수도 있다. 어떤 사람들은 집에 머무르면서 중요한 집안일을 하기로 마음먹기도 한다. 그들은 집의 현관을 칠하거나 아파트 창문을 모두 닦으면서 휴가를 보낼지도 모른다.

어휘 prefer to ~하기를 더 좋아하다
household project 집안일

042 ②

해설 (A) 주어 our bodies에 이어질 동사가 필요하므로 grow and change가 와야 한다.
(B) 선행사가 없으므로 관계사 what을 써야 한다.

해석 인체는 복잡한 기계이다. 태어나는 그 날부터 사람의 신체는 환경에 맞게 자라고 변화한다. 신체는 숨쉬고, 움직이고, 보고, 말하고, 음식을 소화시키는 일을 한꺼번에 하도록 해 주기 위해 동시에 작동하는 여러 기관으로 이루어져 있다. 대부분의 경우 우리는 신체 내에서 어떤 일이 일어나는지 의식하지 못한다. 우리가 그것을 의식하게 되는 것은 병이 들거나 아픔을 느낄 때뿐이다.

어휘 in response to ~에 응하여
unaware of ~를 눈치채지 못하는

043 ①

해설 교복은 몇 가지 장점을 가진다. 예를 들자면, 교복은 모든 학생들로 하여금 평등한 느낌을 가지게 한다. 사람들의 생활 수준은 크게 달라서 어떤 사람들은 부유한 반면 어떤 이들은 그렇지 않다. 교복은 그들이 부유하든 부유하지 않던 간에 모든 학생들을 똑같이 보이게 한다. 교복은 유행하는 옷을 사서 입을 여유가 없는 학생들에게 자존심을 세워주고, 자아 존중감을 높여준다.

어휘 promote 장려하다　afford to v ~할 여유를 가지다.

044 ④

해석 "당신은 얼굴이 아주 작군요!" 이것은 내가 한국에서는 최소한 한 달에 한 번은 듣지만 미국에서는 한 번도 들은 적이 없었던 말이다. 한국에 도착한 후 며칠도 되지 않아, 내가 이 말을 처음 들었을 때는, 다소 충격을 받았으며, 내 얼굴에 무슨 문제가 있는 건 아닌지 궁금했다. 내가 괴물이었나? 그 이후로 나는 그 말이 칭찬을 뜻한다는 것을 이해한다. 하지만 그런 말에 어떻게 응답을 해야 할지 알 수가 없었다. "아, 그래요?" "고마워요?" "아뇨, 그렇지 않아요!" 더 좋은 대답이 없어서, 나는 대개 "네, 사람들이 종종 나에게 그렇게 말해요."라고 한다.

045 ②

해석 small talk(가벼운 이야기)은 자연스런 인간의 기술이다. 걷기, 달리기 또는 쓰기처럼 우리 모두는 어느 수준까지는 그것을 할 수 있다. 그러나 훨씬 더 잘하는 방법은 연습을 하는 것이다. small talk 연습을 시작해 보면, 대화할 때 가장 어려운 부분이 처음 시작할 때임을 알게 될 것이다. 초반부에는 둘 다 관심을 가지고 얘기할 만한 것을 찾아야 한다. 그런 다음에야 전체적인 대화로 발전해 나갈 수 있다. 날씨나 최근 사건들에 대해서 사람들이 얘기를 시작하는 이유는 그것들이 모두에게 아무런 해가 없는 공통되는 소재이기 때문이다.

046 ②

해석 만화는 이야기를 전달하거나 메시지를 주는 그림이다. 대부분의 만화는 사람들을 웃게 만든다. 어떤 것은 진지하기도 하다. 많은 만화들이 중요한 교훈을 주고 생각하게 한다. 만화를 그리는 사람들은 독창적인 일을 한다. 특별한 관심을 이끌어내기 위해 작은 몸에 유별나게 큰 머리, 큰 손과 발을 그려 넣는다. 만화가들은 생각을 표현하기 위해 기호를 사용하기도 한다. 예를 들면, 머리 위의 전구표시는 좋은 아이디어를 의미한다. 만화를 만드는 사람들은 간단한 그림과 몇 마디 말로 많은 것을 이야기할 수 있다.

047 ④

해석 나는 식료품을 산 후 주차되어 있는 차로 돌아가고 있었다. 내 차 옆에 주차된 차의 뒷좌석에는 귀여운 어린 남자 아이 두 명이 타고 있었다. 창문은 내려져 있었고, 차 문은 열려 있었다. 대형 쇼핑센터의 혼잡한 주차장에 이 아이들만 차 안에 완전히 홀로 남겨진 것이었다. 두 아이들은 계속해서 차에 올랐다 내렸다 하고 있었으므로, 다른 차에 쉽게 치일 수도 있었다. 그래서 나는 내가 염려하는 바에 관해 메모를 얼른 써서 앞자리에 두었다.

어휘 grocery 식료품　next to ~옆에
unlocked 잠기지 않은　leave 남기다

048 ①

해석 대부분의 부모와 마찬가지로, 당신은 자녀가 그다지 많이 가지고 놀지 않는 장난감에 돈을 쓴 적이 있을지도 모른다. 당신은 자녀가 장난감보다는 그것이 들어 있던 상자를 더 많이 가지고 노는 것을 보았을지도 모른다. 아이들의 마음을 확실히 사로잡는다고 입증된 한 가지 장난감이 블록이다. 한 세트의 테이블 블록이나 큐브 블록, 혹은 카드보드 블록을 구입하는 것은 자녀의 놀이에 매우 훌륭하게 투자하는 것이다. 블록은 아이들이 많은 주제를 배우도록 도와준다. 아이들은 모양과 크기에 대해 많이 배우게 된다. 어린 아이들은 놀이를 하는 동안 블록으로 셈을 하고, 짝을 맞추고, 분류하고, 종류별로 모으고, 더함으로써 수학 능력을 익힌다.

어휘 guarantee 보증하다 cardboard 마분지
investment 투자 subject 주제
match 맞추다, 조화시키다 sort 분류하다

049 ④

해석 아내와 나는 여름 휴가 동안에 부모님을 방문했다. 집으로 돌아오는 길에 타이어에 펑크가 났지만 여분의 타이어가 없었다. 우리는 도움을 청하기 위해 근처의 농가까지 걸어갔다. 그곳에 살고 있던 농부가 자신의 차에서 타이어를 떼어낸 뒤 말했다. "마을에 차를 몰고 가서 타이어를 고치시고, 제 것은 주유소에 두고 가세요. 저는 지금 바빠서 함께 갈 수가 없네요. 제 것은 나중에 제가 가서 찾을게요." 우리를 믿어준 그의 행동이 그 날의 우리 삶을 덜어주었다.

어휘 flat 펑크 난 타이어

050 ①

해석 Julie와 나는 미용실에서 일한다. 분주하게 손님의 머리를 커트하면서 Julie가 나에게 말했다. "내 차가 말썽을 부리네. 하지만 그것을 고칠 믿을 만한 사람을 찾기가 힘들어." "자동차 정비사는 의사와 크게 다르지 않아."라고 내가 말했다. "문제를 해결하기 위해서 그들에게 돈을 내지만 고쳐진다는 보장은 없어." 내가 누군가의 기분을 상하게 했을 수도 있겠다 싶어서 Julie의 손님 쪽으로 몸을 기울이면서 물었다. "정비사는 아니시죠?" "네, 아닙니다. 저는 의사입니다."라는 짜증 섞인 대답이 나왔다.

어휘 reliable 믿을 만한 offend 기분을 상하게 하다
irritated 짜증난

051 ④

해설 what은 선행사를 포함하는 관계사이기 때문에 선행사가 필요 없지만 앞에 선행사가 있기 때문에 사용할 수 없다. 또한 선행사에 the very, the only, the same, 서수, 최상급 등이 있으면 관계사 that를 사용해야 한다.

해석 우리는 우리의 문화가 그렇게 행동하도록 훈련을 시키고 있기 때문에 특정한 종류의 음식을 먹는다. 예를 들어, 전형적인 미국인의 아침식사는 베이컨, 소시지, 스크램블드 에그와 과일 쥬스로 이루어져 있다. 그 이외의 것은 이상하게 보인다. 그래서 한국인들은 음식으로 자기 자신들을 규정하는 것이 당연하다. 설령 그들이 다른 나라로 살기 위해 이민을 가더라도 그들의 음식 습관은 절대로 그들이 버리지 못하는 습관이다. 예를 들어, 한 한국 가족이 몇 세대 동안 해외에서 살고 있다면 그들은 아직도 분명히 밥, 김치, 그리고 많은 고추장을 먹을 것이다.

어휘 typical 전형적인 define 규정하다, 정의하다
custom 습관, 관습 generation 세대 even if 비록 ~일지라도

052 ②

해설 (A) 동명사의 부정어는 not이나 never를 동명사 앞에 둔다.
(B) puzzle과 to부정사는 수동의 관계이어야 한다.

해석 여러분은 수학 수업이나 수학 공부에 집중하기 어려울 수가 있다. 선생님들에게 이런 문제에 대해 주저하지 말고 말하라. 그들은 여러분을 앞자리에 앉혀 줄 수 있는데 이것은 집중력을 유지하는 데 도움이 될 것이다. 충분히 잠을 못 자는 것은 집중력에 큰 영향을 줄 수 있다. 이러한 문제가 있다면, 30분 더 일찍 잠자리에 들도록 해 봐라. 수학을 즐길 수 있는 방법을 찾을 수도 있다. 수학 문제를 수수께끼처럼 생각해 봐라. 또는 일상생활에서 수학을 찾아봐라. 예를 들어, 여러분 가족이 200마일 여행을 간다면 그 여행이 며칠이나 걸릴지를 계산해 보아라.

어휘 to be solved 해결되어져야 할

053 ④

해설 (A) it의 소유격은 its이다.
(B) lay 알을 낳다
(C) materials(which are) used for~, be used for ~에 사용되다

해석 바느질을 할 수 있는 새가 있다는 것을 아는가? 재봉새라고 불리는 이 새는 부리를 바늘처럼 사용한다. 새는 컵 모양으로 잎들을 꿰맨다. 그리고 나서 컵 안에 짚으로 안을 대고, 거기에 알을 넣는다. 각자 자신의 특별한 둥지를 만든다. 둥지를 만들기 위해 사용되는 가장 일반적인 재료들은 풀잎, 나뭇가지 그리고 깃털이다. 새는 재료들을 꿰매어 둥지를 만들어야 한다. 집을 지탱해 줄 시멘트나 못 없이 집을 짓는 것을 상상해 보라.

어휘 tailorbird 재봉새 line 안을 대다, 안감을 대다
hold together 지탱하다

054 ②

해설 (A) '더 많은 우유를 얻기 위해서'라는 목적을 나타내는 용법의 부정사가 와야 한다.
(B) '더 많은' 우유라는 의미로 than과 대구를 이루는 more를 써야 한다.
(C) '의문사 + 주어 + 동사'의 간접의문문이 와야 한다.

해석 당신은 소에게서 더 많은 우유를 얻는 데 불빛이 사용될 수 있다는 것을 알고 있었는가? 몇몇 과학자들이 겨울에 한 떼의 소를 헛간에서 사육했다. 매일 16시간 동안 계속해서 전등을 켜 두었다. 소는 몸무게가 더 늘었고, 전보다 더 많은 우유를 만들어내기 시작했다. 지속적으로 불빛을 쐬었을 때 더 많이 생산해 내는 동물은 소뿐만이 아니다. 전등이 16시간 동안 켜져 있을 때, 닭은 더 많은 알을 낳고, 양은 더 빨리 자란다. 왜 이러한 일들이 발생하는가? 과학자들은 증가된 불빛이 동물들의 뇌에 특별한 신호를 보낸다고 믿고 있다. 그러나, 아무도 이것이 어떻게 작용하는지 정확하게 확신하지 못하고 있다.

어휘 barn 헛간   add 더하다   signal 신호

055 ③

해설 (A) 주어(experiences)가 복수이므로 동사로 influence가 적합하다.
(B) talk이 주어의 위치에 와야 하므로 동명사 형태인 talking을 써야 한다.
(C) 선행사가 사람인 kids이므로 관계대명사 who를 써야 한다.

해석 아기의 초기 경험은 뇌의 발달에 영향을 미친다. 아이의 삶에서 첫 3년 동안에 일어난 일은 아기의 감성 발달과 남은 삶 동안의 학습능력에 영향을 미친다. 아기에게 말을 거는 것이 그들의 언어 능력을 증가시킨다는 것은 잘 알려진 사실이다. 어떤 부모는 아이에게 모차르트의 음악을 들려주거나 화가의 유명한 작품을 보여주는 것이 중요하다고 생각한다. 하지만 이런 것들을 뒷받침 할 수 있는 과학적인 근거는 없다. 오히려 좀처럼 말을 걸어주지 않고 안아주지 않는 부모를 둔 아기들은 인생에 해를 입을 수 있다. 한 연구는 잘 놀지 않는 아기들이 정상보다 20~50% 정도 두뇌가 덜 발달된다는 사실을 보여주고 있다.

어휘 infant 유아   damage 손상시키다, 해를 끼치다

056 ④

해설 만일 당신이 중국에서 개구리를 잡으면, 법을 어기게 된다. 오랫동안 개구리는 중국에서 인기 있는 음식이었다. 그것은 오리와 닭의 먹이가 되기도 한다. 그 결과, 중국에서는 이전보다 개구리 수가 훨씬 줄었다. 하지만 중국 정부는 개구리의 수를 증가시키길 원했다. 개구리는 사람과 농작물에 해가 되는 곤충을 잡아먹는다. 만일 곤충을 잡아먹는 개구리가 더 많다면 중국은 (지금처럼) 많은 살충제를 쓸 필요가 없을 것이다. 이것은 돈을 아끼고 대기 중에 화학물질의 양을 줄이게 될 것이다. 그래서 정부는 사람들이 개구리를 잡거나, 사거나, 팔지 못하게 했다. stop의 목적으로 쓰이는 동명사(catching, buying, selling)가 등위접속사 or로 연결되어 있다.

어휘 insect 곤충   cut down on ~을 줄이다
chemicals 화학물질

057 ③

해설 ③ 문맥상 must 다음에 오는 have와 대등한 관계를 이루는 동사원형이 <not only ~ but (also)...>의 구조로 연결되어야 하므로 being을 be로 고쳐야 한다.

해석 출판사에 원고를 팔려는 경쟁은 치열하다. 출판사에 보내진 자료 중 1% 미만이 출판되는 것으로 나는 추산한다. 아주 많은 자료가 작성되고 있어, 출판사는 매우 선택적일 수 있다. 그들이 출판을 위해 선택하는 자료는 상업적 가치를 지니고 있어야 할 뿐만 아니라 매우 적절하게 작성되어 있고 편집 및 사실 오류가 없어야 한다. 오류를 포함하는 어떤 원고도 출판을 위해 받아들여질 가능성이 거의 없다. 대부분의 출판사는 자료에 너무 많은 오류를 포함하고 있는 집필자와 시간을 낭비하려 하지 않을 것이다.

어휘 competition 경쟁   manuscript 원고, 필사본
publisher 출판사, 출판업자   fierce 치열한
selective 선택적인, 선별적인   commercial 상업적인
competently 적절하게, 유능하게   editing 편집
stand little chance at ~의 가능성이 거의 없다

058 ③

해설 문맥상 응답자가 질문을 받은 것이므로 asking은 과거분사인 asked가 되어야 한다.

해석 크리스마스 철의 문제 중 하나는 원치 않는 선물이다. 어떤 사람들은 자기 가족, 친구, 동료와 심지어 낯선 사람에게서 원치 않는 선물을 받는다. 크리스마스 선물에 관한 American Express(미국의 신용 카드 회사)의 설문 조사는 받는 '최악'의 크리스마스 선물이 과일 케이크라는 것을 알아냈다. 사실, 그것은 '선물을 전혀 받지 못한 것' 바로 앞에 있었다. 그러면 당신은 Martha 아주머니가 당신에게 준 정말로 당신이 원하지 않았던 그 선물로 무엇을 할 것인가? 그 설문 조사에 의하면, 안 좋은 선물을 어떻게 처분하느냐는 질문을 받았을 때, 응답자의 30%는 그것을 벽장에 숨기고, 21%는 그것을 돌려주고, 19%는 그것을 다른 어떤 사람에게 줄 것이라고 했다. 나는 이것이 아주 이기적임을 깨닫는다. 선물은 선물이고, 선물은 선물로서 다루어져야 한다.

어휘 dispose of 처분하다   closet 벽장
as such 그러한 것으로서

059 ④

해설 The answer is 뒤에 「주어(it) + 동사(is) + 보어(a mixture of both)」로 이루어진 완전한 절이 이어지므로, ④의 what을 접속사 that으로 고쳐야 한다.
① 형용사화 된 과거분사 institutionalized를 수식하므로, 부사 heavily는 적절하다.
② 문장의 주어가 복수 all the varied activities이고 that ~ play는 관계절이므로, 동사 become은 적절하다.
③ most가 형용사 '대부분의' 의미로 사용될 때는 정관사 the를 앞에 쓰지 않으므로, most는 적절하다.

해석 인간에게 놀이는 어린 시절이 끝남과 함께 멈추지 않는다. 놀이는 성인 존재의 매우 중요한 측면이어서 항상 깊이 일상화되어 있다. 미술과 음악이 있고, 스포츠와 오락이 있으며, 엄청난 휴일과 관광 산업이 있다. 물론, 인간의 성인 놀이를 구성하는 가지각색의 모든 활동이 어떤 사람들, 예를 들어 전문 운동선수와 예술가들에게는 일이 된다. 그러나 대부분의 사람들에게 있어서 그것들은 아마추어 (즉, 놀이에 근거한) 신분을 유지한다. 흥미로운 질문은 전문 테니스 선수나 미술가, 골퍼 또는 음악가가 내부 또는 외부의 동기에 이끌려서 놀이를 하는지 또는 일을 하고 있는지이다. 대답은 아마도 둘 다를 섞은 것이다.

어휘 pastime 취미, 오락 tourism 관광(업)
varied 가지각색의 make up ~을 구성하다 status 신분, 지위
intrinsic 내부의, 본질적인 extrinsic 외부의 motivation 동기
mixture 섞음, 혼합

060 ②

해설 (A) 등위 접속사 and에 의해 동사 behaves와 병렬 관계를 이루는 동사 형태가 와야 하므로, 단수 동사 stays를 쓰는 것이 적절하다.
(B) 주격 관계대명사 who가 이끄는 관계대명사절의 주어 John Constable의 동사가 필요하므로, 과거 동사 spent가 오는 것이 적절하다.
(C) 주어가 What is above us in the atmosphere가 되어야 하므로, 관계대명사 What이 오는 것이 적절하다.

해석 우리는 보통 날씨에 거의 관심을 두지 않는다. 날씨는 대략 마땅히 그래야 하는 대로 움직이고 그래서 그 자체로는 뉴스 밖에 머문다. 우리가 오랫동안 하늘을 올려다보는 것조차 드물다. 분명 우리는 John Constable의 선례를 따르지 않는데, 그는 1821년과 1822년 사이의 기간 동안 매일 몇 시간을 스스로 '하늘 보기'라고 불렀던 헌신적인 관찰의 과정에서, 하늘의 기색을 열심히 고찰하고, 자기의 머리 위에 떠 있는 다양한 구름 모양의 150개의 정밀하고 조용히 놀라운 수채화, 크레용과 유화 습작을 만들어내면서 보냈다. 대신에 우리의 눈은 그 아래에 있는 인간 드라마, 즉 누가 고용되었나, 누가 해고되었나, 예산안 교착 상태는 어떻게 해결되었나에 고정되어 있다. 대기 중 우리 위에 있는 것은 기상 예보관들이 애용하는 아이콘 몇 개 중 하나로 매일 단순화되는데, 이는 도저히 하늘의 미묘함을 표현할 수 없다.

어휘 intently 열심히, 여념 없이, 골똘하게
precise 정밀한, 정확한 stunning 놀라운

061 ④

해설 ④의 뒤에 주어(the marketing budget for most Hollywood movies)와 동사(is)로 이루어진 절이 이어지고 있으므로, 접속사 because가 쓰여야 한다. because of는 전치사구로, 뒤에 명사, 대명사, 동명사가 온다.

해석 여러분은 예술을 위해 즉, 자신의 상상과 표현법을 탐구하기 위해 혹은 어쩌면 단순히 영화 제작 과정을 배우기 위해 영화를 만들려고 하는가? 아니면 영화가 팔려서 바라건대 이윤을 창출할 수 있는 상업적으로 성공적인 영화를 제작하는 것을 기대하고 있는가? 많은 영화 제작자들의 통념과는 반대로, 이 두 선택은 거의 항상 상호 배타적이다. 대부분의 상업적으로 만들어진 영화는 가급적 많은 관객의 관심을 끌기 위해 고안된 시간이 증명한, 수익을 가져오는 제작 방식에 의존하는 경향이 있다. 대부분의 할리우드 영화의 마케팅 예산이 제작 예산보다 상당히 더 높기 때문에 (영화) 업계는 영화의 제작과 마케팅 비용을 충당하기 위해 가능한 한 많은 영화표를 팔아야만 한다. 유감스럽게도, 이러한 상업화는 소수의 관객에게 상영되는 예술 영화를 차별하는 경향이 있어서, 그러한 영화들이 기껏해야 지역의 예술 극장과 작은 영화제에서 상영되게 내버려둔다.

어휘 for one's sake ~을 위하여 mutually 상호 간에, 서로
exclusive 배타적인 time-proven 시간이 입증한
revenue-generating 수익을 가져오는 formula 방식
appeal to ~의 관심을 끌다
production (영화 등의) 제작; 제작 영화
commercialization 상업화, 영리화
discriminate against ~을 차별하다 at best 기껏, 잘해야

062 ④

해설 주어인 I가 방으로 불려 들어가는 수동의 의미가 되어야 문맥이 통하므로, ④의 brought를 was brought로 고쳐야 한다.
① not only가 문장 첫머리에 나온 관계로 도치를 유도하는 조동사로 쓰인 did이다.
② <allow + 목적어 + to부정사>의 구조로 사용되었다.
③ '요구하다'의 의미를 지닌 동사 request 다음에 that절이 왔으므로 동사원형이 사용되었다.

해석 1940년대에 Pennsylvania 주 교사들이 부모로부터 아이를 체벌할 수 있는 허락을 얻어야 했던 때가 있었다. 그것이 법이었다. 내 어머니는 나의 4학년, 5학년, 6학년 선생님을 위해 그 정책에 서명했을 뿐만 아니라, 회초리도 다듬어서 내 이름을 그 위에 적어 각 선생님에게 주셨다. 하지만 규칙들이 있었다. 내 어머니가 선생님들이 나를 체벌하

도록 허용한 단 한 곳이 있었고 그곳은 엉덩이였는데, 그 당시에는 궁둥이라고 불렸다. 내가 맞을 수 있는 횟수에 대한 조건은 전혀 없었고, 어머니는 공개적으로 처벌하지 않도록 해달라고 요청하셨다. 그래서 나는 그 당시 '외투보관소'라고 불리던 곳으로 불려갔는데, 나는 한 번도 외투(망토)를 입은 적이 없었기에 그곳은 늘 나를 혼란스럽게 했다. 나중에야 나는 그 방이 외투를 걸어두는 장소라는 것을 알게 되었다.

어휘 doctrine 방침, 주의, 가르침
buttocks 엉덩이(= behind)   condition 조건
cloak 외투(망토)   topcoat 외투

063 ④

해설 ④ "어떤 정보가 당신이 최선의 선택을 하도록 도울지를 스스로 질문해봐라."라는 명령문의 동사 자리이므로, Asking을 Ask로 고쳐야 한다.
① <take + 시간 + to부정사> 구문으로, to read의 쓰임은 어법상 적절하다.
② 선행사인 speed가 관계사절 내에서 with speed로 연결되므로, with which의 쓰임은 어법상 적절하다.
③ much 뒤에는 time이라는 셀 수 없는 명사가 생략되어 있으므로, much의 쓰임은 어법상 적절하다.

해석 Abraham Lincoln은 전에 사람의 다리가 얼마나 길어야 하냐는 질문을 받았고, 그는 "땅에 닿을 만큼 충분히 길어야 한다."고 대답했다. 이처럼 "사람들을 읽는 데 얼마나 많은 시간이 들 것인가?"라는 질문에 "당신이 가진 만큼의 많은 시간"이라고 답할 수 있다. 우리가 사람들을 읽는 속도가 장려되는 경우는 드물다. 대부분의 의사 결정 기한은 스스로 정하게 된다. 실제로 가지고 있는 이용 가능한 모든 시간을 고려한다면, 필요로 하는 만큼의 시간을 갖게 될 것이다. 어떤 직업을 제의받는다면, 그것에 대해서 생각하기 위해 며칠을 요청한다고 해서 그 제의가 사라지는 것은 아닐 것이다. 즉석에서 의사, 변호사, 회계사, 보육사, 기계공에 대해서 의사를 결정하거나 (물건을) 구매할 필요가 거의 없다. 그러니 그렇게 하지 마라! 어떤 정보가 최선의 선택을 하도록 도울지 스스로 질문해 보고, 그것을 수집하기 위한 시간을 가져라. 만약 여전히 확신이 없다면, 그것을 하룻밤 자면서 생각해 봐라.

어휘 self-imposed 자진해서 하는, 스스로 강요한
accountant 회계사   day-care provider 보육사
sleep on (하룻밤 자며) 숙고하다

064 ④

해설 are important를 대신 받아야 하므로 do가 아닌 are가 적절하다.

해석 비용 절감은 수익성을 향상시킬 수 있지만, 어느 정도까지다. 만약 제조업자가 비용을 너무 많이 절감해서 그렇게 하는 것이 제품의 질을 손상시키게 된다면 그 증가된 수익성은 단기적일 것이다. 더 나은 접근법은 생산성을 향상시키는 것이다. 만약 기업이 똑같은 수의 직원들로부터 더 많은 생산을 얻을 수 있다면 그들은 기본적으로 거저 얻게 되는 것이다. 그들은 판매할 상품을 더 많이 얻고, 각 상품의 가격은 떨어진다. 생산성 향상에 필요한 기계 또는 직원 연수가 생산성 향상으로 얻는 이윤의 가치보다 비용이 적게 든다면, 이것은 어떤 기업이든 할 수 있는 쉬운 투자이다. 생산성 향상은 그것을 만들어 내는 개별 기업에 중요한 만큼 경제에도 중요하다. 일반적으로 생산성 향상은 모두를 위한 생활 수준을 올려 주고 건강한 경제의 좋은 지표가 된다.

어휘 profitability 수익성   tap into ~을 이용하다

065 ④

해설 '~하기 위하여'라는 뜻이 되기 위해 in order to 부정사 구문을 사용해야 하므로 ④의 survive는 to survive로 고쳐야 한다.

해석 Lorenz는 그의 시간 중 많은 부분을 거위를 포함한 새들을 관찰하는 데 바쳤다. 이 관찰들에서 그의 가장 중요한 발견 중 하나가 나왔다. 1935년에 Lorenz는 새끼 거위들이 부화할 때 어미 거위가 없으면 새끼 거위들이 보는 움직이는 첫 번째 물체를 어미라고 여긴다고 결론 내렸다. Lorenz는 그 움직이는 물체가 Lorenz 자신이면 새끼 거위들이 그를 그들의 어미인 것처럼 따라 다닌다는 것을 발견했다. 그는 이것이 오리들에게도 적용된다는 것을 발견했다. Lorenz는 이런 행동을 각인이라고 불렀다. 어린 동물들이 생존하기 위해서 그것들을 먹여주고 보호해줄 어미를 인식해야만 하기 때문에 각인은 중요하다.

어휘 imprint 각인(刻印)

066 ③

해설 ③ written documents had an essential function, especially to record transfers of property가 완전한 절의 형태를 취하므로 관계대명사 which가 아닌 「전치사 + 관계대명사」의 형태인 in which로 바꿔 써야 한다. 이때 in which는 관계부사 where로 바꿔 쓸 수 있다.
① 수동태 형태의 동사 were taught를 수식하므로 부사 separately가 적절하다.
② '특화된 주판 학교'라는 뜻으로 abacus-schools를 수동의 의미로 수식하므로 과거분사 specialized는 적절하다.
④ the practice of keeping diaries was relatively widespread에서 주어의 핵은 단수인 practice이므로 단수에 이어지는 동사 was는 적절하다.

해석 글을 쓰는 것을 배우고 활용하는 상황의 중요성은 이미 초기 현대 유럽에서 분명했는데, 거기에서 읽고 쓰는 것은 흔히 별개로 배웠다. 읽고 쓰는 능력에 대한 상업적인 상황과 쓰는 것과 산술능력에 대한 사업상의 요구에 대해서는 14세기와 15세기의 Florence를 살펴볼 수

있을 텐데, 거기에서는 특수 주판 학교에서 상인이나 회계 장부 담당자가 되려는 사내아이들에게 쓰는 것과 산수를 가르쳤다. Florence는 공증 문화 공동체로 묘사될 수도 있는데, 거기에서는 특히 재산의 양도를 기록하기 위해 기록된 문서가 필수적인 기능을 수행했다. Florence에서는 비전문적으로 읽고 쓰는 능력이 상대적으로 높았고, 일기를 쓰는 관행이 상대적으로 널리 퍼져 있었다. 이런 종류의 개인적인 서류의 사례들은 다른 도시에서도 발견될 수 있는데, 그것들은 개인보다는 가족이나 도시에 주안점을 두었고 때때로 도시 지역에서 원고의 형태로 유포되었다.

어휘 **context** 상황 **utilize** 활용하다 **commercial** 상업의 **literacy** 읽고 쓰는 능력 **numeracy** (기본적인) 산술 능력 **arithmetic** 산수 **bookkeeper** 회계 장부 담당자 **transfer** 양도, 이전 **circulate** 유포되다, 돌다

067 ④

해설 ④ 문장에는 술어 동사가 필요하므로, enjoying은 enjoyed로 바꿔야 한다.
① made의 목적 보어로 형용사가 필요하므로, angry는 적절하다.
② <have + 목적어 + 과거분사>의 형태가 사용되었다. 목적어인 their heart rate, blood pressure and respiration이 추적 관찰되는 것이므로, 수동의 의미를 전달하는 과거분사인 monitored가 적절하다.
③ <be asked to 부정사> 형태가 사용되었으므로 to do는 적절하다.

해석 1990년대에 Yale 대학에서 한 연구가 시행되었다. 두 집단의 배우들은 자신들을 다른 감정 상태에 빠지도록 만들어야 했다. 첫 번째 집단은 좌절이 되고 불안감을 주는 상황을 상상함으로써 자신들이 화가 나도록 만들었다. 두 번째 집단은 자신들을 침착하고 평화로운 상태로 유지했다. 각각의 집단은 그들의 심장 박동률, 고혈압과 호흡이 추적 관찰되었다. 그런 다음 각각의 집단은 다양한 형태의 가벼운 운동, 예를 들어 계단을 오르는 등의 운동을 하도록 요청받았다. 화가 난 집단의 생리적인 측정치는 덜 건강했다. 침착한 배우들이었던 다른 집단은 운동에서 나오는 신체적 이점을 누렸다. 대부분의 사람들은 운동이 스트레스를 줄이는 데 좋다고 믿지만, 그러한 운동을 할 때의 정신 상태가 대단히 중요한 것으로 증명되고 있다. 사실상, 생리적으로 여러분이 정신 상태를 먼저 조정하는 것이 더 중요할 수 있다.

어휘 **conduct** 시행하다, 지휘하다 **state** 상태 **disturbing** 불안하게 하는 **respiration** 호흡 **physiological** 생리적인 **measurement** 측정 **critical** 대단히 중요한

068 ④

해설 ④ 앞에 나온 respondents가 복수이므로, 소유격 복수 대명사 their로 고쳐 써야 한다.

① 주어 a schedule-standardized interview가 단수이므로, 단수 동사 is는 어법상 적절하다.
② 동사 involve의 목적어가 필요하므로, 목적어 역할을 할 수 있는 동명사 filling은 어법상 적절하다.
③ 문맥상 '질문이 제시되었다'는 수동의 의미이므로, are provided는 어법상 적절하다.

해석 만일 인터뷰를 대화로 정의한다면, 일정이 표준화된 인터뷰는 거의 정해진 대본이 있는 연극처럼 매우 융통성 없는 형태의 대화이다. 가장 구조화된 형태에서, 구조화된 인터뷰는 준비된 설문지를 응답자에게 읽어주고 나서 응답자의 답변을 근거로 하여 답변 양식이나 응답지를 작성하는 것을 포함할 수 있다. 질문들은 체계적인 순서로 제시되는데, 준비된 대본에서 거의 벗어나지 않거나 전혀 벗어나지 않는다. 구조화된 인터뷰에서, 인터뷰 진행자의 역할은 질문을 하는 것이며 응답자의 역할은 관련 없는 정보에 관해서는 최소화된 응답을 제시하는 것이다. 반대로, 구조화되지 않은 인터뷰는 직접적인 질문을 하지는 않지만 응답자들이 자신의 현재 관심사에 대해서 되돌아보도록 유도하는 인터뷰 진행자를 포함할 수 있다. 분명히, 이 양극단 사이에는 다양한 서로 다른 형태의 인터뷰 전략들과 구조화의 정도가 존재한다.

어휘 **rigid** 융통성 없는, 엄격한 **deviation** 벗어남, 일탈 **prompt** 유도하다, 촉발하다 **reflect on** ~을 되돌아보다

069 ③

해설 (A) the person은 행위의 대상이므로 과거분사 described를 써야 한다.
(B) 이하는 a situation을 수식하는 관계절로서 전치사가 필요하므로 in which를 써야 한다.
(C) 주어인 People of Northern Burma와의 수 일치를 위해 have를 써야 한다.

해석 영어 사용자들은 가족 관계를 묘사하기 위한 가장 단순한 체계들 중 하나를 가진다. 많은 아프리카 언어 사용자들은 남성과 여성 친척 양쪽 모두를 묘사하는 데 "cousin"과 같은 한 단어를 사용하는 것, 또는 묘사되는 사람이 말하는 사람의 아버지와 혈연관계인지 아니면 어머니와 혈연관계인지 구별하지 않는 것을 불합리하다고 여길 것이다. brother-in-law를 아내의 남자형제인지 여자형제의 남편인지 구별할 수 없다는 것은 많은 문화에 존재하는 인간관계의 구조 내에서 혼란스럽게 보일 것이다. 마찬가지로, "uncle"이라는 한 단어가 아버지의 형제와 어머니의 형제에게 적용되는 상황을 이해하는 것이 어떻게 가능하겠는가? 하와이 언어는 동일한 용어를 사용하여 아버지와 아버지의 남자형제를 지칭한다. Jinghpaw 언어로 사고하는 Northern Burma의 사람들은 그들의 친족을 묘사하기 위한 18개의 기본 용어를 가진다. 이 용어 중 어떤 것도 영어로 바로 번역될 수 없다.

어휘 **absurd** 불합리한 **kin** 친족

070 ④

해설 앞의 keep이 '(어떤 상태를) 계속 유지하다'라는 뜻으로 사용된 불완전 자동사라서 주격 보어로 형용사가 나와야 하므로, ④의 quietly는 quiet로 고쳐 써야 한다.

해석 냉장고 이전에 사람들은 음식을 보존하기 위해서 얼음 창고를 사용했다. 얼음 창고에는 두꺼운 벽이 있었으며 창문이 없었고 꽉 끼는 문이 있었다. 겨울에 시내와 호수가 얼었을 때 큰 얼음덩어리를 잘라 얼음 창고로 나르고 톱밥으로 덮었다. 흔히 얼음은 여름을 훨씬 넘어서 오래가곤 했다. 어느 날, 얼음 창고 안에서 일하는 동안 한 남자가 귀중한 손목시계를 잃어버렸다. 그는 조심스럽게 톱밥을 긁어 헤치면서 그것을 끈질기게 찾았지만 찾을 수 없었다. 그의 동료 직원들 또한 찾았지만 그들의 노력도 허사였다. 헛된 수색에 관해 들었던 이웃의 한 어린 소년이 정오 시간에 얼음 창고로 슬그머니 들어가더니 곧 손목시계를 갖고 나왔다. 깜짝 놀라서 사람들이 어떻게 그것을 찾았냐고 그에게 물었다. "저는 문을 닫고 톱밥 속에 누워서 움직이지 않고 조용히 있었어요. 저는 곧 손목시계가 째깍거리는 소리를 들었어요."라고 그 소년은 대답했다.

어휘 rake 갈퀴질하다, 긁어 헤치다   sawdust 톱밥
fruitless 헛된, 보람이 없는   slip into 슬그머니 들어가다
emerge 나오다, 나타나다

071 ④

해설 ④ A third of what comes our way가 문장의 주어이고 이에 연결되는 동사가 and 다음에 나와야 하므로 is bounced와 형태가 같은 goes를 써야 한다.
① '~라는 점을 고려하면'의 의미를 가진 비인칭독립분사구문을 써야 하므로 given을 쓰는 것이 적절하다.
② Besides는 전치사로 '~ 외에'의 의미이므로 다음에 동명사 propelling을 쓰는 것이 적절하다.
③ 동사 comes를 수식하고 있으므로 부사 initially를 쓰는 것이 적절하다.

해석 에너지는 그저 앉아 있는 것을 좋아하지 않는데 그것이 매우 원기왕성하다는 점을 고려하면 거의 놀랍지 않다. 에너지는 항상 여기, 저기, 그리고 모든 곳에 있으면서 이런 저런 일을 하고 있고 항상 새로운 것으로 바뀐다. 그것은 마치 우주에서 가장 유행을 따르며 파티를 사랑하는 사람같다. 우리를 고속도로에서 나아가게 하고 물리 실험으로 나아가게 하는 것 이외에도 에너지는 우리를 따뜻하게 하고, 우리의 음식을 키우고, 그리고 우리가 보도록 돕는다. 그것은 심지어 아침에 일어나게 하고 토스트를 만든다. 그러면 에너지는 어디에서 오는가? 우리의 에너지는 처음에는 태양으로부터 온다. 태양은 하나의 거대한 오래 지속되는 폭발이며 그것은 우리에게 놀라운 속도로 태양 에너지를 던져 주고 있다. 우리에게 오는 것의 3분의 1이 지구의 대기와 구름에서 바로 되튀어 나가 다시 우주로 가지만 우리 행성은 여전히 태양으로부터 한 시간 동안 인간이 10개월 동안 태우는 에너지보다 더 많은 에너지를 흡수한다.

어휘 energetic 원기 왕성한   propel 나아가게 하다
initially 처음에는   explosion 폭발   bounce 튀다
absorb 흡수하다

072 ④

해설 ④ 주어 An attacker와 맞는 동사가 필요하므로 connecting을 동사 connects로 고쳐 써야 한다.
① 동사인 act를 수식하는 부사이므로, 부사 accordingly는 어법상 적절하다.
② a wireless router를 수식하는 관계절을 이끄는 목적격 관계대명사 that은 어법상 적절하다.
③ 문맥상 '일반 대중의 사용이 가능하도록 의도되지 않았다'는 수동의 의미이므로, 과거분사 intended는 어법상 적절하다.

해석 커피숍이나 공공 도서관에서 무선 라우터에 연결할 때, 알 수 없는, 그래서 믿을 수 없는, 많은 사람들이 똑같은 무선 라우터에 접속되어 있다는 것을 예상하고 있어야 한다. 이 때문에 사람들은 자신의 통신이 '감지될' 것이라고 추정해야 하고 그래서 그에 맞게 행동해야 한다. 그런데 이와 같은 무선 네트워크의 집단적인 공유는 여러분이 소유하고 있으며 집에서 사용하는 무선 라우터에서 일어나서는 안 된다. '피기배킹'이라는 용어는 일반 대중의 사용이 가능하도록 의도된 것이 아닌, 개인용 무선 네트워크에 연결하는 사용자와 관련이 있다. 피기백을 하는 공격자는 허락 없이, 그리고 흔히 심지어 라우터 소유자가 알지 못하게 무선 라우터에 접속하고, 따라서 이는 승인되지 않은 접속이다. 많은 경우에, 어떤 사용자라도 그 네트워크에 접근 권한을 받기 전에 패스워드를 알도록 요구하는 라우터의 보안 메커니즘을 무선 라우터의 소유자가 작동시키지 못했기 때문에, 피기배킹이 가능하게 된다.

어휘 assume 추정하다   traffic (전자 통신 장치를 이용한) 통신
communal 집단적인   refer to ~와 관련 있다, ~을 나타내다
unauthorized 승인되지 않은   activate 작동시키다
be granted 받다

073 ③

해설 a clock을 수식하는 과거분사구(made of water buckets)가 와야 한다.

해석 우리가 시간에 대해 생각할 때 무엇이 떠오르는가? 몇몇 초기의 시계들이 발명됐던 고대 중국의 기원전 4천 년으로 돌아가 보자. 사원의 제자들에게 시간의 개념을 설명하기 위해 중국의 사제들은 시각을 나타내는 매듭이 있는 밧줄을 사원 천장에 매달곤 했다. 그들은 시간의 경과를 보여 주면서 그것(밧줄)이 균등하게 타도록 아래부터 그것에 불을 붙였다. 많은 사원이 그 당시에 불에 다 타버렸다. 어떤 사람이 물 양동이로 만들어진 시계를 발명할 때까지 사제들은 분명히 그것이 썩 마음에 들지 않았다. 그것은 시각을 나타내는 표시가 있고 물로 가득 찬 커다란

양동이에 물이 일정한 속도로 흘러나가도록 구멍들을 뚫음으로써 작동했다. 그리고 나서 사원 제자들은 얼마나 빠르게 그 양동이에 물이 빠졌는지로 시간을 측정했다. 그것은 확실히 밧줄을 태우는 것 보다 훨씬 더 나았으나, 더 중요한 것은 그것이 일단 시간이 지나고 나면 절대로 되찾을 수 없다는 점을 제자들에게 가르쳐 주었다는 것이다.

어휘 **demonstrate** 설명하다　**dangle** 매달다　**temple** 사원
represent 나타내다　**drain** 물이 빠지다

074 ④

해설 ① 대명사 those는 '~하는 사람들'의 의미로 뒤에 분사구, 형용사구, 전치사구, 관계절 등의 수식어구가 온다. enduring hardship이라는 분사구의 수식을 받는다.
② '우울증을 겪는, 우울한'의 의미로 chronically ill과 or로 연결되어 patients를 수식하고 있다.
③ pets가 사용하는(use) 행위의 주체가 아니라 대상을 나타내므로 수동태 are used가 쓰여야 한다.
④ <the + 형용사>는 '~한 사람들'이라는 뜻으로, 복수로 취급된다. 따라서 주어 the aged(=aged people)에 일치하는 술어 동사는 were가 되어야 한다.

해석 사람들이 질병, 실직, 혹은 노령으로 인한 장애와 같은 실질적인 역경에 직면할 때, 애완동물로부터의 애정은 새로운 의미를 띠게 된다. 애완동물의 지속적인 애정은 그들의 핵심(가장 중요한) 본질이 손상되지 않았음을 그들에게 확신시켜 주기 때문에 어려움을 견디어 내는 사람들에게 대단히 중요해진다. 그러므로 애완동물은 우울증이 있거나 만성질환이 있는 환자들의 치료에 중요하다. 뿐만 아니라, 애완동물은 시설에 수용되어 있는 노인들에게 매우 유익하게 이용된다. 그런 시설에서는 모든 환자들의 건강이 쇠퇴한다는 것을 감안하면 직원들이 낙관적인 태도를 유지하기가 어렵다. 방문하는 자녀들은 부모님이나 조부모님이 한때 어떤 사람이었는지를 기억하고서는 그분들이 정상 생활이 어려운 것에 대해 의기소침해질 수밖에 없다. 그러나 동물들은 정신적 능력에 대한 기대를 갖지 않는다. 그들은 젊음을 숭배하지 않는다. 그들(동물들)은 노인들이 과거에 어떤 사람이었는지에 대한 기억이 전혀 없으며 그들(노인들)이 마치 어린이들인 것처럼 그들을 반긴다. 강아지를 안고 있는 노인은 완벽하게 어린 시절의 순간을 다시 체험 할 수 있다. 그의 기쁨과 그 동물의 반응은 (어린 시절과) 똑같다.

어휘 **disability** 장애　**age** (많은) 나이, 오래됨　**affection** 애정
chronically 만성적으로　**to advantage** 유익하게, 유리하게
institutionalized 시설에 수용되어 있는　**retain** 유지하다
optimism 낙관주의　**incapacity** 무능력, 불능
worship 숭배하다　**relive** 회상하다, 다시 체험하다
accuracy 정확성

075 ④

해설 (A) 앞서 나오는 many creatures and insects를 대신하면서 접속사 없이 절을 연결해야 하므로 관계사 which를 쓰는 것이 적절하다.
(B) 문두로 이동한 Not only에 의해 주어 this와 술어 동사 is가 도치된 구조에서 주격 보어로 형용사가 필요하기 때문에 critical을 쓰는 것이 적절하다.
(C) 문장의 주어인 the structures of the tree가 복수의 명사구이므로 이에 상응하는 복수형의 술어동사 store를 쓰는 것이 적절하다.

해석 나무는 주위의 모든 것에 영향을 미치는 거대한 생물 자원이다. 그것은 크기만으로도 많은 생물과 곤충들에게 집을 제공하는데, 그것들은 모두 나무를 먹이로도 사용한다. 이런 생물들은 자주 그 보답으로 나무의 씨앗을 퍼뜨린다. 뿌리는 토양을 이롭게 하는 균류를 갖고 있으며 나무의 몸통과 잎은 바람으로부터의 대피처를 제공한다. 훨씬 더 중요한 것은, 나무가 그 주위의 기온과 기후를 바꾼다는 것이다. 큰 오크 나무는 증발을 통해 연간 4만 갤런의 물을 방출할 수 있다. 이것은 지구의 물 순환에 극히 중요할 뿐만 아니라, 주위의 공기를 식히고 강우를 돕기도 한다. 이 모든 것에 더하여, 나무의 구조는 지붕 모양으로 우거진 나뭇가지와 나무껍질에 물을 저장하고 그곳으로부터 물이 아래쪽의 식물과 토양으로 흘러 떨어진다.

어휘 **biomass** (특정 지역 내의) 생물 자원[생물의 총량]
sheer (크기·정도·양을 강조하여) 순전한
distribute 퍼뜨리다[분포시키다]　**trunk** 나무의 몸통
oak tree 오크 나무(떡갈나무나 졸참나무 등)　**release** 방출하다
evaporation 증발　**bark** 나무껍질

076 ④

해설 ④ 명사구인 that perceived honesty를 목적어로 취해야 하므로 접속사 because를 because of로 바꿔야 한다.
① the ads를 수식하는 분사구를 이끄는 분사인데, the ads가 홍보하는(promote) 행위자를 가리키므로 현재분사인 promoting을 사용한 것은 적절하다.
② 선행사인 a perception of honesty를 관계절이 뒤따르는데, 관계절 안에 필수 요소가 모두 갖춰져 있다. 따라서 관계사 which 앞에 내용상 전치사 from을 넣어 which가 a perception of honesty를 선행사로 취하고 관계절 안에서 전치사 from의 목적어 역할을 하게 한 것은 적절하다.
③ 동사구인 mention a weakness in their case를 대신하며 주어인 the opposing lawyer와 단수로 수 일치를 이루어야 하므로 does를 사용한 것은 적절하다.

해석 광고주들은 그들 자신의 이익에 반론을 제기하는 것처럼 보이는 한 가지 특별히 효과적인 방법을 생각해 냈다. 그들은 자신들의 제품을 홍보하는 광고 속에서 그 제품의 사소한 약점이나 결점을 언급한다.

그런 식으로, 그들은 정직하다는 인식을 불러일으켜 그 제품의 장점에 관해 더 설득력을 갖게 될 수 있다. 광고주들만이 전략을 사용하는 것은 아니다. 변호사들은 상대측 변호사보다 먼저 자신들의 소송 사건에서의 약점을 언급하여 '상대에게 선수를 치고', 그렇게 함으로써 배심원들의 눈에 정직하다는 인식을 만들도록 배운다. 실험을 통해 이 전략이 효과가 있음이 입증 되었다. 배심원들이 변호사가 자기 자신의 소송 사건에서의 약점을 먼저 제기하는 것을 들었을 때, 그들은 그에게 더 많은 정직성을 부여했고 그 인식된 정직성으로 인해 마지막 평결에서 그의 소송사건 전체에 대해 더 우호적이었다.

어휘 **hit on** ~을(우연히) 생각해 내다
argue against ~에 반론을 제기하다 **drawback** 결점
promote 홍보하다 **perception** 인식 **tactic** 전략
attorney 변호사
steal someone's thunder ~에게 선수를 치다, ~의 생각을 가로채다
opponent 상대 **opposing** 서로 대립하는 **jury** 배심원단
demonstrate 입증하다 **juror** 배심원 **bring up** ~을 제기하다
assign 부여하다, 할당하다 **favorable** 우호적인

077 ③

해설 (A) 주어인 the only methods available for preserving meat이 복수의 명사구이므로 이에 상응하는 복수형의 술어 동사 were를 쓰는 것이 적절하다.
(B) 주어인 Further methods of processing in the twentieth century에 대한 술어 동사가 필요하므로 involved를 쓰는 것이 적절하다.
(C) ensured의 목적어 역할을 하는 명사절을 유도하는 접속사가 필요하다. ensured는 그 명사절이 질문이나 의문이 아닌, 사실을 나타낼 것을 요구하므로 whether가 아닌 that을 쓰는 것이 적절하다.

해석 과학 기술상의 진보는 부패와 오염의 위험을 줄이는 한편, 식료품이 한 대륙에서 또 다른 대륙으로 유통될 수 있도록 함으로써 새로운 식품 선택에 대한 직접 체험을 증가시켰다. 19세기 이전에 고기를 보존하기 위해 이용 가능한 방법은 단지 건조, 염장, 그리고 훈제뿐이었지만, 대량의 식품이 가공되거나 아주 오랫동안 보존될 수 없었기 때문에 그것들 중 어느 것도 완전히 실용적이지는 않았다. 통조림 가공은 1809년에 개발되었고 나폴레옹 전쟁의 산물이었다. 그 가공은 가열 살균 처리된 식품이 상하지 않고 더 오랜 기간 동안 저장될 수 있게 해주었다. 20세기의 추가 가공법은 건조·탈수, 냉동, 그리고 초고온 처리를 포함하였는데, 이들은 식료품의 저장 수명, 편리성, 그리고 다양성을 증대시켰다. 게다가 냉장, 진공 포장, 급속 냉동 등은 경제적으로 발달한 사회에서 특정 계절에 나오는 품목들을 연중 내내 이용할 수 있게 보장해 주었다.

어휘 **exposure** 직접 체험하게 함, 노출
distribute 유통하다, 분배하다 **spoilage** 부패
preserve 보존하다 **ultrahigh temperature** 초고온
shelf life 저장 수명 **vacuum packing** 진공 포장

year-round 연중 내내

078 ②

해설 ② 문맥상 두 개의 동사구가 and로 연결되어 주어(Sherif)에 대한 술어를 이루어야 하므로 asking을 asked로 바꿔야 한다.
① how to choose는 <의문사 + to부정사구>의 형태로 전치사 of의 목적어 역할을 한다. 따라서 to choose를 사용한 것은 적절하다.
③ an optical illusion을 수식하는 분사구를 이끄는 분사인데, an optical illusion이 일컫는 행위(term)의 대상을 가리키므로 과거분사인 termed를 사용한 것은 적절하다.
④ 전치사 by의 목적어 역할을 하는 명사절을 이끌고 술어 동사 estimated의 목적어 역할을 해야 하므로 관계사 what을 사용한 것은 적절하다.

해석 사람들은 자신의 판단을 믿지 못할 때, 다른 사람들이 올바르게 선택하는 방법에 대한 증거를 줄 것이라고 기대한다. 이러한 자기 의심은 터키의 사회심리학자인 Muzafer Sherif에 의해 행해진 고전적인 일련의 실험에서처럼 상황이 모호하기 때문에 생기는지도 모른다. Sherif는 어둡게 한 방의 벽에 한 점의 빛을 비추고는 실험 대상자들에게 그 빛을 보는 동안 그것이 얼마나 많이 움직이는지를 말해 달라고 부탁했다. 사실, 그 빛은 전혀 움직이지 않았지만, '자동 운동 효과'라고 일컬어지는 착시 때문에 비록 실험 대상자마다 정도의 차이는 있었지만 그것은 계속 이리저리 이동하는 것처럼 보였다. 실험 대상자들이 집단 내에서 움직임에 대한 자신들의 추정치를 발표할 때, 이 추정치는 집단의 다른 구성원들이 추정한 것에 의해 강한 영향을 받았는데, 거의 모든 이들이 집단의 평균치를 향해 (자신의 추정치를) 바꿨다. Sherif는 객관적으로 정확한 답이 없을 경우, 사람들은 스스로를 의심할 가능성이 있고, 따라서 특히 집단은 틀림없이 옳다고 가정할 가능성이 있다고 결론을 내렸다.

어휘 **look to ~ for ...** ~가 …을 줄 것으로 기대하다
come about 일어나다, 발생하다 **ambiguous** 모호한
conduct 행하다 **project** 비추다, 투사하다 **indicate** 말하다
term 일컫다 **estimate** 추정치; 추정하다
objectively 객관적으로 **assume** 가정하다

079 ①

해설 (A) Not only가 문두로 이동하면서 주어와 be동사가 도치된 형태인데, their expertise가 정의하는(define) 대상을 가리키므로 수동태 문장이 사용되어야 한다. 그러므로 is를 사용하는 것이 적절하다.
(B) 이어지는 절이 완전한 형태의 절이므로 the fact와 동격 관계의 절을 이끄는 that을 사용하는 것이 적절하다.
(C) administrators를 의미상의 주어로 하는 to부정사구에서 identify mediocre or poor programs in music과 and로 연결되는 동사구

를 이끌기 위해 원형 동사 provide를 사용하는 것이 적절하다.

> 해석 즉석(으로 양성된) 교사로 만들고자 연주 학위를 갖춘 연주자에게 최소의 훈련을 제공하는 프로그램은 그 연주자들을 전문적인 교사로서의 삶에 대해 적절히 준비시키지 못한다. 그들의 전문적 지식이 좁게 한정되어 있을 뿐 아니라, 그들은 흔히 어린 연주자들과 상호작용을 하거나 그들을 고무하는 방법에 대한 어떤 개념도 없다. 그들은 학생들이 '배우기를 원하지 않는다'라고 비난하면서 자기들이 겪는 어려움을 정당화할지도 모른다. 이와 비슷하게, 그들은 학교의 본질과 구조에 대한 경험도 없고 그것을 이해하지도 못한다. 관리자들이 음악 교육과 프로그램을 적절히 관리하는 데 필요한 기술과 지식을 대체로 가지고 있지 않다는 사실이 이 시나리오를 더욱 복잡하게 만든다. 탁월함은 대개 쉽게 인식되지만, 관리자들이 보통밖에 안 되거나 좋지 못한 음악 프로그램을 파악해서 필요한 개선을 하기 위한 필수적인 지도와 도움을 제공하는 것은 훨씬 더 어렵다.

> 어휘 **minimal** 최소의, 아주 적은 **instant** 즉석의, 인스턴트의 **adequately** 적절히 **expertise** 전문적 지식[기술] **narrowly** 좁게 **lack** 가지고 있지 않다, 결여하다 **administrator** 관리자, 관리 직원 **supervise** 관리하다 **guidance** 지도

080 ②

> 해설 ② 동명사 forcing의 의미상의 주어가 일반인을 가리키기 때문에 forcing의 목적어로 itself를 쓸 수 없고 a complex system을 선행사로 하는 it을 써야 한다.
① 분사구가 문두로 이동하면서 주어(the related notion of breaking things ~ complex things)와 술어 동사 is가 도치된 구조에서 주어가 포함하는(wrap up) 대상을 가리키므로 과거분사 Wrapped를 사용하는 것은 적절하다.
③ that's는 that is의 축약형이다. that은 관계사로서 a complicated device를 선행사로 취한다. 그 선행사가 단수이므로 단수동사인 is를 쓴 것은 적절하다.
④ that으로 시작하는 관계절이 수식하는 a respect for breaing things가 단수의 명사구이고, 이 명사구가 관계절의 주어로 이해되기 때문에 이에 따라 단수형의 술어 동사 surprises를 사용하는 것은 적절하다.

> 해석 물건, 특히 복잡한 물건을 더 좋게 만들기 위해서 그것을 고장 내야 한다는 관련 개념이 실패를 수용한다는 생각 속에 포함되어 있다. 복잡한 체계를 개선하기 위한 유일한 방법은 흔히 다양한 방식으로 실패하게 하여 그것의 한계를 시험하는 것이다. 우리가 만드는 가장 복잡한 물건 중에 소프트웨어는 일반적으로 그것을 고장 내는 방법을 체계적으로 찾아내도록 기술자를 고용하여 품질을 검사한다. 마찬가지로, 고장 난 복잡한 장치를 수리할 수 있는 한 가지 방법은 실제 기능 장애가 있는 곳의 정확한 위치를 찾아내기 위해 그 장치의 다양한 기능에 고의적으로 부정적인 결과(일시적인 고장)를 강제로 유발하는 것이다. 과학자가 외부인을 흔히 어리둥절하게 만드는, 실패에 대한 인내심을 지니고 있는 것과 마찬가지로, 훌륭한 기술자는 때때로 기술자가 아닌 사람을 놀라게 하는, 물건을 고장 내는 일에 대한 존중감을 지니고 있다. 하지만 부정적인 결과를 수용하는 습관은 성공을 얻는 가장 본질적인 비결 중의 하나이다.

> 어휘 **embrace** 수용하다 **employ** 고용하다 **crash** 고장 내다 **deliberately** 고의적으로 **temporary** 일시적인 **locate** 위치를 정확히 찾아내다 **trick** 비결

081 ③

> 해설 (A) 공상 세계가 학생들에게 묘사되는 것이므로 students를 대신하는 대명사 them을 쓰는 것이 적절하다.
(B) <from ~ to ...>의 구조에서 to는 전치사이므로 그 뒤에는 동명사 interacting을 쓰는 것이 적절하다.
(C) means의 목적어 역할을 하는 절이 필요하다. 이 절에서 문장의 주요 요소 가운데 빠져 있는 것이 없으므로 that절이 적절하다.

> 해석 상상력과 창의력은 공상 역할 놀이의 핵심[열쇠]이다. 학생들이 자신에게 묘사된 공상 세계에 자신들이 이끌리는 것을 상상할 수 없다면, 그 놀이는 순조롭게 출발할 수 없다. 학생들은 자신들에게 부과된 등장인물의 역할을 맡는 것에서부터 다른 생명체 및 외계의 환경과 상호작용하는 것에 이르기까지 자신들의 상상력과 창의력을 무수한 방법으로 발휘한다. 모든 경우마다, 다양한 행동과 결정의 결과를 내다보면서 학생들이 접하는 수많은 상황에 적절하게 반응하기 위해 최소한으로 요구되는 것은 상상력의 유연성이다. 이것은 공상 역할 놀이가 공상적 이야기를 더 생동감 있게 하고 대안을 상상하고 다른 사람들과 공감하기 위해서 상상력을 사용하면서, 상상력의 생산적인 사용을 함양하고 시험할 이상적인 환경을 제공한다는 것을 의미한다.

> 어휘 **get off the ground** 순조롭게 출발하다 **countless** 무수한 **assign** 부과하다, 할당하다 **alien** 외계의 **call for** ~을 요구하다[필요로 하다] **flexibility** 유연성, 융통성 **encounter** 접하다, 맞닥뜨리다 **consequence** 결과 **cultivate** 함양하다, 경작하다 **enliven** 더 생동감 있게 하다 **envision** 상상하다

082 ④

> 해설 ④ When이 이끄는 절 다음에 light rays from the part of the straw를 주어로 하고 술어 동사를 가진 절이 와야 하므로 refracting을 refract로 바꿔야 한다. that is underwater는 the part of the straw를 수식하는 관계절이다.
① 앞 문장의 내용을 대신하는 This가 결과에 해당하고, refraction changes ~ the object가 원인에 해당하므로 접속사 because가 절을 이끄는 것은 적절하다.

② 전치사 on의 목적어 역할을 하면서 선행사가 포함된 관계절을 이끌기 위해 where를 사용하는 것은 적절하다.
③ 두 개의 절을 연결하기 위해 '그래서'라는 뜻의 접속사 so를 사용하는 것은 적절하다.

해석 물속에 있는 물체를 물 밖에서 볼 때, 그것의 외형이 일그러진다[일그러져 보인다]. 이것은 굴절이 그 물체로부터 나오는 광선의 방향을 바꾸기 때문이다. 이 광선이 관찰자의 눈에 들어올 때, 눈에 있는 신경이 관찰자의 뇌로 신호를 보낸다. 그러면 뇌는 광선이 나온 것으로 보이는 곳을 근거로 그림을 구성한다. 그것(뇌)은 굴절의 효과에 대해 고려하지 않고 이렇게 하며, 그래서 그 물체의 외형은 일그러진다. 물이 담긴 유리잔에 들어 있는 빨대를 볼 때, 빨대의 물속에 있는 부분에서 나오는 광선은 물과 유리잔 사이, 그리고 유리잔과 공기 사이의 표면에서 굴절된다. 그 광선은 실제보다 표면의 더 가까이에서 나오는 것처럼 보이고, 빨대는 구부러져 보인다. 빨대를 물속으로부터 보면, 물 위쪽 부분이 일그러질 것이다.

어휘 **distort** 일그러뜨리다, 왜곡하다 **light ray** 광선 **nerve** 신경 **construct** 구성하다 **account for** ~을 고려하다 **refract** 굴절되다, 굴절시키다 **bent** 구부러진

083 ②

해설 ② an unsafe zone을 부가적으로 수식하는 관계절을 이끌기 때문에 which를 where로 바꿔야 한다.
① ask가 목적어로 의문절을 취하기 때문에 '~인지 아닌지'를 의미하는 접속사 if를 사용하는 것은 적절하다.
③ 시간이나 조건의 의미를 나타내는 종속절에서는 미래의 의미라 하더라도 미래를 나타내는 조동사 will/shall을 쓰지 않으므로 현재형인 get이 적절하다.
④ 술어 동사 leave의 과거 동사인 left를 강조하기 위해 조동사 did를 사용하는 것은 적절하다.

해석 Ohio 주립 대학의 미식축구 감독인 Woody Hayes는 언젠가 부대의 사기를 높이기 위해서 베트남에 있는 부대를 방문했었다. 어느 한 곳에 들렀을 때, 그는 부대원들과 이야기를 나누었고, 그런 다음 근무 때문에 참석하지 못한 Ohio 출신의 병사가 있는지를 물었다. Ohio 출신의 한 병사가 위험 지대에서 보초 근무를 서고 있다는 것을 알아낸 후에 Hayes 씨는 헬리콥터로 자신을 그 병사에게 데려다 달라고 강력히 요구했고, 그곳에서 그는 그 병사를 위해 사진에 사인하려고 했지만, 하나밖에 없는 자신의 펜의 잉크가 다 떨어졌음을 발견했다. 그는 병사에게 "자네가 귀국하면 나를 찾아오게. 그러면 내가 사진에 사인하는 것을 끝내겠네."라고 말하였다. 3년 후, 그 재향 군인은 Ohio 주립 대학을 다니고 있었다. 그가 Hayes 씨의 사무실에 갔을 때, 감독은 거기에 없었지만, 그는 자신의 전화번호를 남겨 두었다. 수업을 들은 후에, 그 군인은 귀가했고 Hayes 씨가 그를 기다리고 있는 것을 알았다. Hayes 씨는 사진에 사인하는 것을 끝냈고, 그러고 나서 그 재향 군인 부부와 마카로니 치즈로 저녁 식사를 하기 위해 머물렀다.

어휘 **troop** 부대 **duty** 근무, 임무 **ex-soldier** 재향 군인

084 ①

해설 ① 문장의 주어인 Spills that occur in areas where the oil remains confined에 상응하는 술어동사로 to increase 대신 increase가 필요하다.
② the necessary actions를 수식하는 관계절을 이끌고 있는 that이므로 적절하다.
③ access temporarily restricted의 원래 형태는 access may need to be temporarily restricted로 볼 수 있으며, be restricted를 수식하는 것은 부사여야 하므로 temporarily의 사용은 적절하다.
④ the risk of fire hazard가 주어이므로 술어 동사로 단수형인 exists를 쓰는 것은 적절하다.

해석 기름 유출이 시작될 때의 주요한 우려는 공중의 안전과 선박의 안전에 대한 것이다. 기름이 (폐쇄된 곳에) 갇혀 있는 지역에서 발생하는 유출은 화재나 폭발의 초기 위험성을 증가시킨다. 공중의 안전과 선박의 안전은 즉각적으로 해결되어야 하는데 잠재적인 안전의 위험 요소를 통제하거나 관리하기 위해 취해지는 필수적인 조치들에는 경제적으로 많은 비용이 들어갈 수 있다. 지역들이 폐쇄되거나 선박, 차량, 그리고 직원들의 접근이 일시적으로 제한될 필요가 있을 수 있다. 용접, 절단, 또는 다른 불꽃을 일으키는 활동과 같은 작업들은 화재 위험의 가능성이 더 이상 존재하지 않을 때까지 제한되거나 금지될 필요가 있을 수 있다. 그런 제한과 개입은, 간접적인 비용이 충돌, 폭발 또는 화재, 화물의 손실과 청소로 인한 그 어떤 물리적인 손해와 연관된 직접적인 비용을 초과할 수 있는 정도까지, 항구나 항만에서의 정상적인 작업들에 영향을 미칠 수 있다.

어휘 **spill** 유출; 쏟다 **vessel** 선박, 배 **confined** 갇힌, 한정된 **hazard** 위험(요소) **economically** 경제의 측면에서, 경제적으로 **costly** 많은 비용이 드는, 대가가 큰 **access** 접근, 입장 **temporarily** 일시적으로, 임시로 **personnel** 사람들, 직원들, 인사과 **restriction** 제한, 규제 **interference** 개입, 참견, 간섭, 방해 **port** 항구, 항구 도시 **harbour** 항만, 피난처 **exceed** 초과하다, 넘다 **collision** 충돌(사고), 부딪침 **cleanup** 청소, 정화

085 ②

해설 ② who가 이끄는 관계절의 수식을 받는 My neighbor가 주어인 문장의 동사에 해당하므로, cause를 causes로 바꿔 주어와 동사의 수를 일치시켜야 한다.
① 형용사인 local을 수식하는 부사로 largely를 사용하는 것은 적절하다.

③ the hallmarks가 복수의 개체를 가리키고 이들 개체들의 일부를 언급하는 것이므로 many를 사용하는 것은 적절하다.
④ evidence와 동격 관계에 있는 절을 이끄는 접속사로 that을 사용하는 것은 적절하다.

해석 많은 환경 문제는 규모에 있어서 국지적이며, 사람들은 '환경'이라는 말이 존재하기 전부터 그것에 직면하였다. 예를 들어 하수를 길바닥에 쏟아 버리는 중세 유럽의 일반적 관행은 범위에서 대체로 국지적인 환경 문제를 야기하였다. 때를 가리지 않고 계속 고집스럽게 헤비메탈 음악을 틀어 놓는 나의 이웃 또한 국지적인 환경 문제를 야기한다. 소음은 현대 생활에서 어디에나 있고, 우리는 흔히 그것을 이런 식으로 생각하지 않지만, 그것은 전형적인 오염원의 특징들 중 많은 것을 가지고 있다. 그것은 사람들이 잠을 이루지 못하게 하고 집을 비우게 하며, 일반적으로 삶의 질을 저하시킨다. 높은 수준의 소음에 대한 지속적인 노출은 심지어 혈압과 혈청 콜레스테롤을 높일 수 있다는 증거가 있다. 소음 공해는 한 가정이 다른 가정에 영향을 미치는 문제에서부터 심각한 도시 문제에까지 이를 수 있다.

어휘 confront 직면하다 medieval 중세의 sewage 하수
scope 범위 hallmark (현저한) 특징
pollutant 오염원, 오염 물질 persistent 지속적인
serum cholesterol 혈청 콜레스테롤

086 ④

해설 ④ which의 가능한 선행사가 없으므로 which를 선행사가 포함된 관계사인 what으로 바꿔야 한다.
① 제안의 의미를 나타내는 동사 suggest의 목적어로 쓰이는 that절 안의 술어 동사로 동사 원형(전형적인 미국식 영어)이 사용되므로 travel은 적절하다.
② only to return은 '(결국) 돌아오게 되었다'라는 결과의 의미를 나타내는 to부정사구이므로 적절하다.
③ that은 주격 보어로 쓰인 명사절을 이끄는 접속사로 사용되었으므로 적절하다.

해석 Abilene 역설은 Abilene으로의 여행에서 겪은 자신의 경험의 결과로 Jerry Harvey에 의해 제안되었다. (화씨 104도로) 매우 더웠던 어느 일요일 오후에 가족과 자리를 같이하고 있었던 Jerry의 장인이 그때 매우 편하게 쉬고 있었던 가족 모두 저녁을 먹으러 Abilene으로 가자고 제안했다. 이것은 에어컨이 나오지 않는 차에서의 네 시간이 넘는 왕복 여행을 수반하게 될 것이었다. 그 가족은 출발해서 폭염의 온도 속에서 사막을 가로질러서 맛없는 저녁을 먹고, 결국 지쳐서 집으로 돌아왔다. 그 사건에서 중요했던 것은 애초에 가족 중 아무도, 심지어 Jerry의 장인마저 가고 싶어 하지 않았다는 것이었다. 그들은 나머지 사람들은 저마다 가고 싶어 한다고 추정했던 것이다. 아무도 그 여행에 대해 의구심을 제기하지 않았는데, 그것은 그들이 다른 사람들을 계속 행복하게 해 주고 싶어 했기 때문이었다. 사실 모두가 자신들이 정말로 하고 싶었던 것과 정확히 반대되는 일을 했다.

어휘 involve 수반하다, 필요로 하다 round trip 왕복 여행
blasting 폭염의, 폭발하는 exhausted 지친, 기진한
significant 중요한, 중대한 opposite 반대의 것[사람]

087 ③

해설 ③ 문맥상 관계절에 의해 수식을 받는 표현은 a talented manager of information technology(IT)이다. 따라서 which를 who로 고쳐야 한다.
① 전치사 without의 목적어로 이어지는 동명사구가 필요하므로 analyzing이 적절하다.
② <with + 명사구 + to부정사>는 부수적인 상황을 나타내는 구문인데, all major transactions가 컴퓨터로 처리되는 동작(do)의 대상을 가리키므로 done을 사용하는 것이 적절하다.
④ 동사 use를 수식하는 것은 부사여야 하므로 effectively의 사용은 적절하다.

해석 ComTech라고 불리는 가상의 회사는 문화의 제약과 하위문화들의 상호작용을 분석하지 않고 기술을 전환하였을 때의 결과를 분명히 보여 주고 있다. ComTech는 아주 가까운 미래에 모든 중요한 거래를 컴퓨터로 처리하여 종이를 쓰지 않는 사무실로 신속히 발전함으로써 회사의 경쟁력을 높이기로 결정했다. 이러한 변화를 이루기 위해 그들은 새로운 체계를 시행하는 데 입증된 실적을 갖고 있는 정보 기술 분야의 유능한 관리자를 고용했다. 1년 안에 사무직원을 종이를 쓰지 않는 새로운 체계로 전환시켜야 하는 어려운 목표가 (관리자인) 그녀에게 주어졌다. 직원들에게 새로운 체계를 효과적으로 실행하는 방법을 교육하기 위해서 훈련 모듈이 만들어졌다. 하지만 정보 기술 관리자는 직원들이 짬을 내서 받는 모든 (새로운 체계를 위한) 훈련 이외에 평상 업무를 완수해야 한다는 것을 직원들에게 시사하는 집중적인 생산성 노력을 회사가 동시에 시작하고 있었다는 것을 인식하지 못했다. 생산의 하위문화가 정보 기술의 하위문화와 일치하지 않아서 (결과적으로) 빈약한 훈련을 야기했다.

어휘 illustrate 보여 주다 consequence 결과
analyze 분석하다 constraint 제약 competitiveness 경쟁력
evolve 발전하다 transaction 거래
accomplish 성취하다, 이루다 track record 실적
implement 실행하다 convert 전환시키다 launch 시작하다
squeeze in 짬을 내서 하다

088 ④

해설 (A) 문맥상 the practice of nursing을 선행사로 하면서 전치사 in의 목적어가 될 수 있는 관계사 which가 적절하다. interventions are ~ appropriate and successful에서 빠져 있는 문장의 주요 요소가 없으므로 선행사를 포함하는 what이 될 수 없다. 또한, 문장의 앞

부분과 의미상 연결이 되지 않기 때문에 interventions를 수식하는 의문사 what도 될 수 없다.
(B) making decisions about과 and로 연결되면서 client care를 공유해야 하므로 providing이 적절하다.
(C) 문맥상 Clients를 대신하는 소유격 대명사가 와야 하므로 their가 적절하다.

해석 오늘날 전문적인 간호에서는 증거에 기반을 둔 업무가 갈수록 강조되고 있다. 현재 사용되는 간호 이론 중 거의 모두가 이 쟁점을 어떤 식으로든 다루고 있다. 간단히 말해, 증거에 기반을 둔 업무는 중재가 적절하고 성공적이라는 것을 증명하는 연구에서 나온 자료를 토대로 중재가 이루어지는 간호 업무이다. 그것은 환자 간호에 관해 의사결정을 내리고 이를 제공하기 위한 토대로서 연구에서 나온 정보를 밝히고 평가하고 사용하는 체계적 과정을 수반한다. 과거의 많은 간호업무와 중재는 그것들이 항상 그런 방식으로 행해져 왔다는 (익숙한 업무) 이유만으로, 또는 병리 생리학적인 정보로부터의 추론이라는 이유만으로 행해졌다. 환자는 이제 보건 의료 서비스 문제에 관해 더 지적이고 아는 것이 많으며, 자신들의 보건 의료 서비스 제공자에게 더 수준 높은 지식과 역량을 요구하고 있다.

어휘 evidence-based 증거에 기반한   theory 이론, 학설
address 다루다   simply stated 간단히 말해
nursing intervention 간호 중재[환자 회복을 돕는 행위]
demonstrate 증명하다   client care 환자 간호
accustomed 익숙한   deduction 추론, 연역
sophisticated 지적인, 교양 있는
health-care 보건 의료(서비스)의

089 ②

해설 (A) clothing을 수식하는 분사구가 필요하다. clothing이 만드는 동작(make)의 대상이므로 과거분사 made가 적절하다.
(B) 문맥상 앞에서 언급된 특정한 회사들을 대신하는 것이 아니라 바로 뒤에 오는 관계절에 의해 수식을 받으면서 companies를 대신해야 하므로 those가 적절하다.
(C) know의 목적어로 쓰인 명사절을 유도하는 접속사가 필요한데, 명사절 안에 절의 필수 구성 요소가 모두 갖춰져 있으므로 that이 적절하다.

해석 새 옷을 사려고 실제로 가게로 향할 때, 나는 최신이자 가장 저렴한 유행하는 옷을 사는 일에 빨려 들지 않으려고 부단히 노력한다. 대신에 나는 내년과 그다음 해에도 여전히 유행하고 있을 고품질의 다용도의 옷을 찾는다. 나의 친환경 레이더는 유기농 면화나 재생 모직과 같은 지구친화적인 직물로 만든 옷을 찾으면서 늘 켜져 있다. 내 양심은 상품을 만들기 위해 노동력 착취 공장을 이용하는 회사들 대신에 공정 무역 원칙을 따르는 회사에서 물건을 살 때 최고의 기분을 느낀다. 여러분이 나와 같다면, 여러분은 매번 유기농과 공정 무역을 통해 얻은 물건을 살 여유가 되지는 않겠지만, 여러분이 지속 가능한 대안에 옷값을 쓰려고 실제로 선택할 때마다 그것이 세상에 변화를 가져온다는 것을 안다.

어휘 be sucked into A A에 빨려 들다
earth-friendly 지구친화적인, 환경친화적인   fabric 직물
conscience 양심   fair trade 공정 무역   utilize 이용하다
afford 여유가 되다   sustainable 지속 가능한
alternative 대안   make a difference 변화를 가져오다

090 ②

해설 (A) 문맥상 gain acceptance from the people과 and로 연결되어 to부정사의 to로 이어지는 동사구를 이끌어야 하므로 bring이 적절하다.
(B) 한정사로서 명사구인 enthusiastic events를 수식할 수 있는 것은 such이다. 만일 수식을 받는 명사가 an event라면, such an enthusiastic event 또는 so enthusiastic an event(다소 격식체) 둘 다 가능하나 수식을 받는 명사구가 events와 같이 복수형일 때에는 such만 가능하다.
(C) to부정사구의 의미상의 주어인 a huge sports arena가 건설하는 동작(build)의 대상을 가리키므로 수동 형태의 to부정사구 to be built가 적절하다.

해석 로마 제국의 내전이 한창일 때, Vespasian이라는 한 황제가 권력을 잡았다. 그의 권력 장악은 확고하지 않아서, 그는 백성들로부터 승인을 얻고 자신의 통치에 안정을 가져오는 방법에 관해 신속하게 생각해야 했다. 이것과 관련하여, 그는 대중에게 멋진 오락의 수단으로 스포츠 초(超)대작을 제공하여 최면을 걸 듯 그들의 마음을 사로잡을 수 있다는 것을 알게 되었다. 그가 그들에게 그러한 열정적인 행사를 제공할 수 있다면, 그들은 그것을 그가 이룩한 대단한 업적으로 인식할 것이었다. 이러한 노력의 일환으로, Vespasian은 자신의 아들 Titus와 함께 거대한 스포츠 경기장이 건설되도록 명령했다. 그 당시에, 그것은 Flavian Amphitheater로 불렸지만, 나중에 Colosseum으로 알려지게 될 것이었다.

어휘 in the midst of A A가 한창일 때   assume 맡다
acceptance 승인, 동의
bring about ~를 가져오다, ~를 초래하다
stability 안정(성)   spectacular 초(超)대작   means 수단, 방법
perceive 인식하다   arena 경기장

091 ②

해설 (A) 동사 fear를 수식하는 것은 부사이어야 하므로 intensely가 적절하다.
(B) 「range from ~ to ...」의 표현에서 전치사 to의 목적어 역할을 하면서 동시에 fame, fortune, ~and so on을 목적어로 취하는 동사적 기능을 할 수 있는 것이 와야 하므로 동명사 wanting이 적절하다.
(C) the thought of losing these objects를 주어로 하는 술어동사

가 필요하므로 strikes가 적절하다.

해석 두려움은 욕망과 직접적으로 연결되어 있다. 우리가 어떤 것을 더 강하게 바랄수록, 우리는 그것을 잃는 것을 더 심하게 두려워한다. 다양한 본능에 의해 충동을 받아 우리는 유형의 것과 무형의 것 모두를 강력히 원하고, 바라며, 그리고 필요로 한다. 이것들의 범위는 삶 그 자체와 사랑하는 사람의 존재에서부터 명성, 재산, 권력, 명망, 사랑, 예술, 스포츠 등의 것들을 원하는 것에 이른다. 이것들은 각기 우리에게 서로 다른 종류의 즐거움과 만족감을 줘서 삶이 더 풍요롭고 매우 바람직한 것이 되고, 그래서 이 대상들을 잃는다는 생각은 우리의 마음속에 두려움을 불어 넣는다. 어떤 것을 가장 소중히 여기는가에 따라 우리는 그것을 잃는 것을 가장 심하게 두려워한다. 특히, 죽음은 이 애착의 대상물들과 그것들과 관련된 즐거움을 끝내서, 사람들은 보통은 죽음을 가장 두려워한다.

어휘 intensely 심하게, 강렬하게
urge 충동을 주다, 자극하다, 재촉하다   instinct 본능
material 유형의(↔ immaterial 무형의)   fame 명성
desirable 바람직한   strike fear in ~ 속에 두려움을 불어넣다
cherish 소중히 여기다   put an end to ~를 끝내다
attachment 애착의 대상물, 애착   normally 보통

092 ②

해설 (A) many acts ~ world가 주어이고, are born이 동사인 절이 이어지므로 접속사 that을 쓰는 것이 적절하다. it은 형식상의 주어, that절은 내용상의 주어이다.
(B) 동사 lead는 to부정사와 함께 쓰여 '~하도록 유도하다'의 의미를 갖는다. 그러므로 to bring을 쓰는 것이 적절하다.
(C) that절의 주어인 대명사 they가 가리키는 것이 gains ~ refund인데, 이것이 사람들을 자극하는 요인이 되므로 능동의 의미를 지닌 현재분사 motivating을 쓰는 것이 적절하다.

해석 사람들이 무언가를 잃는 것을 싫어하는 정도는 같은 가치를 지닌 무언가를 얻는 것을 좋아하는 것보다 더 크다. 인간의 마음에 관한 이러한 거의 보편적인 진리를 고려해 볼 때, 현실 세계에서 부정직과 부정행위의 여러 행동이 우리가 가치 있게 여기는 무언가를 잃는 것에 대한 두려움으로부터 생긴다는 것은 놀랍지 않을 수 있다. 수업에서 'F 학점'을 받는 것을 피하려는 압박감은, 'A 학점'을 받을 가능성이 그러는 것보다 많은 학생이 시험에 부정행위용 쪽지를 들고 들어오도록 더 많이 유도한다. 시장 점유율을 잃는 것을 피하려는 압박감은, 새로운 판매 기록을 세우는 것이 그러는 것보다 사업하는 사람들이 더 자주 법을 어기도록 유혹한다. 정부에게 추가의 돈을 빚지려 하지 않는 것은 더 큰 환불금을 받는 것보다 탈세하는 것에 대한 더 큰 동기 요인이 된다. 물론, 이 모든 경우에서 더 큰 매출액이나 더 큰 환불금 같은 이득은 사람들이 부정행위를 하도록 자극할 수 있지만, 요지는 그것이 결코 같은 양의 손실을 피하는 것만큼 자극하지는 못하리라는 것이다.

어휘 given A A를 고려해 볼 때   universal 보편적인
dishonesty 부정직, 불성실, 부정행위   cheating 부정행위
pressure 압박감, 스트레스
cheat sheet 부정행위용 쪽지, 커닝 페이퍼
market share 시장 점유율   tempt 유혹하다   owe 빚지다
motivator 동기 요인   refund 환불(금)
motivate 자극하다, 동기를 주다

093 ②

해설 ② 밑줄 친 관계사의 선행사는 families인데, 관계사가 이끄는 부분은 the parents weren't very communicative or intimate in their families의 의미가 되어야 하므로 관계부사 where를 써야 한다.
① complete 이하는 a long-distance romance를 설명하는 형용사구이므로 적절하다.
③ made는 were determined와 병렬 구조를 이루고 있기 때문에 과거 시제의 동사가 온 것은 적절하다.
④ marry는 수동형인 「be동사 + married」로 쓰일 때 '결혼한 상태이다'라는 의미가 되기 때문에 분사구문에서 Married가 온 것은 적절하다.

해석 Bert와 Betty Oliver는 친구의 결혼식에서 만났다. 1년간 그들은 잦은 비행기 여행과 여러 장의 전화요금 고지서를 포함한 장거리 로맨스를 유지했다. 결국 Betty는 Bert와 함께 지내기 위해 신시내티에서 시카고로 이사했고 6개월 후 그들은 결혼했다. 양쪽은 모두 그다지 말하기를 좋아하거나 친밀하지 않은 부모가 있는 가정 출신이라고 말했다. Bert와 Betty는 부모의 실수로부터 배우기로 했고 그들 관계에서 의사소통을 우선순위로 삼았다. 비록 그들이 때때로 옥신각신하기는 했지만, 보통은 화가 끓어오르기 전에 그들의 차이에 대처했다. 그들은 상대방의 관점을 이해하려고 노력했으며 대개 타협에 이를 수 있었다. 처음 인터뷰를 했을 때 결혼한 지 2년밖에 되지 않았지만, Betty는 자신이 '진정으로 좋은 남자'를 찾을 수 있었다고 기쁨을 표현했다. 여전히 Bert는 Betty와 같은 사랑스러운 사람이 자신에게 관심을 두어서 운이 좋다고 여겼다.

어휘 sustain 유지하다, 지속하다   complete with ~를 포함한
multipage 여러 장의   communicative 말하기를 좋아하는
intimate 친밀한   priority 우선순위   address 대처하다, 다루다
boil over 끓어오르다   compromise 타협

094 ④

해설 (A) the pickle slice를 수식하는 절이 와야 하므로 관계대명사 that을 써야 한다.
(B) wedding gifts가 request의 대상이 되므로 수동의 의미를 지니는 과거분사 requested를 써야 한다.
(C) 동사 feels의 주어 역할을 할 수 있는 동명사구를 이끄는 동명사가

와야 하므로 eating을 써야 한다.

해석 한국의 절임 채소에 관한 한, 배추김치는 한국적인 모든 것들의 아바타이다. 여러분의 샌드위치 옆에 있을 수도 혹은 없을 수도 있는 피클 슬라이스와는 달리, 김치는 의심할 여지없이 한국 식사의 일부이며 그것은 타협할 수 없는 것이다. 이 한 가지 식품은 완전히 한국 문화에 스며들었다. 온 나라 안에서 매년 11월에 이루어지는 합동으로 김치를 만드는 연례적인 의식인 '김장'이 있으며, 서울에는 김치 박물관이 있고 김치 문화 연구소가 있다. 그리고 현대 한국인들이 가장 원하는 결혼 선물들 중 하나가 특화된 김치 냉장고인데, 많은 이들에게 있어서 정확한 온도 조절과 큰 저장 용량을 갖고 있는 (김치) 냉장고가 땅속에 (김장용) 독을 묻는 오래된 관행보다 더 낫다. 맛, 건강을 증진하는 속성, 그 외에 다른 장점들을 지닌 김치는 한국 에서 그리고 점점 더 그 외의 지역에서 흔한 대화 주제가 되고 있다. 나에게 그것은 정말로 밥의 맛을 살아나게 해주며, 그것 없이 볶음 밥, 면류, 소고기 타코와 같은 음식을 먹는 것은 어떤 종류의 과도한 벌을 받는 것과 같은 느낌이다.

어휘 **napa cabbage kimchi** 배추김치　**avatar** 아바타, 화신
nonnegotiable 타협할 수 없는, 협상할 수 없는
institute 연구소, 기관　**noodle** 국수
taco 타코(밀가루나 옥수수 가루 반죽을 살짝 구워 만든 얇은 부침개 같은 것에 고기, 콩, 야채 등을 싸서 먹는 멕시코 음식)

095　　　　　　　　　　　　　　　③

해설 ③ the term 'sustainable development'가 주어이며 동사가 와야 할 자리이고 "'지속 가능한 개발'이라는 용어가 ~ 흔히 사용되게 되었다."라는 뜻을 표현해야 하므로 brought를 was brought로 고쳐서 수동태로 표현해야 한다.
① <accept A as B(A를 B하다고 인정하다)> 구문을 A를 주어로 하여 수동태로 표현한 것이다. B의 자리에 형용사 important를 쓴 것은 적절하다.
② <while ~ing>는 '~하면서, ~하는 동안에'라는 뜻이다.
④ a form of development를 선행사로 하는 주격 관계대명사 that을 쓴 것이다.

해석 경제적 성장은 거의 어디에서나 가치 있는 목표로 여겨진다. 생태계의 보호와 문화의 보존 또한 중요한 것으로 받아들여진다. 이 세 가지 대규모 시스템은 독립적인 것이 아니어서 사람은 나머지 두 가지 목표를 무시하면서 한 가지에 집중할 수는 없다. 팽창하는 인구에 의해서 부분적으로 발생된, 계속 확대되는 세계화와 산업화의 복잡한 연결망이 이 세 가지 시스템을 더 많이 연결해 주고 있다. 1987년에 '지속 가능한 개발'이라는 용어가 World Commission on Environment and Development(환경과 개발에 관한 세계 위원회)에 의해서 흔히 사용되게 되었다. 그 위원회의 보고서인 '우리의 공통된 미래'에서 그 용어를 '미래 세대가 그들 자신의 욕구를 충족시킬 수 있는 능력을 손상시키지 않으면서 현재의 욕구를 충족시키는' 형태의 개발로 정의했다. 선진국과 개발도상국은 둘 다 지속 가능한 개발이라는 개념을 적극적으로 받아들였으나, 흔히 방식은 달랐다. 그렇지만, 공통된 목표는 인간과 생태계 모두의 장기적인 번영을 유지하고 향상시키는 것이다.

어휘 **universally** 어디서나, 보편적으로
worthwhile 가치가 있는　**ecological** 생태계의
conservation 보호, 보존　**preservation** 보존
sustainable 지속 가능한　**commission** 위원회
define 정의하다　**compromise** 손상시키다, 타협하다
embrace 적극적으로 받아들이다, 껴안다
welfare 번영, 행복, 안녕

096　　　　　　　　　　　　　　　④

해설 ④ 동사 is의 주어가 없으므로 raise를 동명사 raising과 같은 주어가 될 수 있는 형태로 바꿔야 한다.
① 부사절에서 내용상 주어가 the users이고 이 주어와 use 사이에는 능동의 관계가 성립하므로 현재 분사 using이 쓰였다.
② 형용사(구)의 의미를 나타내는 「of + 추상명사」가 쓰여 주어인 this last element의 보어 역할을 하고 있다. of particular importance는 particularly important의 의미이다.
③ 아이들이 a basic principle에 대해 가르침을 받는 것이므로 수동태 동사구가 쓰였다.

TIP media literacy(미디어 리터러시): 방송, 신문, 인터넷 등에 나오는 정보를 판단하고 평가해 그것을 이용하는 능력을 뜻한다. 넓은 의미로는 미디어의 올바른 이용을 촉진하는 사회 운동을 가리키는 개념이기도 하다.

해석 SNS 상황에서, 이러한 도구들을 사용할 때 사용자들이 자신들의 권리를 의식하게 하도록, 그리고 또한 그들이 인권이라는 가치를 배우거나 강화하고 타인의 권리와 자유를 존중하기 위해 필요한 태도를 기르도록 돕기 위해 미디어 리터러시가 특히 중요하다고 주장되어왔다. 약자 괴롭히기와 같은 사용자 간 위험과 관련하여, 이 마지막 요소는 특별히 중요하다. 이것은 아이들에게 오프라인 세계에서도 가르치는 기본 원칙인 '남들이 여러분에게 하지 않았으면 하는 일을 남들에게 하지 말라'와 관계가 있다. 이것은 SNS와 관련해서도 황금률이어야 하지만, 아이들과 젊은이들이 이 환경에서의 자신들의 행동의 결과와 잠재적인 중대한 영향을 추정하는 것은 훨씬 더 어렵다. 이런 이유로, SNS의 특수한 특성과 겉보기에는 사소한 행동의 잠재적인 장기적인 영향에 대한 아이들의 의식을 아주 어린 나이부터 높이는 것이 필수적이다.

어휘 **argue** 주장하다, 논증하다　**acquire** 배우다, 습득하다
reinforce 강화하다　**bullying** 약자 괴롭히기
relate to ~와 관계가 있다　**principle** 원칙
estimate 추정하다, 판단하다　**potential** 잠재적인
hence 이런 이유로　**raise** 높이다, 올리다
seemingly 겉보기에는, 외견상으로　**trivial** 사소한
crucial 필수적인, 결정적인

097 ③

해설 (A) 이어지는 뒷부분에 주어(some people)와 목적어(others are crazy)가 모두 있으므로 명사적인 역할을 하는 what이 들어갈 자리가 없다. 따라서 부사적인 역할을 하는 why의 쓰임이 적절하다.
(B) used to be(예전에는 ~이었다) 다음에는 주어인 The standard solution의 보어 역할을 하면서 the offending skin을 목적어로 취할 수 있는 말이 와야 하므로 동명사 peeling의 쓰임이 적절하다.
(C) 의미적으로 동사 produce의 주어인 cucumber plants가 the compounds를 생산하므로 the compounds를 가리키는 them의 쓰임이 적절하다. themselves와 같은 재귀대명사는 목적어가 주어와 같을 때 사용한다.

해석 어떤 오이도 (체내[껍질]에 쿠쿠르비타신이 있더라도) 트림을 하지 않지만, 그 열매의 껍질에서 생산되는 쿠쿠르비타신이라고 불리는 화합물이 그것을 먹는 사람들의 소화기 계통에 부작용을 일으킬 수 있다. 쿠쿠르비타신은 또한 쓴맛이 나서, 최고의 오이 샌드위치를 망쳐놓는다. 유전적 차이로 인해, 다섯 명 중 한 명은 쿠쿠르비타신의 맛을 전혀 느끼지 못하는데, 이는 왜 어떤 이들은 남들이 쓴맛이 나는 오이에 대해 불평을 할 때 그들이 정상이 아니라고 생각하는지를 설명해 준다. 하지만 다섯 명 중 두 명은 쿠쿠르비타신에 대해 예민한 감도를 가지고 있는데, 이는 조금이라도 오이를 먹는다는 이유로 그들이 나머지 우리를 제정신이 아니라고 생각한다 해도 그것을 이해할 수 있게 만든다. 예전에는 그 문제에 대한 일반적인 해결책이 불편을 느끼게 하는 껍질을 그냥 벗겨내는 것이었다. 그런데 사람만이 쿠쿠르비타신의 영향을 받는 유일한 존재가 아니다. 해충들은 선천적으로 혹은 스트레스로 인해 그 화합물에 이끌리고 그것들을 생산하는 오이 식물에 집중한다. 그래서 식물 품종 개량가들이 껍질에 쿠쿠르비타신이 거의 없는 '트림을 일으키지 않는' 품종을 개발했을 때, 벌레들을 제외하고 모두가 만족스러워했다.

어휘 **cucumber** 오이 **compound** 화합물
adverse effect 부작용, 역효과
digestive system 소화기 계통(입·위·장 등) **ruin** 망치다
genetic 유전의 **acute** 예민한, 잘 발달된
sensitivity 감도, 민감도 **standard** 일반적인, 보통의
peel (~의 껍질을) 벗기다 **offending** 불편을 느끼게 하는, 성가신
insect pest 해충 **breeder** 품종 개량가, 재배가
variety 품종, 종류

098 ③

해설 ③ The fact가 주어이고 that ~ found는 The fact의 내용을 설명하는 동격절이므로 시제를 갖춘 술어동사가 필요하다. 따라서 현재분사 showing을 shows로 고쳐 써야 한다.
① them은 복수인 Several species of Homo를 지칭하므로 옳은 표현이다. 참고로 all of them living은 and all of them lived를 분사구문으로 표현한 형태로 볼 수 있다.
② 부사절의 주어가 주절의 주어와 같을 때는 주어와 be동사는 생략된 것으로 볼 수 있으므로, 절(they were still only half the size of ours)을 이끄는 접속사 though는 옳은 표현이다.
④ 뒤의 other tools를 수식하며 명사절을 이끄는 의문형용사 what은 옳은 표현이다.

해석 'Homo'의 몇몇 종은 원인(原人) 속(屬)에 속하는데, 그들 모두는 250만 년에서 180만 년 전 사이에 아프리카에서 살았다. 가장 잘 알려진 종은 '손을 잘 쓰는 사람'이라는 의미의 '호모 하빌리스'이다. 여전히 우리 뇌의 크기의 절반밖에 되지 않지만 이 존재의 뇌는 오스트랄로피테쿠스의 뇌보다 1.5배 더 컸다. 그들이 작은 돌이 발견되는 강바닥에서 그 돌을 9마일까지 옮겼다는 사실은 그들이 미래를 위한 계획을 세울 수 있었다는 것을 보여주는데, 그것은 다른 유인원이 할 수 없었던 일이다. 그들은 이 돌들을 망치로 사용했으며 양쪽에서 얇은 조각을 제거하여 작은 도끼를 만들었는데, 그것은 전임자(이전 원인)의 도구를 개선한 것이었다. 우리는 그들이 어떤 다른 도구를 만들었는지 또는 그들이 자신들의 간단한 기술에 얼마나 의존했는지를 알지 못한다. 하지만 우리는 그들이 아프리카의 훤히 트인 사바나에서 생존하는 데 잘 적응했다는 것을 알고 있는데, 왜냐하면 그들의 해부학적 구조와 그들의 작은 도끼가 거의 100만 년 동안 거의 변하지 않은 채 남아있었기 때문이다.

어휘 **handy** 손을 잘 쓰는
australopithecine 오스트랄로피테쿠스 속(屬)에 속하는 원인
riverbed 강바닥, 하상(河床) **ape** 유인원 **chopper** 작은 도끼
remove 제거하다 **flake** 얇은 조각, 작은 조각
predecessor 전임자 **adapt** 적응[조화, 순응]시키다

099 ②

해설 (A) 「ask ~ to do」(~에게 …할 것을 요청하다)의 수동형은 「be asked to do」이고 if 다음에 they were가 생략되었으므로 과거분사 asked의 쓰임이 적절하다.
(B) 이어지는 부분이 <주어 + be + 과거분사>의 형태로 문장의 핵심 구성요소가 모두 갖추어진 완전한 형태의 절이므로 선행사를 포함한 관계대명사 what을 쓸 수 없다. 따라서 '~하는 곳[장소]'의 의미를 지닌 where의 쓰임이 적절하다.
(C) 문장의 주어는 관계절의 수식을 받는 단수 The location이므로 단수형 동사 is의 쓰임이 적절하다.

해석 현대의 종족들 대다수는 신체 안에서 유일한 자아가 거주하는 장소를 찾으라고 요청받는다면 그것들이(그들의 자아가) 눈썹에서 약 1인치 위 그리고 두개골 약 2인치 안에 산다고 말할 것이다. 그러나 대부분의 토착적이고 과거에 속하는 종족들은 매우 다른 어떤 장소에 자아의 위치를 가리킬 것이다. 그들은 심장이 있는 부위를 가리킬 것이다. 우리가 지구에 거주한 역사 대부분 동안, 그곳은 지성의 자리, 영혼의 자리가 위치했던 곳이다. 이것이 변했다는 것은 어떤 정확한 사실에 대한 표현이라기보다는 우리가 서구 문화에서 어떻게 무엇을 배우는지에 대한 표현이다. 왜냐하면, 의식은 이동성이 매우 크고 우리가 세상으로부터 받는 정보를 처리할 수 있는 신체의 다양한 위치를 사용할 수 있기 때문이

다. 대부분의 사람들이 자신이라고 현재 확인하는 위치는, 뇌 속으로 향해 있지만, 그 다양한 위치 중 하나일 뿐이다.

어휘 **people** (특정 국가·지역의) 종족, 민족, 주민
unique 유일한, 독특한 **reside** 거주하다, 살다, 존재하다
skull 두개골 **indigenous** 토착의
historical 과거에 속하는, 역사상의
locate 위치를 가리키다[정하다]
gesture (손·머리·얼굴 등으로) 가리키다
region (신체의) 부위, 지역 **habitation** 거주, 주거
consciousness 의식, 자각 **orient** 일정한 방향으로 향하게 하다

100 ②

해설 (A) 접속사 because가 이끄는 부사절 뒤에 주절의 주어가 필요하므로 대명사 he가 적절하다. 접속사 because가 이미 두 절을 이어주고 있으므로, 관계사 who를 쓰면 틀린 문장이 된다.
(B) he cast ~ perfection의 절과 접속사 없이 이어지고 있으므로, 분사구문을 이끄는 taking이 적절하다.
(C) 주어의 핵심은 face이고 단수이므로 was가 적절하다.

해석 아킬레스가 차지할 수 있었을 것보다 훨씬 더 많은 아시아 대부분을 정복하고 난 뒤 알렉산더는 불가능해 보이는 과업을 성취한 것으로 유명한 반신반인의 헤라클레스에 자신을 비유하기를 선호했다. 알렉산더가 이러한 영웅들처럼 보이려고 시도하곤 했던 것은 당연했고 그 시대의 화가와 조각가들이 영원히 빛나는 젊고 턱수염이 없는 벌거벗은 모습으로 신과 영웅을 만들었기 때문에 그는 선례를 따르려고 최선을 다했다. 무한한 자신감으로 알렉산더는 어떤 자존심 있는 그리스 지도자도 이전에 한 적이 없는 일을 감히 했다. (그것은) 면도하는 일이었다. 대담하게도 그는 군대를 아시아로 이끌었을 때 자신이 여전히 22살에 불과했다는 사실을 이용하여 자신을 늙지 않는 완벽한 초자연적인 이미지로 묘사했다. 물론, 'Alexander with a Lance'라는 제목의 Lysippos의 (지금은 소실된) 유명한 전신 청동상은 실제로 나체였지만 그는 공개적으로 옷을 벗지는 않았다. 실제 정복자로서, 풍성하게 늘어진 곱슬머리를 가진 매끄럽고 젊은이다운 얼굴이 그가 할 수 있는 최선이었다.

어휘 **conquer** 정복하다
claim 차지하다, (자기 것이라고) 주장하다 **liken** 비유하다
accomplish 성취하다 **seemingly** 외견상으로, 겉보기에
stand to reason 당연하다 **sculptor** 조각가 **render** 만들다
immortal 불멸의 **nudity** 벌거벗은 모습, 나체상
follow suit 선례를 따르다 **otherworldly** 초자연적인
shed (옷을) 벗다 **full-body** 전신의 **portrait** 인물상
conqueror 정복자 **flowing** 풍성하게 늘어진

101 ①

해설 ① 보어인 desirable locations도 함께 고려해보면 sites near large rivers or the coast가 주어임을 알 수 있는데, 주어의 핵심은 sites이고 복수이므로 are를 사용해야 한다.
② 앞 문장의 내용을 가리키는 관계대명사로는 which를 사용한다.
③ the capacity 뒤에 to부정사구가 와서 '~할 능력'을 의미한다.
④ if the region had not lost ~에서 if가 생략되고 나서 주어 the region과 had의 위치가 바뀐 구조이다.

해석 거의 2세기 동안 미국인들은 자국의 늪과 습지를 경작하거나 그 위를 덮어왔다. 비옥한 습지의 토양은 매우 생산력이 우수한 농지를 만들고, 큰 강이나 해안 옆의 장소는 개발을 위한 바람직한 장소이다. 이러한 신비로운 생태계는 많은 사람이 바람직하지 않다고 생각하는 악어와 모기와 같은 생물의 서식지이기도 한데, 그 사실은 그것들을 제거해야 하는 또 다른 이유를 제공해준다. 캘리포니아는 그 습지의 90% 이상을 잃었다. 이제, 그 주의 토종 어류 중 거의 3분의 2가 멸종되었거나, 멸종 위기에 처해있거나, (멸종의) 위협을 받고 있거나, 감소하고 있다. 미시시피 강 근처 숲이 있는 강가의 습지는 한때 60일 정도의 하천 유량을 저장할 능력이 있었지만, 이제는 겨우 12일 정도의 양을 저장할 수 있다. 연구자들은 2005년의 허리케인 Katrina로 인한 멕시코만 해안의 범람은 그 지역이 지난 100년간 습지를 그렇게 많이 잃지 않았더라면 훨씬 규모가 덜했을 것이라고 말한다. 습지가 없으면 오염 물질이 강과 호수와 바다로 더욱 쉽게 들어간다.

어휘 **nearly** 거의 **plow** 경작하다
pave over (땅을 포장하여) 덮다 **ecosystem** 생태계
crocodile 악어 **mosquito** 모기 **eliminate** 제거하다
extinct 멸종된 **endangered** 멸종 위기에 처한
capacity 능력, 용량 **discharge** 유량, 유출량
extensive 대규모의, 아주 넓은 **pollutant** 오염 물질
readily 손쉽게, 순조롭게

102 ②

해설 (A) 앞에서 부정문의 표현(did not possess)이 나오고 문맥상 '~도 또한 아니다'라는 부정의 표현이 이어져야 하므로 「Neither + 조동사 + 주어」의 구조가 사용되어야 한다. 「So + 조동사 + 주어」의 구조는 긍정문 다음에 이어져서 '~도 또한 마찬가지다'라는 의미로 쓰인다.
(B) 앞에 나온 it은 형식상의 목적어이고 내용상의 목적어가 필요하므로 to get이 어법에 맞는 표현이다. 결국 <made + 형식상의 목적어(it) + 목적보어(hard) + 내용상의 목적어(to get ~)>의 구조가 되는 것이다.
(C) 뒤에 주어와 목적어를 갖춘 절이 이어지고 있으므로 what은 사용할 수 없고 내용상 '~인지 아닌지'라는 의미의 절을 이끄는 접속사 whether를 사용해야 한다.

해석 초기 인류는 사바나에 잠복하고 있는 위험으로부터 자기 자신을 방어하기 위한 크고 날카로운 이빨, 강한 발굽 또는 독과 같은 어떤

타고난 무기도 지니고 있지 않았다. 그들은 또한 큰 무리를 지어 일하지도 않았다. 그러므로 사람들은 어떻게 초기 인류가 커다란 포식자들에게 먹히는 위험을 견디고 살아남았는가를 궁금해한다. 이 의문에 답하기 위해 Adriaan Kortlandt는 몇 개의 가시투성이의 나뭇가지를 자신의 둘레로 돌릴 수 있는 전기 모터에 의해 작동되는 작은 기계로 실험을 했다. 이 기계 아래쪽에 그는 한 조각의 고기를 놓았고, 그것은 몇 마리의 사자를 유인했다. 그것들이 고기에 다가가자마자, 그 기계는 돌기 시작하여, 가시투성이의 나뭇가지에 심하게 다치지 않고는 고기에 더 가까이 다가가는 것을 불가능하지는 않다 하더라도, 어렵게 했다. 사자 중 한 마리가 어쨌든 그렇게 하려고 했고 자신의 코에 상처를 입고 나자, 사자들은 포기하고 물러났다. 물론 초기 인류들이 실제로 그런 방식으로 자신들을 방어했는가를 아는 것은 불가능하다. Kortlandt가 한 연구는 그러한 전략이 효과적이었을 수도 있다는 것을 보여줄 뿐이다.

어휘 herd 무리, 떼 predator 포식자 thorny 가시가 많은
underneath 아래에 injure 상처를 입히다
retreat 물러나다, 후퇴하다 strategy 전략

103 ————————————————— ②

해설 ② 앞에 나온 Had he done so는 If he had done so에서 If가 생략된 표현으로 과거 사실에 대한 반대의 일을 가정하는 표현이다. 의미적으로 이어지는 주절도 과거의 사실에 대한 반대의 의미를 표현해야 하므로 <주어 + 조동사의 과거형 + have + 과거분사>의 형태가 되어야 한다. 따라서 find를 have found로 고쳐야 한다.
① without의 목적어이자 뒤에 이어진 the number of teeth in any mouths를 목적어로 취하는 동명사로서 어법에 맞게 쓰였다.
③ 앞에 나온 명사구 two balls를 수식해야 하므로 형용사 identical은 어법에 맞는 표현이다.
④ 부사적으로 '~하기 위하여'라는 의미의 to see ~는 어법에 맞게 쓰였다.

해석 아리스토텔레스의 견해로는 남자가 여자보다 더 크고 힘이 세므로, 남자가 여자보다 더 많은 치아를 갖게 된다는 것이 그에게는 논리적이었다. 그래서 아리스토텔레스는 어떤 입속의 치아의 수도 실제로 세어 보지 않고 이것을 사실이라고 결론지었다. 그가 그렇게 했었더라면(세어 보았다면), 그는 남자와 여자의 치아 수가 정확히 같다는 것을 알았을 것이다. 또 다른 예로 아리스토텔레스는 질량 이외의 모든 면에서 같은 두 개의 공을 자신이 떨어뜨린다면 어떤 일이 일어날지를 생각해 보았다. 그의 생각으로는 더 무거운 공이 더 가벼운 공보다 더 빨리 떨어질 것이 분명했고, 그는 이것이 자연의 법칙임이 틀림없다고 결론을 내렸다. 또다시 그는 어떤 공이 더 빨리 떨어지는가를 보기 위해 실험하는 것을 고려하지 않았다. 하지만 이 결론도 또한 틀린 것이었다. 이후 18세기가 지나고 나서 갈릴레오는 두 개의 다른 질량을 가진 공을 건물(전설에 따르면, 피사의 사탑)에서 떨어뜨리면서 이 실험을 해보았다. 갈릴레오는 실험에 의한 관찰을 통하여 두 개의 공이 정확히 똑같은 시간에 바닥에 부딪치는 것을 발견했다. 아리스토텔레스의 논리적 결론은 또다시 틀린 것이었다.

어휘 logical 논리적인 conclude 결론을 내리다
identical 동일한 mass 질량, 덩어리, 집단 experiment 실험
lean 기울다 legend 전설

104 ————————————————— ④

해설 ④ verify의 목적어 역할을 하는 관계대명사가 필요하므로 where를 which나 that으로 고쳐야 한다.
① supporting your posts는 앞에 있는 thorough research를 수식하는 분사구로 어법에 맞다.
② 주어인 a single mistake가 단수이므로 단수 동사 is는 어법에 맞다.
③ but 다음에 명령문이 이어지고 있으므로 be는 어법에 맞다.

해석 시기적절하고 선풍적인 인기를 끄는 주제들이 처음에는 독자들을 여러분의 블로그로 끌어들일지라도, 게시물을 뒷받침해 주는 철저한 조사가 독자들이 계속 다시 찾아오도록 하는 것이다. 게시물 중의 하나에 있는 단 하나의 실수라도 독자들이 결코 돌아오지 않도록 흥미를 잃게 하기에 충분한 경우가 많다. 시간을 내어 정보를 온라인에서 조사해 보라. 물론 여러분은 자신의 의견을 가질 자격이 있으나, 여러분이 취하는 어떤 입장이든지, 그리고 '사실'로 표현하는 어떤 진술이든지, 그것을 합리적이고 확실한 증거로 뒷받침하도록 주의를 기울이라. 온라인에서 조사할 때는 출처를 고려하라. 만약 여러분의 출처가 그저 다른 블로그라면, 정보를 명백히 밝혀 주거나 논점을 증명해 줄 더 명망 있는 출처를 계속 찾아야 한다. 만약 그 정보를 확증해 주거나 부정해 줄 어떠한 다른 출처가 없다면, 여러분이 검증할 수 없었던 다른 게시물에서 나온 정보를 확인하고 있을 뿐이라는 것을 밝혀라.

어휘 timely 시기적절한, 적시의
sensational 선풍적인 인기를 끄는 thorough 철저한
put off 흥미[관심]를 잃게 만들다
entitled to ~할 권리[자격]가 있는 position 입장
represent 나타내다, 말하다 source 출처
reputable 명망 있는 clarify 명백히 밝히다, 분명하게 하다
certify 증명하다 confirm 확증하다 deny 부정하다
identify 확인하다 verify (진실임을) 검증[증명]하다

105 ————————————————— ④

해설 (A) 뒤에 있는 drawn을 수식하는 부사가 필요하므로 unexplainably가 어법에 맞다.
(B) being은 동명사의 수동태(being offered)를 이루는 첫 부분으로 전치사 about의 목적어이다. 앞에 있는 free conversational French는 이 동명사의 의미상 주어인데, 의미적으로 수동 관계에 있으므로 being (offered)이 어법에 맞는 표현이다.
(C) use의 목적어 역할을 할 수 있는 명사절에서 선행사를 포함한 관계사가 필요한 자리이므로 what이 어법에 맞다.

해석) 만약 일이 어떻게 이루어지는지 궁금해져서 호기심을 따른다면, 여러분이 모으는 정보가 어디로 여러분을 이끌지 전혀 알 수 없다. 내 딸 Molly는 어렸을 때, 좋아하는 것 중의 하나가 종이접기 도구 세트와 책이었다. 나는 그것에 호기심이 생겼으며, 딱히 분명한 이유 없이 나 자신이 그것을 가지고 노는 데 끌린다는 것을 알게 되었는데, 몇 년 후에 마분지로 쓰레기통을 만들고 싶었을 때, '멋지고 작으면서도 쓸모 있게 되도록 이것을 어떻게 접을까?'라는 아주 중요하고 긴급한 질문에 대한 답이 종이접기 기술에 있다는 것을 깨달았다. 더 최근에 나는 무료 프랑스어 회화가 우리 지역의 도서관에서 제공되고 있다는 것에 관한 광고전단을 집어 들고 그 강좌를 들어보기로 했다. 그런 후 나는 결국 예상치 않게 프랑스에 가게 되었고, 그곳에서 작가/예술가 휴양을 떠나 새 책에 관한 아이디어를 발전시켰다. 그뿐만이 아니라 나는 그저 그것에 대해 호기심이 있다는 이유 하나만으로 대장장이 일에 대한 강좌를 들었다. 이제 나는 배운 것을 나중에 어떻게 이용할지 궁금해하고 있다!

어휘) **wastebin** 쓰레기통 **art** 기술
burning 아주 중요하고 긴급한 **brochure** 광고전단
unexpectedly 예상치 않게 **blacksmithing** 대장장이 일

106 ③

해설) ③ that절의 주어 역할을 하는 the difference ~ populations의 핵심어가 the difference이므로 밑줄 친 are는 is로 바뀌어야 한다.
① 「it + takes + 시간 + to부정사」(~하는 데 …이 걸리다)의 구문이 의문문의 형식에서 쓰이고 있으므로 it은 적절하다.
② they are no less interesting에서 These(이런 질문들)를 가리키는 they가 '흥미를 일으키는' 주체이므로 interesting이 적절하다.
④ roughly는 '대략'의 의미가 있는 부사로서 형용사 역할을 하는 eight thousand를 수식하고 있다.

해석) 왜 우리는 영원히 살 수 없는가? 왜 인간의 질병을 과거의 것으로 만들 수 없는가? 왜 암을 치료하는 데 그토록 오랜 시간이 걸리는가? 이것들은 학교 아이들이 대중적인 과학 블로거에게, 학생 포럼에, 그리고 일간 신문의 '과학자에게 물어보세요' 칼럼에 자주 제기하는 그런 종류의 질문들이지만, 그것 때문에 덜 흥미로운 것은 아니다(그럼에도 여전히 흥미롭다). 하지만 인간의 기대 수명은 세계 전역의 나라들에서 급속도로 증가 '중이고' 몇 나라에서는 이제 80세를 넘어선다. 최근의 연구가 보여준 바로는 오늘날 수렵·채집인과 현대 서구 생활 방식으로 사는 사람들 사이의 인간 사망률 감소에서의 차이는 수렵·채집인과 야생 침팬지 사이의 그것보다 더 크다. 이런 사망률 감소의 대부분은 이제까지 살았던 인간의 대략 8천 세대 중 바로 지난 4세대에서 발생했다. 현대 의학이 대단한 성공 이야기가 되었다는 것을 이해하기 위해서는 수술, 공중 보건, 면역학, 그리고 이식 수술에서 지난 세기에 걸쳐 진행된 믿을 수 없는 발전을 보기만 하면 된다.

어휘) **cancer** 암 **pose** (문제 등을) 제기하다
life expectancy 기대 수명 **exceed** 넘어서다, 능가하다
mortality 사망률, 사망자 수 **bulk** 대부분, 부피
generation 세대, 생식, 발생 **incredible** 믿을 수 없는
advance 발전, 발달, 진보 **surgery** 수술

CHAPTER 02　OX / 영작

문제편 071p

001 ②

해설 ① <charge A with B(A를 B라는 이유로 비난하다)>에서 with는 전치사이므로 동명사 형태인 using으로 쓰는 것이 적절하다.
③ would be made를 would be to make로 고치는 것이 적절하다.
④ <one of the 복수명사>로 와야 된다. cause를 복수 형태로 쓰는 것이 적절하다.

해석 ① 그 신문은 그녀가 회사의 돈을 자신의 목적에 사용했다고 비난했다.
② 의심의 여지가 생기지 않도록 그 조사는 극도의 주의를 기울여서 처리해야 했다.
③ 그 과정을 가속화하는 또 다른 방법은 새로운 시스템으로의 전환하는 것이다.
④ 화석연료를 태우는 것은 기후 변화의 주요 원인 중 하나이다.

어휘 **investigation** 조사　**suspicion** 혐의, 의심
charge A with B A를 B라는 이유로 비난하다

002 ③

해설 ① (just) in case(~할 경우에 대비해서)는 조건의 부사절을 이끈다. 따라서 현재시제가 미래시제를 대신한다.
② be busy ~ing(~하느라 바쁘다)
③ marry는 전치사가 필요 없는 타동사. 이 문제는 결혼한 상태를 나타내므로 수동태로 쓰는 것이 더 적절하다.
→ has been married to
④ 'for my son'은 부정사의 의미상 주어다.

003 ①

해설 사역동사(make)의 목적보어를 찾는 문제다. 또한 자리를 양보한다는 내용이므로 보기 중에서는 ①이 가장 적절하다.
② 자리를 차지한다(take)는 내용이므로 적절하지 않다.
④ 뒤에 목적어가 있으므로 과거분사는 어울리지 않는다.

해석 나는 독일 기차 바닥에 앉아서 너에게 편지를 쓴다. 기차는 붐비고, 좌석은 모두 찼다. 그러나, 이미 앉아있는 사람들에게 자리를 양보하도록 하는 "편안한 고객"이라는 특별한 등급이 있다.

어휘 **crowded** 붐비는　**comfort** 편안한　**give up** 포기하다

004 ①

해설 (A) 문장 처음부터 blood clots까지는 콤마 뒤의 동사 finds의 목적어이고, 주어(a large study~)가 길어서 동사와 도치된 형태이다. 주어가 단수이므로 단수 동사 finds의 사용은 옳다.
(B) despire 뒤에는 명사 형태가 와야 하는데 여기서는 절이 나오고 있으므로(주어 the vast majority of women, 동사 continue) though 혹은 although 등으로 바꿔야 한다.
(C) women은 복수명사이므로 her doctors가 아니라 their doctors라고 써야 한다.
(D) 문장의 의미상 HRT가 폐경기 증상의 완화에 '사용되는' 것이므로 be used to + V 구문이 적절하다. 따라서 relieving을 relieve로 고쳐야 한다.
(E) 주어가 treatments로 복수이므로 동사를 is가 아닌 are로 고쳐야 한다.

해석 (A) BMJ의 대규모 연구는 오늘, 호르몬 치환 요법(HRT) 알약은 희귀하지만 심각한 혈전에의 높은 위험성과 관련되어 있음을 알아내었다. (B) HRT를 선택하는 여성 다수가 여전히 경구약 조제 처방을 받고 있음에도, HRT 피부 패치, 젤이나 크림 등에서는 위험성 증가가 발견되지 않았다. (C) 연구자들은 이 발견이 여성들과 그 의사들이 최상의 치료 방법을 선택하는 것을 돕는 중요한 정보를 제공할 것이라고 말한다. (D) HRT는 열감(熱感)이나 식은땀 등 폐경기의 증상들을 완화하는 데 사용된다. (E) 증상에 따라 다른 치료법이 사용 가능하다.

어휘 **blood clot** 혈전　**prescribe** 처방하다
menopausal 폐경기의

005 ②

해설 (B) 주어가 The number로 단수이므로 동사도 have가 아니라 has를 써야 한다.
(A) 주어가 The level로 단수이므로 단수 형태 has가 바르게 쓰였다.
(C) enroll은 자동사, 타동사 모두로 사용 가능하며, 여기서는 자동사로 쓰인 것으로 보아야 한다.
(D) 주어는 뒤의 a tremendous increase로 단수이므로 동사도 단수형 was가 바르게 쓰였다.
(E) 선행사 the program of higher education은 관계절에서 동사 offer의 직접목적어이다.
cf 4형식 문장을 수동태로 전환할 때 직접목적어를 주어로 쓰게 되면 간접목적어 앞에 to를 붙일 수도 있고, 생략할 수도 있다. 즉 was offered to them도 가능하다.

해석 모든 사람에 대한 무상교육은 미국의 이상이다. 미국의 전반적인 교육 수준은 꾸준히 상승해 왔다. 학교에 다니는 학생들의 수는 지난 반 세기 동안 두 배 이상 늘어났다. 5~19세 인구의 4분의 3 이상이 학교에 입학한 상태이다. 제2차 세계대전 이후 수천 명의 베테랑 군인들이 정부 지출로 제공된 고등 교육 프로그램을 이용했기 때문에 대학 입학률이 큰 폭으로 상승했다.

어휘 **enroll** 입학하다; 등록하다

006 ④

해설 가정법 구문인데 주절에 조동사가 없으므로 문법상 옳지 않다. If절이 가정법 과거완료로 되어 있으므로 주절도 이에 맞춰 he would have watched 정도로 바꿔 주어야 한다.

해석 ① 우리는 시력이 약한 사람들을 위해 스크린을 세우고, 시력이 좋은 사람들로부터는 이를 철수했다. 이로써 우리는 모든 집단을 귀찮게 하고 만족시키기도 하는 것이다.
② 우리는 충분한 수의 능력 있는 고등학교 졸업자들을 얻기 위해 더 많은 노력과 돈을 쓰고 있으며, 그들을 충분히 찾아내는 데 힘든 시간을 보내고 있다.
③ 지난 몇 년 동안 포획량이 크게 늘었음에도 불구하고, 전체적인 물고기 수는 인구보다 더 빠르게 증가하고 있다.
④ 그녀가 그에게 왜 물고기를 주시하고 있기를 바라는지 정확히 설명하는 한편 고양이는 물고기를 좋아한다고 특별히 언급을 했다면, 의심의 여지없이 그는 더 효과적으로 물고기를 주시했을 것이다.
⑤ 그리고 인간은 이 까다로운 문제들에 대한 해답을 구하지 못한 채로는 견디고 살 수 없기 때문에, 세계 각지의 모든 문화에는 특정한 고대 관습, 소중한 믿음이나 자연의 법칙을 설명하는 자신들만의 신화가 있다.

어휘 **plague** 괴롭히다, 성가시게 하다 **as a whole** 전체로서
fondness 기호, 취미 **to good purpose** 아주 효과적으로
perplexing 복잡한, 까다로운, 당혹스럽게 하는

007 ④

해설 ④ dispose of는 '~를 처리하다'라는 뜻으로 타동사처럼 사용되는 숙어이다. 구동사의 수동태 문제로서 이를 수동태로 바꾸면 be disposed of의 형태가 되며, 반드시 of까지 남아있어야 한다. 문장 끝에 목적어 없이 부사가 남아있는 것은 옳다.
① '~를 고대하다'라는 뜻의 숙어인 'look forward to'에서 to는 to부정사의 to가 아닌 전치사이다. 뒤에 명사나 동명사가 들어가야 하므로 meet을 meeting으로 바꿔야 옳은 문장이 된다.
② 자동사 consist는 뒤에 어떤 전치사가 오는지에 따라서 매우 다른 뜻의 숙어가 된다. '위원회가 10명으로 구성되었다'는 뜻이 되려면 consist of를 써야 한다. consist with의 뜻은 '~와 일치하다, ~와 양립하다'이다.
③ be familiar to는 친숙하게 느끼는 사람을 전치사의 목적어로 쓰고 be familiar with는 친숙하게 느껴지는 대상을 전치사의 목적어로 사용한다. 전치사 뒤에 computer software가 왔으므로 전치사는 with를 사용하는 것이 옳다.

해석 ① 그들은 대통령을 만나기를 고대하고 있다.
② 위원회는 열 명으로 구성되어 있다.
③ 너는 그들이 사용하는 컴퓨터 소프트웨어에 익숙하니?
④ 방사능 폐기물은 안전하게 처리되어야만 한다.

어휘 **look forward to** ~를 고대하다 **committee** 위원회
consist of ~로 구성되다, ~으로 이루어지다
consist with ~와 일치하다, ~와 양립하다
be familiar to ~에게 익숙하다, ~에게 낯익다
be familiar with ~에(대하여) 익숙하다 **be disposed of** 처리되다

008 ①

해설 ① 접속사 as가 양보로 사용 시 보어는 문두로 위치할 수 있다. soundly는 '깊이, 철저히'라는 뜻으로 동사 slept를 수식한다.
② 주절의 동사가 현재완료인데 that절 종속절은 과거완료를 사용할 수 없다. last night이라는 시점어구로 보아 주절의 동사는 have said를 said로 고쳐야 한다. 게다가 '실종된, 행방불명된'의 의미는 missing이다.
③ turn은 2형식으로 '~되다, 변하다'의 뜻으로 사용되어 보어로 형용사를 사용한다. 따라서 수동태가 아닌 능동태로 turned green으로 고쳐야 한다. pull away는 '떠나다'의 뜻으로 사용한다.
④ 유도부사 there이 필요하다. 분사구문 Being no evidence against him으로 사용되면 분사구문의 의미상의 주어가 없어서 주절의 주어인 he가 의미상의 주어가 된다. 그러면 해석이 자연스럽지 않다. 반면 유도부사 there를 사용해서 There being no evidence against him으로 바꿔야 한다. 원래 부사절로 전환하면 'Because there was no evidence against him, he was released.'이고 분사구문으로 전환하면 'There being no evidence against him, he was release'가 된다.

어휘 **soundly** 깊이, 철저히 **turn** 되다, 변하다
pull away 떠나다

009 ③

해설 ① can't → can
② didn't advise me to tell → advise me not to/to not tell
④ are → is

010 ②

해설 ② five minutes shy of midnight는 '자정 5분 전'의 뜻으로 주어진 우리말과 영어 문장은 서로 일치하지 않는다. 따라서 ②가 정답이 된다.
① The new teacher 다음 관계대명사 that이 생략된 구조로 about의 목적어가 없으므로 어법상 적절하다. 또한 be from은 '~출신이다'의 뜻으로 어법상 옳고, 동사를 수식하는 부사 originally의 사용 역시 어법상 적절하다.
③ 관계대명사 what 다음 불완전한 문장(what 다음 주어가 없음)이 이어지므로 어법상 옳고, 명사절(What appeared ~)이 주어이므로

단수동사 was의 사용 역시 어법상 적절하다. 또한 lurk는 자동사이므로 능동의 형태 역시 어법상 옳다.
④ reach는 타동사이므로 바로 뒤에 목적어의 사용은 어법상 옳고 '수단위명사 + 수단위형용사' 뒤에 명사 friend가 있으므로 단수명사 year는 어법상 적절하다.

어휘 **shy of** ~이 모자라는, 부족한 **midnight** 자정
urgent 긴급한, 급박한 **lurk** 숨다, 숨어있다 **coral reef** 산호(초)
reach ~에 이르다, 다다르다 **summit** 정상

011 ①

해설 ① '개인용 컴퓨터'라는 영어표현은 the most personal computers가 더 적절하다. per person은 '개인당'의 의미로 주어진 우리말과 영어 문장은 서로 일치하지 않는다.
② 관계대명사 what 다음 불완전한 문장(happened의 주어가 없음)이 이어지므로 어법상 적절하고, 또한 단수동사로 받는 수 일치 역시 어법상 옳다. 그리고 사물명사가 주어이므로 감정을 전달하는 동사 amaze는 현재분사 amazing의 형태로 사용하는 것이 어법상 적절하다.
③ '~도 또한 마찬가지'의 영어 표현은 <so + V + S>의 형태이므로 어법상 적절하다. 또한 주어가 복수명사 bottles이므로 복수동사 are 역시 어법상 옳다.
④ <현재완료시제 + since + 과거동사구문>을 묻고 있으므로 have been과 retired의 사용은 어법상 옳다.

어휘 **per** 마다, 당 **from time to time** 종종, 가끔
retire 은퇴하다, 퇴직하다

012 ②

해설 ② '~하자마자 ...하다'의 의미는 'scarcely + had + S + p.p, when S + V(과거시제)'로 나타낸다. 접속사의 선택, 부정부사 강조에 의한 도치, 시제의 사용이 모두 문법적으로 올바르다.
① 절과 절을 연결하기 때문에 동사인 had never flown으로 절을 시작할 수 없다. <접속사 + 주어 + 동사>의 형태를 취하거나 분사구문으로 고쳐야 한다. 어린 소년이 놀란 것보다 이전의 일을 의미하므로 완료분사구문으로 고쳐야 한다.
(Had never flown → Having never flown)
③ 주어인 Freddie Frankenstein가 local school board에 선출될 기회라는 수동의 의미이므로 동명사의 능동이 아닌 수동이 형태로 표현해야 한다.
(electing → being elected)
④ would rather 뒤에는 동사원형이 온다. 따라서 to부정사는 동사원형으로 고쳐야 한다.
(to be lying → lie, sitting → sit)

해석 ① 전에 비행기를 타본 적이 없었기 때문에 그 어린 소년은 귀가 갑자기 멍해지자 놀랐고 약간 겁이 났다.
② 우리가 거기에 도착하자마자 눈이 오기 시작했다.
③ 그의 이름에도 불구하고, Freddie Frankenstein은 지역 교육 위원회에 선출될 가능성이 상당하다
④ 나는 지금 당장 수업시간에 앉아있느니 인도의 해변에 누워있는 것이 낫겠다.

어휘 **pop** 멍해지다
scarcely had S p.p when ~ S가 p.p 하자마자 ~하다
elect 선출하다 **school board** 교육위원회
would rather ~ that ... ...하느니 ~하겠다

013 ④

해설 ④ 문장 전체의 주어는 capability이므로 동사는 are가 아닌 단수 'is'로 수 일치가 이루어져야 한다.
① 4형식 문장으로 동사가 현재완료진행시제로 왔으며 women은 간접목적어, 접속사 that이 이끄는 명사절이 직접목적어로 왔다. 'For years'로 보아 공간적 시제 개념인 현재완료진행시제가 쓰인 것이 적절하며, 직접목적어로 접속사 that에 이어 완전한 절이 온 것 또한 올바른 구조이다.
② <spend + 시간 + R-ing>의 구조의 올바른 문장이다.
③ 접속사 although가 이끄는 양보부사절과 주절로 이루어진 문장으로, 부사절의 동사 survive는 타동사로 목적어 the war가 올바르게 이어졌으며, 주절의 주어인 Jules Rimettrophy는 문맥상 '도난된' 것이므로 수동태로 올바르게 표현되었다.

해석 ① 수년간 화장품 회사들은 여성들에게 미(美)가 성공의 비밀이라고 말하고 있다.
② 당신은 오후 혹은 하루 전체를 정품 경주용 차를 타고 경주장에서 드라이브를 하면서 보낼 수 있다.
③ 전쟁으로부터 살아남았음에도, 쥘 리메 트로피는 1966년 월드컵 바로 직전에 진열장으로부터 도난당했다.
④ 이런 문제들을 인식하고 토의하는 어린이들의 능력은 중요한데, 그렇게 하는 어린이들은 편견의 정도를 줄이기 때문이다.

014 ①

해설 ① consider는 목적어로 동명사를 취하므로 맞는 형태이다.
② 'provide A with B'에서 A는 대상, B는 사물이 나와야 하므로 provided refugees with commodities의 순서로 바꿔야 한다.
③ order는 주장/명령/요구/제안 동사이므로 that절의 동사에는 should 조동사 생략이 되어 있으므로 was를 be로 바꿔야 한다.
④ 깊이라는 의미는 deeply가 아니라 deep이다. deeply는 '매우'의 의미이다.

어휘 **consider** 고려하다 **apply for** 고려하다

commodity 생필품　**refugee** 난민　**remand** 재구류[유치]하다
deeply 매우

015 ④
해설　'cannot - without'이 이중부정으로 쓰였다.
① 선행사가 없는 관계사를 써야 하므로 what을 써야 한다.
(That → What)
② and에 의해 병치구조를 이루고 있다.
(let → letting)
③ be through with ~와 끝장내다, 관계를 청산하다

016 ④
해설　the house to live in(살 집), his income to live on (먹고 살 그의 소득)과 같이 <명사 + to부정사>에서 전치사의 유무를 생각하자. ④에서 enough money for himself and his wife to live on이 되어야 한다.

017 ①
해설　it이 주어이고 동사는 is, 뒤에 시간명사를 써주면 since 안에 과거동사 현재완료와 같은 해석이다.
② 뒤에 명사 men이 있으므로 형용사 계열인 any를 사용해야 한다.
(if ever → if any)
③ dispense with ~없이 살아가다
④ 가목적어 it이 있어야 성립한다.

018 ④
해설　① it을 생략; it은 the stone을 의미하는 것으로 문장의 주어로 이동하였다.
② explain은 '~에게'라고 표현할 때 반드시 to를 사용한다.
③ convenient는 사람을 주어로 사용하지 않는 형용사이다.
해석　① 그 돌은 너무 무거워 그가 운반할 수 없었다.
② 그녀는 우리에게 그 이론을 설명했다.
③ 당신이 편할 때 방문하세요.
④ 그는 집에 오는 길에 시계를 빼앗겼다.

019 ④
해설　① have had it; 진절머리 난다
② It was fascination to watch the parade에서 to부정사구의 목

적어가 도치된 문장이므로 it을 생략한다.
③ [remember + to 부정사; ~할 것을 기억하다], [remember + ~ing; ~했었던 것을 기억하다]를 구별하는 문제이다. 여기서 to 부정사는 의미상 적합하지 않다. 올바르게 쓰려면, his telling을 쓰거나 that he had told로 쓰는 것이 바람직하다.

020 ②
해설　① if절에 in the late 17th century가 있으므로 가정법 과거완료를 써야 한다.
(were → had been)
③ if절은 주어로 사용하지 않는다.
(If → Whether)
④ 분사구문의 주어와 주절의 주어가 일치하지 못한다.

021 ①
해설　① 주절에 now가 있으므로 가정법 과거로 표현해야 한다.
(might have been alive → might be alive)
② <but B>에서 같은 형태로 병치되어 있다.
③ 특정 미래시점이 나오므로 미래완료시제이다.
④ suggest는 3형식 동사로 <to + 사람(~에게)>을 쓰고, that절을 목적어로 쓴 문장이다.
해석　① 그가 그때 그의 충고를 받았더라면, 그는 지금 살아있을 텐데.
② 사람의 가치는 그의 재산에 있지 않고, 그의 인격에 있다.
③ 당신이 나의 충고를 따르지 않는다면 9월까지 많은 것을 잃게 될 것이다.
④ 그는 그녀에게 공원에 가야 한다고 제안했다.

022 ③
해설　③ '대부분의 여성'은 most women으로 표현해야 한다.
① make가 5형식동사로, 목적어 다음 목적격보어 자리에 동사원형이 옳게 쓰였다.
② cannot have p.p(했을 리가 없다는 강한 부정적 추측)이 옳게 쓰였다.
④ 'not so much A as B'는 'A라기보다는 B'라는 표현이다.

023 ④
해설　① '미래까지'(by the time S + V)와 가장 잘 어울리는 시제는 미래완료이다.
(has finished → will have finished)
② 가정법 과거완료를 사용해야 과거시제의 의미를 지닌다.

(Were he to be born → Had he been born)
③ progress를 수식한다.
(astonished → astonishing)

024 ③
해설 ③ as ~ as는 동등비교구문으로 반드시 형용사나 부사의 나와야 한다.
(as better as → as good as)
① 분사구문이 creating의 능동으로 뒤에 목적어까지 올바르게 쓰였고 병치된 raising 역시 능동으로 뒤에 목적어까지 올바르게 쓰였다
② '하자마자 곧 -하다' hardly(scarcely) ~when(before) 구문으로 부정어 hardly, 대과거 had p.p가 도치 형태로 올바르게 쓰였다.
④ Invloved가 뒤에서 앞에 있는 명사를 수식하고 있다.
해석 ① 댐은 물의 흐름을 막아 저수를 만들고 물의 수위를 올린다.
② 내가 빌딩에 마자 비가 오기 시작했다.
③ 사업이 지금만큼 잘 된 적은 없다.
④ 그 사고 후에 관련된 사람의 이름을 적어갔다.

025 ②
해설 ① make oneself understood 자기 자신을 이해시키다
(understand → understood)
③ 수 일치에 주의해야 한다.
(The value of precious gems are determined by its hardness, color, and brilliance. → The value of precious gems is determined by their hardness, color, and brilliance.)
④ 신체 부위 앞에 소유격을 사용하지 않고 the를 사용하는 관용적인 표현이다.
(caught me by my arm → caught me by the arm)

026 ③
해설 ① impossible은 상황에 대한 판단이므로, 사람을 주어로 쓰는 것은 어색하다.
② ago는 과거완료시제와 같이 쓰지 않는다.
half an hour before
④ still은 부정문에서 not 보다 앞에 위치한다.
still doesn't like

027 ④
해설 ① become 다음에는 to 부정사를 쓰지 않는다.
② can 앞에 주어가 없으므로 주격관계사를 써야 한다.
(whomever → whoever)
③ during은 전치사이므로 명사가 필요하다.
(absent → absence)
해석 ① 그들은 점차 영어 수업을 즐기기 시작했다.
② 이 문제를 푸는 누구에게든지 보상을 하겠다.
③ 그는 내가 없는 동안에 방문했다.
④ 그는 안녕이라는 말조차 없이 나갔다.

028 ①
해설 ② 동등비교 구문인 as ~ as에는 원급을 사용한다.
(as less as → as little as)
③ 'only + 부사어'가 문장 앞에 나오면 도치해야 한다.
(he realized → did he realize)
④ had not pp ~ before 과거; 채 ~하지 못해 … 했다
(after → before)

029 ③
해설 ① always는 빈도부사이다.
② 방문이 열린 상태를 의미할 때는 형용사 open을 사용한다.
(opened → open)
③ become이 타동사로 쓰일 때는 (~와 어울리다)의 의미를 지닌다.
　ex It becomes you. = It goes with you.
　　(이것은 당신과 어울립니다.)
④ saw → was seeing,
were seeing → saw

030 ④
해설 ① very larger → much larger (비교급 강조)
② worth to read → worth reading (worth + ~ing)
③ let me to attend → let me attend (let은 사역동사)
해석 ① 서울의 인구는 런던의 인구보다 훨씬 더 많다.
② 이 책은 주의 깊게 읽혀질 가치가 있다.
③ 그들은 내가 기념식에 참석하는 것을 허락하지 않았다.
④ 나무가 높을수록 바람이 세다.

031 ④
해설 [The reason (~) is that…; ~한 이유는 …때문이다] reason를 풀어서 설명해야 하므로 because를 쓰지 않고 that을 쓴다.
① disappointed 실망하게 된다.

(disappoint → disappointed)

032 　　　　　　　　　　　　　①

해설 ② [lest ~ should …](…하지 않기 위해서) not를 쓰지 않는다는 특성을 갖는다.
③ 주어인 products와 의미상 수동관계이다.
to be inspected and tested
④ 분사구문의 주어와 주절의 주어가 일치해야 한다.

033 　　　　　　　　　　　　　③

해설 ③ neither 자체가 부정어이므로 다시 부정어를 사용하지 않는다.
(isn't → is)
① No, not 뒤에 but은 that- not의 의미이다.
② Provided (that)은 if(만일 ~라면)의 같은 표현이다.
③ No의 부정어가 포함된 전명구가 문두에 있으므로 뒤에 주어동사 도치된다.

034 　　　　　　　　　　　　　④

해설 ④ nor가 부정부사어이므로 도치된다.
① <Neither A nor B> 안에 명사 병치가 올바르게 쓰였다.
② As 앞에 명사(보어)가 도치되어서 '비록 ~임에도 불구하고'가 제대로 쓰였다.
③ '명령문, or~'(~해라, 그렇지 않으면 ~일 것이다) 올바르게 쓰였다.

해석 ① 피난민들에게는 피난처도, 식량도 없었다.
② 비록 용감했지만, 그는 그것을 주저했다.
③ 당신이 들은 대로 하라. 그렇지 않으면 처벌받을 것이다.
④ 나는 그 시인을 만난 적이 없었다. 또한 그런 열망도 없었다.

PART II 독해

CHAPTER 01 주제, 제목, 요지

문제편 086p

001 ②

해석 암시하는 힘을 이해해야 한다. 미(美)를 자신들이 보는 대로 아이들이 보기를 선호하는 교사들은 아이들의 미적 감각을 북돋워 주지 못하고 있다. 그들은 획일성과 복종을 조장하고 있는 것이다. 스스로 선택하고 평가하는 아이들만이 진정으로 자기 자신만의 미적 취향을 발전시킬 수 있다. 읽고 쓸 수 있게 되는 것이 교육의 기본 목표인 것처럼, 모든 창의적 초기 아동 프로그램들의 핵심 목표 중 하나는 어린아이들이 미술에 관한 자신들의 태도, 감정 그리고 아이디어에 관하여 자유롭게 말할 수 있는 능력을 발전시키도록 돕는 것이다. 각각의 아이는 미, 기쁨, 그리고 경이에 대한 개인적인 선택권을 가지고 있다. 미적 발달은 경쟁과 어른의 판단에서 벗어난 안전한 환경에서 생겨난다.

어휘 please 즐겁게 해주다 imply 암시하다
foster 조장하다, 육성하다 uniformity 획일성
obedience 복종 evaluate 평가하다 literate 읽고 쓸 수 있는
education 교육 key goal 핵심 목표
take place 생겨나다, 발생하다 setting 환경, 상황
competition 경쟁

002 ④

해석 예를 들자면, 우리가 의기소침할 때 "나는 멋져"라고, 어려운 시기를 겪을 때 "나는 강해"라고, 혹은 매일 아침 거울 앞에서 "나는 매일 모든 면에서 더 좋아지고 있어"라고 되뇌는 것과 같은, 자신에게 하는 긍정적인 말에 관한 많은 글이 쓰이고, 많이 이야기되었다. 이러한 종류의 격려의 말이 효과가 있다는 증거는 빈약하며 그것이 실제로 도움이 될 수 있기보다는 오히려 해를 끼칠 수 있다는 것을 제기하는 심리학자들이 있다. 불행하게도, 우리가 주어진 시점에 느끼는 것을 솔직하게 인정하면서 '자신에게 하는 진실의 말'에 대한 저술은 별로 없다. 의기소침함을 느낄 때, 우리 자신에게 혹은 우리가 신뢰하는 어떤 사람에게, "나는 정말로 슬퍼" 혹은 "나는 몹시 비참한 심정이야"라고 말하는 것이 "너는 강해" 혹은 "너는 행복해"라고 선언하는 것보다 훨씬 더 도움이 된다.

어휘 positive 긍정적인 selftalk 자신에게 하는 말
go through ~을 겪다 mirror 거울 evidence 증거
psychologist 심리학자 unfortunately 불행하게도
acknowledge 인정하다 trust 신뢰하다 declare 선언하다

003 ④

해설 필자의 여동생 Betty의 예시를 통해 폭넓은 관계보다는 소수지만 깊은 친구 관계가 중요하다는 것을 강조하고 있으므로 글의 요지로 ④가 가장 적절하다.

해석 나의 여동생 Betty는 항공사 일정표처럼 보이는 사교 달력을 가지고 있다. 그녀는 많은 친구가 있고, 어떤 파티나 사교적 모임이든지 가는 것을 즐긴다. 하지만 그녀에게 개인적인 불행이 발생했을 때, 그녀는 연락할 수 있는 사람이 한 사람도 없었다고 최근에 나에게 말했다. 우정은 당신이 얼마나 많은 친구가 있느냐가 아니라, 당신이 얼마나 가깝게 (그들과) 연결되어 있는가의 문제이다. 사실 당신이 몇 사람 이상을 넘어 깊은 관계를 맺을 수는 없다. 적극적인 사교 생활은 아무런 문제가 없지만, 당신은 우선순위를 바르게 정할 필요가 있다. 몇몇 사람들과 가까워지는 것이 매년 300장의 크리스마스 카드를 받을 정도로 인기가 있는 것보다 더 중요하다. 몇몇 친한 친구들의 도움은 당신이 더 나은 삶을 사는 데 도움을 줄 것이다.

어휘 airline 항공사 gathering 모임, 회합 profound 깊은
priority 우선순위

004 ②

해설 인간의 발견들은 일정 시간이 지나면 그 중요성을 잃을 수 있지만, 수학적 발견은 한번 이루어지면 그 효력을 잃지 않고 계속 사용된다는 내용의 글이다. 따라서 글의 요지로 가장 적절한 것은 ②이다.

해석 많은 인간의 발견들은 수명이 짧다. 전차의 바퀴 설계는 이집트의 신왕국에서는 매우 중요했지만 오늘날에는 그것이 꼭 최첨단의 기술인 것은 아니다. 대조적으로, 수학은 흔히 영구적이다. 한번 수학적인 발견이 이루어지면 그것은 누구라도 사용 가능하고, 따라서 그 나름의 생명을 얻게 된다. 좋은 수학적인 아이디어들의 사용법이 극적으로 변할 수는 있어도, 그것들이 구식이 되는 경우는 거의 없다. 고대 바빌론 사람들에 의해 발견된 방정식 풀이법은 오늘날에도 여전히 사용되고 있다. 우리는 그들의 표기법을 사용하지 않지만 역사적인 연관은 부인할 수 없다. 오늘날 여전히 사용되는 수학적 아이디어는 4천 년 이상 거슬러 올라간다. 사실, 학교에서 배우는 대부분의 수학은 최소한 2백 년은 된 것이다.

어휘 cutting-edge 최첨단의 permanent 영구적인
acquire 획득하다 out of fashion 구식인
dramatically 극적으로 equation 방정식
undeniable 부인할 수 없는

005 ①

해설 18세 미만의 청소년이 저지르는 범죄에 대한 책임을 부모, 대중매체, 혹은 연예인에게 돌리는 것은 잘못된 것이며 이에 대한 책임은 본인에게 있다는 내용이므로, 글의 요지로 ①이 가장 적절하다.

해석 이 세상에 대해 내가 속상해하는 것은 18세 미만의 학생들이나 아이들이 범죄를 저지를 때마다 그들의 부모, 대중매체, 혹은 현시대의 연예인들이 그것에 대해 비난을 받는다는 것이다. 그것은 아이 빼고는 그 누구의 잘못도 아니므로, (그렇게 생각하는) 그것은 이 셋 중 그 어떤 그룹에 대해서도 공정한 것이 아니라고 생각한다. Marilyn Manson은 이런저런 이유로 거의 모든 범죄에 대해 비난을 받는 것으로 보이는, 내가 말하는 '현시대의 연예인들' 중 한 사람이다. 진실은 Marilyn Manson은 생계를 꾸려나가려고 하는 것 외에 아무것도 하지 않았으며, 그는 노래 가사를 써서 생계를 꾸려나가는 사람이다. 아이들이 자신들이 저지른 범죄에 대해 자신들의 부모, Marilyn Manson, 혹은 대중매체를 비난하기를 원한다면, 그렇게 할 수 있으나, 진실은 그들 스스로 범죄를 저질렀으며 다른 사람들에게 책임을 떠넘기는 것은 부당하다는 것이다.

어휘 make a living 생계를 꾸리다   lyrics (노래의) 가사

006 ①

해석 sin(죄)이라는 말 자체는 흥미로운 개념이다. 그것은 실제로 궁술에서 온 용어인데, 그것은 '과녁을 빗나가다'라는 것을 의미한다. 우리가 적절한 영양, 운동, 휴식을 통해서 우리의 몸을 관리하는 데 실패하는 '죄'를 저지를 때, 우리는 인생의 중요한 것의 과녁에서 빗나가고 있는 셈이다. 최상의 신체적 건강 상태에 있는 사람은 계약을 끝까지 성사시킬 수 있는 체력을 지니고 있으므로, 그런 사람이 흔히 협상에서 이긴다고 사업가들은 여러분에게 말해 줄 것이다. 세계 수준의 골프 선수들이 자기 시대의 다른 골프 선수들보다 한 수 위에 있는 이유들 중 하나는 그들이 다른 선수들보다 몸 상태가 훨씬 더 좋다는 것이다. 그들은 골프 연습장에서뿐만 아니라 체력단련실에서도 운동을 하는데, 이것은 그들이 중요한 토너먼트에서 상대편 선수를 물리치기 위해서 육체적인 경기에서뿐만 아니라 정신적인 경기에서도 이길 수 있는 힘과 체력을 지니고 있다는 것을 의미한다.

① 체력을 길러야 하는 필요성
② 구체적인 목표 설정의 중요성
③ 장애를 극복하는 다양한 방법들
④ 사업과 스포츠의 차이점

어휘 concept 개념   term 용어   archery 궁술, 양궁
miss 빗나가다   mark 과녁   commit 저지르다   proper 적절한
nutrition 영양   exercise 운동   rest 휴식
businesspeople 사업가   physical 육체적인, 신체적인
negotiation 협상   stamina 힘, 정력   deal 계약
worldclass 세계 수준의   strength 힘   mental 정신적인
opponent 상대편 선수   major 중요한

007 ②

해설 소방관은 일 자체가 본질에서 압박으로 가득 차 있고, 죽음을 포함한 개인적인 안전 위험을 직면해야 한다는 내용의 글이므로 글의 주제로 ② '소방관으로 일하는 것의 어려움'이 가장 적절하다.

해석 불을 끄고 불타는 자동차, 건물 그리고 다른 위험한 상황에서 사람들을 끌어내는 소방관은 공공의 안전에 필수적이다. 소방서에 들어가고 싶어하는 사람들이 종종 이 직업의 긍정적인 측면에 관해 생각하지만, 몇몇 심각한 부정적인 측면 또한 존재한다. 무엇보다도 비상 상황 전문가로서 소방관의 일은 본질에서 압박으로 가득 차 있다. 그들은 불을 끄거나 비상 상황에서 도움을 주어야 하는 스트레스를 처리해야 할 뿐만 아니라, 재산 손실, 부상, 심지어 그들에게 심한 정신적 고통을 줄 죽음까지도 자주 목격한다. 화상이나 낙상 같은 개인적인 안전 위험은 소방관이 매일 일하면서 부딪힐 수밖에 없는 다른 주요한 걱정거리이다. 극단적인 경우, 소방관은 불타고 있는 집이나 비상 상황에서 사람들을 구출하려다 사망한다.

어휘 public safety 공공의 안전   downside 단점, 부정적인 면
inherently 본질적으로   pressure-packed 압박으로 가득 찬
distress 고통   encounter 만나다   extreme 극단적인

008 ①

해설 살아있는 사람과 죽은 조상 간의 지속적인 유대감을 강화하기 위해 행하는 사례를 기술하는 내용의 글이므로, 글의 주제로 가장 적절한 것은 ① '고인과의 계속되는 유대감'이다.

해석 살아있는 사람과 죽은 사람 사이의 관계와 의사소통은 문화마다 아주 다르다. 우리 가족은 살아 있는 사람과 우리의 돌아가신 조상 간의 유대감을 강화하기 위해 흔히 음력 1일과 15일에 고인에게 제사를 지낸다. 이런 공물은 죽은 사람들과의 의사소통의 한 형식이고, 살아 있는 사람들에게 가족 내의 그들의 지속적인 존재를 상기시킨다. 사후에 가족 관계의 지속성을 생각하면서 불교도들은 지속적인 의사소통의 목적으로 절에서 제기(祭器)를 놓는다. 우리가 태어날 때 우리는 영적인 부모로부터 이끌려 살아있는 세계로 안내되고, 그래서 우리가 죽으면 우리 조상과 함께 하기 위해 영적인 세계로 다시 돌아가야 한다고 믿는다.

어휘 make offerings 제사를 지내다, 공물을 바치다
the deceased 고인   lunar 달의, 음력의   reinforce 강화하다
mode 형식   buddhist 불교도   induct 안내하다, 이끌어 들이다

009 ④

해설 북미 원주민들은 건강을 자연과 균형 있는 관계를 유지하는 것이라 보며, 그런 관계에 불균형이 생겨서 아픈 것이기에 북미 원주민의 의학은 신체적, 정신적, 그리고 영적인 회복과 관련이 있다는 내용이므로, 글의 주제로 ④가 가장 적절하다.

해석 북미 원주민 문화에서, 건강은 개인이 넓게는 가족, 공동체, 그리고 환경으로 정의되는 자연과 맺는 관계를 반영한다. 모든 질병은 초자연적, 정신적 또는 사회적으로 밀접한 관계와의 불균형에서 기인한다. 치료는 증상이 아닌 불균형의 원인에 초점을 두며, 이러한 접근 방식에 있어 전체론적이다. 아픈 사람은 우주와 조화를 이루지 못하며, 공동체와 가족의 지원은 병을 치료하는 것이 아니라 조화를 회복하는 데 집중된다. Cherokee 부족의 치료 주술사인 Sequoyah가 설명했듯이, "인디언의 의학은 치료법이라기보다는, 건강으로 가는 안내서이다. 아픈 것 대신에 건강한 것을 선택하는 것을 인디언에게서 빼앗아갈 수는 없다." 전통적인 북미 원주민의 의학은 건강 관리, 질병 예방, 그리고 건강 회복을 통한 신체적, 정신적, 그리고 영적인 회복과 관련이 있다.

어휘 **supernatural** 초자연적인
implications 밀접한 관련
at odds with ~와 조화하지 못하는
medicine man (북미 인디언의) 치료 주술사
renewal 회복, 재생, 부활   **health maintenance** 건강 관리
prevention 예방

010 ────────────────── ②

해설 수면 부족으로 인해서 발생할 수 있는 부정적인 결과를 나열하고 있으므로, 글의 주제로 ② '불충분한 수면으로 인한 결과'가 가장 적절하다.

해석 우리가 잠을 자고 난 후에 몸이 더 안 좋다고 흔히 느낀다면, 무엇 때문에 힘들게 그렇게 하는 것일까? 그냥 깨어 있으면서 이 소중한 삶의 멋진 기쁨을 더 많이 누리는 것이 어떨까? 그것은 우리가 그렇게 할 수 없기 때문이다. 잠을 자지 않는다면 뇌가 기능하는 능력에 심각한 영향을 끼치게 될 것이다. 하룻밤만 잠을 자지 않아도 집중이 더 어려워지고 주의 지속 시간이 짧아진다. 여러분은 짜증을 잘 내게 되고, 건망증이 생기고, 비생산적이 될 것이다. 연구 결과는 잠이 부족한 사람들이 빠르게 변화하는 상황에 반응하여 합리적인 판단을 내리는 데 어려움을 겪는다는 것을 보여준다. 실제 상황에서 수면 부족의 결과는 때로 매우 심각할 수 있다. 수면 부족이 Exxon Valdez 석유 유출 사고, 체르노빌의 끔찍한 사고, 우주 왕복선 챌린저호의 폭발과 같은 여러 국제적인 재난의 기여 요인이었다고 일컬어진다.

어휘 **irritable** 짜증을 잘 내는
forgetful 잘 잊어 먹는, 건망증이 있는
contributory factor 기여 요인   **shuttle** 우주 왕복선

011 ────────────────── ③

해설 최상의 건강을 유지하려면 건강에 필요한 영양소를 골고루 섭취하는 것이 매우 중요하다는 내용의 글이므로, 글의 주제로 ③ '필수 영양분 섭취의 중요성'이 가장 적절하다.

해석 퇴행성 질환을 피하고 최상의 건강을 즐기려면 우리는 전 범위의 영양소를 섭취해야 한다. 이러한 영양소에는 최소 17개에서 20개의 미네랄과 13개의 비타민, 7개의 필수 아미노산, 그리고 2개의 필수 지방산이 필요하다('필수'라는 말은 그 영양소가 체내에서 생산될 수 없지만, 또한 건강에는 필수적이라는 것을 의미한다). 절대적으로 최소한, 우리는 매일 5번의 (10번이 더 좋지만) 신선한 과일과 채소를 먹어야 한다. 우리는 음식으로 만들어지며, 우리가 먹는 것이 우리의 마음, 몸, 그리고 영혼에 영향을 준다. 선진국에서 비만이 급속히 늘어나고 있지만, 점점 많은 사람들이 굶어 죽어가고 있는데, 다시 말해 그들은 영양분에 굶주려 있다. 빵류와 설탕이 든 간식과 같은 열량이 많은 식품은 몸무게는 늘이면서, 비타민과 미네랄 같은 우리 몸이 건강하기 위해 필요한 것들은 앗아간다.

어휘 **optimum** 최적의   **amino acid** 아미노산
portion 몫, 부분, 1인분   **skyrocket** 급속히 늘어나다, 치솟다

012 ────────────────── ④

해설 시각적 성능이 사고율에 미치는 영향을 연구할 때 두 변수의 관계에 지대한 영향을 끼칠 수 있는 나이 요인을 통제할 필요가 있다는 내용이므로, 글의 주제로 ④가 가장 적절하다.

해석 사고율과 시각적인 성능 간의 어떤 관련성은 충분히 가려질 수 있는데 그 이유는 이 두 요인이 사고율에 더 큰 영향을 미치는 세 번째 요인인 나이의 영향을 받기 때문이다. 젊은 운전자들은 더 나이든 운전자들보다 사고 발생의 위험이 훨씬 더 큰데, 이것은 주로 그들의 미숙련 때문이다. 그러나 이 그룹의 운전자들은 시력이 가장 좋다. 더 나이든 운전자들에게 시각적인 문제로 인한 사고 위험의 증가는 그들의 운전 경력에 따른 주의력의 증가와 감속으로 상쇄될 수 있다. 시각적인 성능이 사고율에 어떻게 영향을 끼치는지에 대해 더 분명한 개념을 얻기 위해서는 나이와 운전 경력은 일치하고 오직 그들의 시력에 관해서만 차이가 있는 운전자 그룹의 사고율을 비교하는 것이 더 낫다.

어휘 **mask** 가리다, 위장하다, 덮다
inexperience 미숙련, 서투름   **compensate for** ~을 보상하다
cut down on ~을 줄이다

013 ────────────────── ①

해설 어떻게 우리는 환경에 더 적은 영향을 미치면서 필요한 영양분에 접근할 수 있는가? 기후 변화를 야기하는 농업에 있어서의 상당히 많은 부분을 차지하는 요소는 가축이다. 세계적으로 육우와 젖소는 온실가스 배출(GHGEs)에 있어서 가장 중요한 영향을 미치고, 세계의 이산화탄소 배출의 41%와 전 세계 온실가스 배출의 20%를 차지한다. 가축 산업과 연관된 운송, 벌채, 메탄 배출, 곡물 경작으로 야기된 대기의 온실가스 배출 증가는 지구의 온도를 높이는 주요 요인이다. 전통적인 가축과 대조하여, "minilivestock"으로서의 곤충들은 온실가스를 적게

배출하고 최소한의 땅을 사용하며 재배된 곡물보다 음식물 쓰레기를 사료로 먹을 수 있고 어느 곳에서나 사육될 수 있으며, 따라서 잠재적으로 장거리 운송에 의해 야기되는 온실가스 배출을 줄일 수 있다. 우리가 세계 적으로 곤충 소비를 늘리고 육류 소비를 줄인다면 식량 체계로 인한 지구 온난화 가능성은 현저히 줄어들 것이다.

어휘 livestock 가축

014 ④

해설 습관화가 없다면 일어날 수 있는 일들을 예로 들면서 습관화의 이점을 설명하고 있으므로, 글의 주제로 ④ '습관화의 가능한 이점들'이 가장 적절하다.

해석 습관이 될 수 없다면 삶이 어떨지 상상해 보라. 습관화가 없으면 당신은 접하는 모든 광경, 소리, 접촉과 냄새에 접할 때마다 반응할 것이다. 당신은 이 자극물들을 무시할 수 없을 것이다. 이것이 강의 중에 기능할 수 있는 당신의 능력을 어떻게 제한할지에 대해 생각해 보라. 일꾼이 복도에 있는 게시판에 망치질할 때마다 당신의 주의력은 강의로부터 멀어져서 복도 쪽으로 이동할 것이다. 당신은 이런 상황에서 틀림없이 많이 배우지 못할 것이다! 그러나 습관화로 당신은 위험을 제기할지도 모르는 새로운 자극물에 반응할 수 있고 또한 이미 확인되어서 해가 없다고 여겨졌던 자극물을 무시할 수 있다. 당신이 한 자극물에 계속 반응할 필요가 없으므로 습관화는 당신에게 적응성을 준다. 습관화는 또한 과도한 자극으로부터 뇌를 보호하는 역할을 할지도 모른다.

어휘 encounter 접하다, 마주치다 function 기능을 하다
novel 새로운 pose 제기하다 deem 여기다
flexibility 적응성, 융통성 overstimulation 과도한 자극

015 ③

해설 어떤 산업 분야에 새로운 업체가 진입하려면 많은 자본이 필요하고 이 자본이 다른 업체의 진입을 막는 역할을 한다는 내용을 다루고 있으므로 글의 주제로 ③ '한 산업으로 들어가는 진입 장벽으로서의 필요 자본량'이 가장 적절하다.

해석 새로운 산업에서 경쟁하는 것은 회사가 투자할 자원을 가질 것을 요구한다. 물리적인 시설에 더해, 재고, 마케팅 활동, 그리고 다른 굉장히 중요한 사업상의 기능을 위해 자본이 필요하다. 새로운 산업이 매력적일지라도 성공적인 시장 진입을 위해 필요한 자본은 그 시장의 기회를 추구하기 위해 사용 가능하지 않을 수 있다. 예를 들어, 방위 산업은 경쟁력을 갖추기 위해 요구되는 상당한 자원 투자 때문에 진입하기 어렵다. 이와 비슷하게, 첨단 기술 산업의 첨단 지식 요구 때문에 회사는 이 산업으로 진입할 방법으로 기존의 회사를 취득할 수 있지만 이 회사는 이것을 하기에 필요한 자본을 사용할 수 있어야 한다.

어휘 industry 산업 firm 회사 facility 시설 capital 자본
inventory 재고 market entry 시장 진입 pursue 추구하다
defense industry 방위 산업 substantial 상당한
competitive 경쟁력을 갖춘

016 ②

해설 나의 삶의 모든 면에 회복 시간을 도입하는 것이 나의 전반적인 경험을 바꾸어 놓았다. 각각 적어도 15분의 회복 시간이 뒤따르는 한 시간 반 동안의 활동을 네 번이나 다섯 번 집중적으로 하는 것에서, 내가 전에 하루 12시간 연속해서 일한 그 정도만큼의 일을 해낸다. 매주 하루를 종일 쉬면 나는 덜 생산적인 것이 아니라 오히려 전반적으로 더 생산적이게 된다. 그리고 마침내, 나는 휴가를 좋은 투자로 보게 되었다. 나는 요즘 단거리 선수처럼, 전에 마라톤 선수처럼 했던 것만큼의 일을 훨씬 더 적은 시간에 훨씬 더 많은 에너지와 긍정적인 감정을 가지고 해낸다. 나는 나의 가족 및 친구들과 더 많은 시간을 보내며, 그렇게 할 때 나는 더 현실에 충실하다. 여기에는 마법은 전혀 없다. 나는 그저 인간적인 욕구에 더 주의를 기울이고 있을 뿐이다.
① 생산성은 인내에서 온다
② 몸과 마음에 휴식을 취할 시간을 주어라
③ 운동에 중독되는 것은 위험하다
④ 긍정적인 사고로 긍정적인 감성을 활성화하라

어휘 recovery 회복(시간) transform 바꾸다, 변형시키다
overall 전반적인; 전반적으로 intensive 집중적인
session (활동) 시간 investment 투자 sprinter 단거리 선수
present 현실에 충실한 pay attention to ~에 주의를 기울이다

017 ④

해설 엘니뇨가 전 세계에 이상한 날씨를 일으킬 수 있다는 것이 글의 요지이므로 글의 제목으로 ④ '엘니뇨: 전 세계의 날씨를 변화시키는 것'이 가장 적절하다.

해석 1900년대 초에 Gilbert Walker는 위험한 몬순을 예측하고 싶어 했다. Walker는 연구했고 페루의 엘니뇨가 인도의 날씨 변화를 일으킨다는 것을 알아냈다. 그러나 누구도 그를 믿지 않았다. 과학자들이 페루 근처의 강력한 엘니뇨 해류가 세상의 반대편인 인도에서 약한 몬순을 일으켰다는 것을 실제로 이해하는 데 50년이 걸렸다. 약한 엘니뇨 해류는 강한 몬순을 일으켰다. 엘니뇨가 특히 강하거나 그 해류가 오랫동안 지속하는 해에 그것이 전 세계에서 이상한 날씨를 일으킬 수 있다. 이것은 그 해류가 가장 따뜻한 해수의 위치를 바꾸기 때문에 일어난다. 강력한 뇌우는 가장 따뜻한 해수 위에서 생긴다. 이러한 폭풍은 어디로 바람이 부는가를 결정한다. 엘니뇨는 보통 비가 거의 오지 않는 지역에 비가 많이 오게 할 수 있다. 농작물을 위해 비가 필요한 지역은 심한 가뭄이 올 수 있다.

어휘 predict 예측[예언]하다 current 해류 weird 이상한

crop 농작물   dry spell 가뭄

018 ④

해설 사탕이 눈에 띄지 않을 때보다 눈에 잘 띌 때 더 많이 먹는다는 실험 결과를 나타낸 글의 제목으로 ④ '보이지 않으면, 먹지 않는다'가 가장 적절하다.

해석 어느 해에 Wansink와 그의 동료는 30개의 사탕으로 가득 찬 통을 Urbana-Champaign에 있는 Illinois 대학교의 비서진들에게 나누어 주었다. 꼬리표는 그 사탕이 개인적인 선물이라고 설명되어 있고, 직원이 그것을 자기 책상 위에 놓고 (다른 사람과) 나누어 먹지 않을 것을 요구했다. Wansink는 그것을 받은 사람이 그 사탕을 볼 수 있는 통에서 더 먹을지의 여부를 알아내고 싶어 했다. 매일 밤 2주 동안, 직원들이 집으로 간 다음에 그는 사무실마다 다니면서 사탕을 세고 통을 다시 채웠다. 투명한 통을 받은 사람들은 매일 8개의 사탕을 먹었지만, 불투명한 통을 받은 사람들은 약 4개를 먹었다. 무슨 일이 일어나고 있었는가? "우리는 눈으로 먹습니다. 음식을 잘 보이는 곳에 놓는 것은 사람들이 그것을 볼 때마다 먹고 싶도록 유혹합니다."라고 Wansink는 설명한다.

어휘 **give out** 나누어 주다   **secretarial** 비서 일의
tag 꼬리표   **recipient** 받는 사람, 수령인
in plain sight 잘 보이는   **tempt** 유혹하다

019 ③

해설 정확히 똑같은 식품에 다른 라벨을 붙이는 것은 마케팅 속임수이며, 사람들을 현혹하여 더 많이 먹게 만든다는 내용이다. 그러므로 글의 제목으로 가장 적절한 것은 ③ '라벨로 식품을 판단하지 마라'이다.

해석 마요네즈로 덮인 감자는 일종의 'salad'이다. 밀크셰이크는 현재 'smoothies'이다. 설탕물은 'vitamin water'이다. 이런 작은 마케팅 속임수는 대단히 효과적이다. 한 연구는 다이어트를 하는 사람들이 잘 먹는 것에 매우 관심이 높아서 건강에 좋다고 라벨이 붙은, 건강에 좋지 않은 식품을 선택할 가능성이 훨씬 더 높다는 것을 밝혔다. 사람들은 'salad'로 라벨이 붙은 음식은 'pasta'로 라벨이 붙은, 정확히 똑같은 음식보다 왠지 건강에 더 좋다고 생각한다. 비슷한 실험에서, 참가자 들은 'fruit chews' 또는 'candy chews' 둘 중 하나로 라벨이 붙은 제품의 샘플을 받았다. 사실, 그들은 라벨만 다른, 정확히 똑같은 식품을 믹고 있었다. 또 다이어트를 하는 사람들은 'fruit chews'를 건강에 더 좋다고 인식하였고, 현혹적인 라벨 때문에 더 많이 먹었다.

어휘 **smoothie** 스무디(과일 주스에 우유나 아이스크림을 넣어 만든 음료)   **trick** 속임수, 기교   **remarkably** 대단히, 두드러지게
label 라벨을 붙이다   **perceive** 인식하다   **deceptive** 현혹적인

020 ①

해설 측정된 통계가 집단에 대한 정보를 줄 수는 있지만, 각 개인에 대한 정확한 정보를 주는 것은 아니 라는 내용의 글이다. 따라서 글의 제목으로 가장 적절한 것은 ③ '통계: 각각의 개인을 분석하는 데 유용하지 않음'이다.

해석 측정을 하는 데 있어서, 심리학자들은 통계에 의존해야 한다. 통계가 여러분에게 집단에 관해 많은 것을 말해 줄 수는 있지만, 그것들은 여러분에게 한 개인에 관해서는 아무것도 말해 주지 않으므로, 여기에서 심리학자들은 벽에 부딪힌다. 신뢰할 만한 통계를 받아들이는 것이 일반적으로 맞지만, 또한 그것들이 개인으로서의 우리를 설명하지 않는다고 주장하는 것도 맞다. 심리학적인 데이터는 평균적으로 소녀들이 소년들보다 언어 능력이 더 뛰어나다는 것을 보여 준다. 그렇지만 그것은 언어 과목 시험에서 A+의 점수를 받은 소년에 대해서는 그리 큰 의미가 없다. 소년들에게 더 많은 읽기 수업이 필요한가? 같은 집단에 있는 소년들과 소녀들을 효과적으로 가르칠 수 있는가? 우리는 통계를 연구할 수 있고 큰 집단에 대해 무엇이 효과가 있을지 결정하려 노력한다. 그렇지만 여러분이 자녀를 위한 가장 좋은 상황을 찾고 있는 부모라면 여러분은 경험과 직관을 따르는 것이 더 나을 것이다.

어휘 **measurement** 측정   **statistics** 통계, 통계 자료
verbal 언어의   **intuition** 직감

021 ④

해설 서방 국가들의 GDP 대비 공공 부채 비율은 상당히 높은 수준이며 외국인에게까지 공공 채권을 팔아 공공 부채를 늘리고 있어 지속적으로 증가하는 공공 부채로 인해 국가적인 채무 불이행 상태로 갈 수 있고 이는 세계 경제의 위기로 이어질 수 있다는 내용이므로, 글의 제목으로 ④가 가장 적절하다.

해석 금융 위기가 시작된 이래로, 공공 부채 수준이 전 세계에 걸쳐 극적으로 증가했다. 오늘날 미국의 GDP 대비 공공 부채 비율은 대공황 때보다 훨씬 더 높은 수준이고, Europe의 공공 부채 비율도 더 나을 것이 없다. 그럼에도 불구하고, 대부분의 서방 국가들이 노령 인구로 인한 미래 비용 증가라는 전망에 직면하고 있으므로 이러한 부채 수준이 가까운 미래에 내려갈 가능성은 적다. 게다가 많은 정부가 이제는 국내 시장에서 공공 채권을 홍보하고 판매할 수 없기 때문에 많은 양의 공공 부채를 증가시키기 위해 외국인에게 공공 채권을 홍보하고 판매하고 있다. 그러나 정말 염려스럽게도, 공공 부채를 계속해서 늘려온 정부는 국가적인 채무 불이행에 섭어들 수 있고, 이런 사태가 발생하면 이는 모든 국가에 영향을 끼쳐서 전 세계에 걸친 위기로 눈덩이처럼 커질 수 있다.

어휘 **public debt** 공공 부채
GDP(Gross Domestic Product) 국내 총생산
snowball into 눈덩이처럼 커져서 ~이 되다

022 ③

해설 올바르고 타당한 비판은 받아들이고 문제를 바로잡는 조치를 취해야 한다는 내용이므로, 글의 제목으로 ③이 가장 적절하다.

해석 타당한 비판에 대해, 적절한 응답은 (잘못을) 바로잡는 행동이다. Pensacola에 있는 교회의 목사였을 때, 나는 거침없이 말하는 것으로 유명한 어떤 여자분으로부터 편지 한 통을 받았다. 그 편지가 그녀한테서 온 것임을 깨달았을 때, 나의 첫 번째 유혹은 그 편지를 쓰레기통에 던져 버리는 것이었다. 그렇게 하는 대신에, 나는 그 편지를 읽기로 했다. 이 비판자는 자신의 어머니가 요양원에 가 있다는 것을 일깨워 주었으며, 나와 직원들이 자신의 어머니를 정기적으로 방문하지 않는 것에 대해 비판했다. 이 경우에 있어서, 그 비판은 정확했다. 나는 질병이나 장애로 인해 바깥출입을 못하는 사람들을 방문하기 위한 계획을 갖고 있지 않았으며, 이러한 불이행에 대해 이 여자분이 올바르게 지적해 주었다. 그래서 방어적이 되는 대신에, 나는 우리가 이러한 문제점을 해결할 수 있게 해준 계획을 마련했는데, 내가 그 비판을 정직하게 평가하지 않았더라면 그 계획은 절대 마련되지 않았을 것이다.

어휘 corrective 바로잡는   outspokenness 거침없이 말함

023 ②

해설 걷기는 인간 이동의 주요 방식으로 옛날부터 걷기를 통해 삶을 살고, 환경과의 관계를 정의했으며, 기타 생존에 필요한 모든 것을 해 왔다는 내용이므로, 글의 제목으로 ② '인간은 걸음으로써 인간이 되었다'가 가장 적절하다.

해석 아주 옛날부터 걷기는 인간 이동의 주요 방식이었다. 맨 처음부터 걷기와 인간이 된다는 것은 공존해 왔다. 걸어서 인간은 지구를 횡단하고, 삶을 경험하고, 환경과 자신들의 관계를 정의했다. 걸어서 그들은 자신들의 아이를 데리고 다니고, 자신들의 부모를 부양하고, 자신들의 도구와 물품을 끌고, 자신들의 동물을 이동시켰다. 비슷하게, 그들은 도망치고, 쫓고, 죽이고, 사냥하고 채집했으며, 음식과 물, 연료, 거주지를 찾았다. 그들은 여행하고, 흔히 정교하고 화려한 발놀림의 춤과 함께 그들을 규정하는 의식을 치르며 유희와 공연을 즐겼다. 수백만 년 동안, 우리의 최근의 그리고 먼 조상들은 역사 전반에 걸쳐 걸어서 이동했으며, 그것이 우리가 걸어서 우리의 존재에 이르렀다는 개념에 진실성을 부여해 주었다.

어휘 coexist 공존하다   habitat 거주지, 서식지
elaborate 정교한   footwork (운동선수·무용수의) 발놀림
ritual 의식   render 주다, 부여하다   notion 개념

024 ①

해설 채식을 하는 중국 소녀들의 경우 사춘기가 늦은 나이에 나타나는 반면, 지난 40년 동안 식단이 서구화된 일본 소녀들의 경우 사춘기가 나타나는 나이가 더 빨라졌다는 내용이므로, 글의 제목으로 ① '식습관은 사춘기 나이에 영향을 끼친다'가 가장 적절하다.

해석 최근에는 많은 연구자들이 대체로 여전히 채식을 따르는 나라에서 사춘기가 더 늦은 나이에 생길 것이라고 기대하면서, 식단의 변화가 사춘기 나이가 내려가는 것의 원인이 된다고 주장한다. 예를 들어, 중국의 식단은 쌀과 채소에 집중되어 있어서 고기가 거의 없고 유제품도 거의 없다. 나는 최근에 대규모 '중국 건강 연구'를 지휘하는 Cornell 대학교의 생화학자인 T. Colin Campbell 박사에게 그곳의 사춘기 나이에 관해 물었다. 그의 연구 결과는 그 이론을 확인해준다. 중국에서, 소녀들의 사춘기는 평균 약 17세에 발생하며 15세와 19세 사이에 걸쳐 있는데, 그들은 더 높은 나이의 사춘기를 가진다. 일본에서 일본 식단의 서구화는 지난 40년 동안 소녀들의 사춘기 나이가 15.2세에서 12.5세로 떨어지는 일이 동반되어 왔다.

어휘 virtually 거의   biochemist 생화학자   massive 대규모의
confirm 확인해주다   westernization 서구화

025 ④

해설 차를 살 때 다양한 분야에서 가족들이 관여하게 된다는 것을 예시로 들면서 소비자 행동에는 많은 사람들이 관여한다는 것을 설명하는 글이므로, 글의 제목으로 ④ '소비자 행동은 많은 사람들을 관여시킬 수 있다'가 가장 적절하다.

해석 소비자 행동은 반드시 단 한 명의 개인의 행동을 반영하는 것은 아니다. 친구들, 몇 명의 직장동료들 혹은 가족 전원으로 이루어진 집단이 직접, 전화상으로, 소셜 미디어를 통해, 이메일로 혹은 문자 메시지로 생각을 교환하며 생일 파티를 계획하거나 어디에서 점심 식사할 것인지를 결정할 수도 있다. 더욱이 소비자 행동에 관여하는 개인들은 한 가지 혹은 그 이상의 역할을 맡을 수 있다. 예를 들어, 차를 사는 경우에, 한 명 혹은 그 이상의 가족이 다른 모델을 조사함으로써 정보수집가의 역할을 맡을 수도 있다. 다른 사람들은 영향을 주는 사람의 역할을 맡아서 결정의 결과에 영향을 미치려 할 수도 있다. 한 명 혹은 그 이상의 가족이 그 차에 대해 실제로 돈을 지불함으로써 사는 사람의 역할을 맡을 수도 있으며, 일부 혹은 전부가 그 차를 사용하는 사람이 될 수도 있다. 마지막으로 몇몇 가족들은 그 차를 처분하는 데 관여할 수도 있다.

어휘 take on (책임을) 지다   assume (역할을) 떠맡다
disposal 처분, 처리

026 ④

해설 사람들은 어떤 상황을 겪을 때 그것을 긍정적인 방식으로 받아들일지 부정적인 방식으로 받아들일지를 결정하고 이것은 그 사람들의 성향에 따라 좌우된다는 내용의 글이므로 글의 제목으로 가장 적절한 것은 ④ '인지적인 편향은 우리가 세계를 해석하는 방식에 영향을 미친다'이다.

해석 여러분이 길을 따라 걷고 있고 오랫동안 만나지 않았던 아는 사람을 본다고 상상해 보라. 여러분이 그 사람에게 인사할 준비를 할 때, 그는 여러분을 전혀 알아보지 못하고 걸어서 지나가 버린다. 여러분은 그가 무례하게 행동하고, 말하는 것을 원하지 않고, 사실은 고의적으로 여러분을 무시한다고 추정할 수 있다. 그게 아니라면, 여러분은 그 아는 사람이 바쁘고 다른 생각에 빠져 있었고 그래서 그저 여러분을 알아보지 못하거나 인식하지 못한다는 결론을 내릴 수 있다. 이런 사회적인 상황은 상당히 애매모호하고 우리의 분석이 우리가 느끼는 것에 왜 그렇게 큰 영향력을 가지는지를 보여 준다. 우리가 상황을 분석하는 것에 대한 편향은 우리의 정서적인 정신의 핵심에 있다. 우리의 뇌는 다수의 그런 편향을 가지고 있으며 우리의 의식의 레이더 아래에서 움직이고 있으며 결국은 우리가 일에 대한 특정한 경향을 가지도록 이끈다. 애매한 사회적인 상황을 기쁘게 하는 식이나 우울한 식으로 해석하는 우리의 정서적인 정신의 이런 경향은 우리가 주위의 세계를 어떻게 경험하는지의 기반이다.
① 무시는 모욕적인 말보다 더 상처가 된다
② 우리는 자신을 보호하기 위해 경험을 왜곡한다
③ 낙관적인 사람들은 부정적인 인상을 주지 않으려 노력한다

어휘 **acquaintance** 아는 사람, 지인 **assume** 추정하다
deliberately 고의적으로 **alternatively** 그렇지 않으면, 그 대신에
preoccupy (뇌리를) 사로잡다 **ambiguous** 애매한
bias 편향 **core** 핵심 **affective** 정서[감정]적인
a multitude of 수많은 **tendency** 경향, 기질
flattering 기쁘게 하는 **gloomy** 우울한

027 ④

해설 야생동물 관광에 있어서 최우선 사항은 결국 생태학적인 지속 가능성을 유지하는 것이라는 내용의 글이므로, 글의 제목으로 가장 적절한 것은 ④ '생태학적인 지속 가능성: 야생동물 관광에서 최우선 사항'이다.

해석 야생동물 관광을 계획하고 개발하는 데 있어 중요한 전략은 생태학적 지속 가능성에 우선 사항이 주어져야 한다는 것이다. 야생동물 관광을 계획하는 전반적인 목표는 야생동물 관광의 상황을 보호하고 향상하는 것이다. 그래서 야생동물 자원의 가치와 허용되는 야생동물 관광 활동의 위치, 규모, 그리고 유형을 결정하는 의사결정 과정에서 이런 가치의 통합을 인지하는 것이 중요하다. 이런 결정은 주로 자연 그대로의 지역에서 관리 계획, 지구로 정하는 계획 그리고 허가증을 발급하는 체계의 틀 안에서 이루어진다. 그러므로 적절한 사용의 수준에 대한 정책은 관련된 자연 및 문화 자원의 가치와 더불어 야생동물에 대한 보호와 양립하는, 수용 가능한 변화의 수준에 대한 인지와 관련이 있다.

어휘 **priority** 우선 사항, 우선권 **ecological** 생태학의
sustainability 지속 가능성 **enhancement** 향상
integration 통합

zone (특정한 목적을 위한) 지역[지구]으로 정해 두다
identification 인지 **compatible** 양립하는

028 ④

해설 사람들은 정책의 좋고 나쁨에 따라 그것을 지지하는 것이 아니라, 자신이 지지하는 정치인이 주장하는 정책을 지지한다는 내용이므로, 글의 제목으로 ④가 가장 적절하다.

해석 사람들은 누가 어떤 입장을 주장하고 있다고 자신이 생각하는지를 바탕으로 자신이 원한다고 말하는 것을 바꾼다. 코미디언 지미 키멜은 거리에서 사람들을 멈춰 세우고, 힐러리 클린턴과 도널드 트럼프가 제안한 세금 계획안 중에 어떤 것을 선호하는지를 물었다. 하지만, 질문을 받은 사람들은 키멜이 각 계획안의 세부 사항을 바꾸었다는 것을 알지 못했다. 나중에 'The Hill' 신문이 보도한 것처럼, 답변은 사람들이 자신이 누구를 지지하고 있다고 생각하는지에 달려있었다. "물론, 차례 차례로 클린턴 지지자들은 자신이 그녀의 경쟁자의 제안을 지지하고 있었다는 것을 알고 경악했다." 드러난 것처럼, 키멜의 행동은 여론조사원들과 선거 전문가들에게 오랫동안 알려져 있던 사실을 실제로 보여주었다. 유권자들은 흔히 후보자의 계획안이나 정책보다 후보자와 그들의 개인적 매력에 더 관심을 보인다. 'Huffington Post'의 여론조사 국장인 Ariel Edwards-Levy는 이것을 다음과 같이 말했다. 만일 자신이 지지하는 정치인이 어떤 법안에 찬성하면, 사람들은 아마도 그것이 좋은 법안이라고 생각할 것이다.

어휘 **advocate** 주장하다, 옹호하다 **stun** 깜짝 놀라게 하다
high jinks 들떠서 하는 행동 **illustrate** 실증하다, 설명하다
pollster 여론 조사원

029 ④

해설 운동 중독에 관한 전문가인 Katherine Schreiber와 Leslie Sim은 아마도 스마트 시계와 건강 추적기가 주로 앉아서 지내는 사람들이 운동을 시작하도록 격려해 왔고 별로 활동적이지 않은 사람들이 더 지속적으로 운동을 하도록 장려해 왔음을 인정했다. 하지만 그들은 그 장치들이 또한 상당히 위험하다고 확신했다. Schreiber는 숫자에 집중하는 것이 사람들을 자신의 몸과 조화를 이루는 것으로부터 분리한다고 설명했다. 운동하는 것은 아무런 생각이 없게 되는데, 그것이 중독의 '목표'이다. 그녀가 언급했던 이 '목표'는 일종의 무의식적 분별없음, 즉 의사 결정을 장치에 위임하는 것이다. 그녀는 혹사당한 몸에 귀 기울이는 것을 거부하고 대신에 터무니없는 운동 목표를 향하여 계속해서 달렸기 때문에 최근 자신의 발에 피로 골절을 입었다. Schreiber는 중독적인 운동 성향으로 고통을 겪어왔고, 운동할 때 웨어러블 기기를 사용하지 않기로 맹세한다.

어휘 **take up** ~을 시작하다 **separate** 분리하다
stress fracture 피로 골절

030 ④

해석 여러분의 후각은 여러분을 자신의 감정, 본능 그리고 기억과 직접 이어준다. 향기는 행복한 상태를 촉진하는 힘을 가지고 있다. 여러분의 매일 습관 속에서 향기를 활용함으로써 여러분은 건강의 강렬한 상태의 장점들을 즐길 수 있다. 여러분이 좋아하는 한 향기를 찾아서 진정되고 평온함을 느낄 때 그 향기를 들이마셔라. 아마 그것은 명상 중에 여러분이 태우는 향, 편안함을 주는 목욕동안 여러분이 불을 붙이는 등, 혹은 취침시간 전에 여러분이 쿠션에 뿌리는 아로마 오일 스프레이일 것이다. 이윽고 여러분의 몸은 이러한 편안해진 감정들을 그 특정한 향기의 사용과 연결 짓게 될 것이다. 스트레스 순간을 맞닥뜨리게 되면 여러분은 편안한 상태와 연결 되는 향기를 맡을 수가 있고, 그것이 여러분의 몸 전체를 통해 진정 반응을 일으킬 것이다.

어휘 instinct 본능 meditation 명상

031 ①

해설 정기적으로 요가를 한 어린이들이 스트레스를 더 적게 느꼈다는 내용이므로, 글의 요지로 ①이 가장 적절하다.

해석 요즘 점점 더 많은 어린이들이 어른들이 겪는 것과 똑같이 많은 양의 스트레스를 겪는다. 주로 많은 숙제, 방과 후 활동의 압박, 그리고 또래 친구들과의 경쟁이 어린이들에게 스트레스를 야기하고, 상당히 많은 어린이들은 이 스트레스로 고통받고 있으며, 이로 인해 심지어 병원에 입원까지 한다. 다행히도 어린이들의 스트레스를 완화시켜주기 위해서, 많은 부모들이 정기적으로 어린이들에게 요가를 하게 하기 시작했다. 어른들을 위한 요가와는 달리 어린이들을 위한 요가는 그들이 일반적으로 좋아하는 역동적인 동작과 자세로 구성되어 있다. 요가를 함으로써 어린이들은 신체 인식, 유연성 그리고 자기 통제 등을 발전시킬 수 있고 이것은 그들의 스트레스를 감소시키는 데 기여한다고 알려져 있다. 시애틀 요가 협회에서 실시한 조사에 따르면, 요가를 수련한 어린이들이 그렇지 않은 어린이들보다 스트레스를 정말로 더 적게 느꼈다.

어휘 compete 경쟁하다 posture 자세 awareness 인식
flexibility 유연성

032 ②

해설 엘리베이터가 있는 직장에서 직원 편람에 명시되어 있지는 않지만 사람들이 엘리베이터에서 먼저 내린 후 타야 하는 규칙은 지켜져야 한다는 내용의 글이므로, 필자의 주장으로 가장 적절한 것은 ②이다.

해석 직장 밖에서는 여러분이 원하는 것은 무엇이든지 대부분 할 수 있지만, 유니폼을 입고 나면 사무실 규칙이 여러분의 행동에 영향을 준다. 하지만 그런 많은 규칙이 명시적이라기보다는 암묵적이다. 직원 편람에 있지는 않지만 여러분이 어기고 싶지 않는 그런 무언의 사무실 규칙 중 하나는 엘리베이터에 올라타기 전에 먼저 사람들을 내리게 하는 것이다. 어떤 이유에서인지 이것은 말해 줄 필요가 있다. 틀림없이 여러분은 매일 누군가가 이 실수를 범하는 것을 볼 텐데, 특히 여러분이 엘리베이터가 있는 건물에서 근무하면 그렇다. 문이 열리고, 사람들이 나오려고 하면 누군가가 엘리베이터를 놓칠 위험에 처한 것처럼 질주해서 들어가려고 한다. 아마도 잠깐 동안의 당황스러운 분위기가 깔린다. 혹은 모든 그 사회적 에티켓이 몇 초 동안 없어져 버린다. 그것이 무엇이든지 간에 여러분이 밀려들어가기 전에 먼저 사람들이 쏟아져 나올 시간을 주어라.

어휘 dictate ~에 영향을 주다 implicit 암시적인, 암묵의
explicit 명시적인 take hold 장악하다, 사로잡다
strip away ~을 제거하다[벗겨 내다] crowd in ~에 밀려들다

033 ④

해설 어떠한 어려운 일이 있더라도 항상 긍정적인 가능성을 찾아보라는 내용이므로, 글의 요지로 ④가 가장 적절하다.

해석 여러분은 오늘 여러분의 겨울(힘겨운 시간) 속에 있을지도 모른다. 한 걸음 앞으로 나아갈 때마다, 3피트의 눈에 가로막힌 것처럼 보일지도 모른다. 아무 것도 제대로 돌아가지 않는 것 같다. 봄은 백만 년쯤 떨어진 것처럼 보일지도 모른다. 의심이 마음을 가득 채우고 정신을 빼앗기 시작하고 있다. 여러분은 "이것이 정말 그럴만한 가치가 있는 거야? 어쨌든, 무엇 때문에 이것을 해낼 수 있다고 생각했던 거야?"라고 묻고 있는 조그마한 목소리를 듣기 시작한다. 여러분은 이 상황을 어떻게 보려고 선택할 것인가? 나는 여러분에게 어떠한 어려운 일이 있더라도 그것의 긍정적인 가능성을 항상 찾아보라고 권한다. 물론, 춥고 땅에는 눈이 많다. 하지만 "이것에 관한 좋은 점은 무엇인가?"라고 스스로에게 물어보는 것은 어떤가? "겨울은 곧 끝날 것이니까, 남은 겨울을 즐기면서 스키를 타러가는 것은 어떤가?"가 답변이 될 수 있을 것이다. 절망적인 방향이 아닌 긍정적인 방향으로 마음을 돌려놓기 시작할 때, 여러분의 생각은 자동적으로 여러분을 승리의 길로 이끌 것이다. 여러분은 자신 앞에 놓여있는 어려운 일에 대해 더욱 낙천적으로 생각하기 시작할 것이다.

어휘 take over 빼앗다, 접수하다 steer 돌리다, 조종하다
bleak 절망적인, 암담한

034 ①

해설 학생에게 학급에서 사용하는 소셜 미디어에 대한 지나친 관리자로서의 접근 권한을 주어서는 안된다는 내용이므로, 필자의 주장으로 ①이 가장 적절하다.

해석 교사로서 여러분은 때로는 여러분이 학급에서 사용하는 소셜 미디어에 대한 관리자로서의 접근 권한을 학생들에게 주어야 하는지 아닌지 궁금할지도 모른다. 예를 들어, 여러분이 학급 블로그나 위키를 갖고 있다면, 학급 구성원들이 게시물이나 페이지를 승인하고, 자신들의

취향에 맞게 그 사이트를 바꾸며, 대체로 내용물을 잘 정돈할 수 있도록 관리자로서의 특권을 학생들에게 주고 싶을지도 모른다. 그런 접근 권한을 제공하는 것은 학생들에게 주인 의식을 주지만, 그들에게 어떤 서비스의 설정과 관리에 대한 지나친 권한을 허용하지 말라고 강하게 경고하고자 한다. 이것은 짓궂은 장난의 가능성 (비록 그것이 분명히 존재하기는 하지만) 때문이 아니라, 오히려 학생 관리자가 우연히 다른 학생들의 작업을 삭제하거나 또 다르게는 여러분의 학급에서 그 서비스의 작동에 돌이킬 수 없는 변경을 해버릴지도 모르기 때문이다. 내 경우에는, 학생들에게 학급 사이트에 대한 관리자로서의 접근 권한을 허용하지 않는데, 그들이 사용자 실수로 인해 발생할지도 모르는 어떤 재난에 대한 책임을 지게 만들고 싶지 않기 때문이다.

어휘 administrative 관리상의, 관리의
wiki 위키(사용자들이 내용을 수정·편집할 수 있는 웹사이트)
privilege 특권　tidy 잘 정돈된, 깔끔한
caution against ~하지 말라고 경고하다　mischief 짓궂은 장난
irrevocable 돌이킬 수 없는　catastrophe 재난

035 ②

해설 여러분은 '서두름에 중독된 사람'인가? 혹시 여러분은 자신들이 끊임없는 서두름 속에 있다고 느끼는 빠른 속도의 도시에 살고 있는가? 1,000명이 넘는 미국인을 대상으로 한 최근 여론 조사는 거의 절반이 일상생활에서 충분한 시간이 부족하다고 느꼈다는 것을 밝혀냈다. 할 것은 너무 많고 그것을 할 시간은 충분하지 않다는 느낌인 '시간 기근'은 불필요한 스트레스와 줄어든 성과의 원인이다. 우리 모두는 우리에게 해야 할 일이 매우 많을 때 서두르는 경향이 있고, 그리고 그것이 우리의 성과에 부정적으로 영향을 미친다. 급히 일을 하는 것은 여러분이 집에서 급하게 나와 결국 열쇠나 전화기 혹은 지갑을 부엌 식탁 위에 잊고 온 것을 알게 될 때와 같이 실제로는 결국 여러분을 늦어지게 한다. 더 빨리 운전하는 것은 여러분을 자신의 목적지에 조금이라도 더 일찍 데려다주지는 않을 것이다. 일을 더 빠르게 함으로써 여러분이 더 많이 하게 될 것이라고 가정하는 것은 함정이다.

어휘 poll 여론 조사　famine 기근　trap 함정

036 ④

해설 개인적인 고난을 경험한 많은 부모들은 그들의 자녀가 더 나은 삶을 살기를 바란다. 자녀가 불쾌한 경험을 겪지 않도록 해주고자 하는 것은 고귀한 목적이고, 그것은 당연히 자녀에 대한 사랑과 염려로부터 나오는 것이다. 그러나 이러한 부모들이 깨닫지 못하는 것은 그들이 단기적으로는 자녀의 삶을 좀 더 즐겁게 만들어 주고 있을지 모르지만, 장기적으로는 그들의 자녀가 자신감, 정신력, 그리고 중요한 대인 기술을 습득하는 것을 막고 있을지도 모른다는 것이다. 19세기의 영국작가인 Samuel Smiles는 "희망, 욕망, 그리고 분투의 여지를 남기지 않은 채, 자신의 노력 없이 그의 모든 소망에 대한 완전한 만족보다 인간에게 가해지는 더 심한 저주가 과연 있을까 하는 의문이 든다."라고 썼다. 건전한 발달을 위해 아이는 실패를 다루고 어려운 시기를 거쳐 발버둥 치며 고통스러운 감정을 경험할 필요가 있다.

어휘 noble 고귀한　curse 저주

037 ②

해설 차가운 방에서 자는 것이 숙면을 돕고, 칼로리를 연소시키고, 멜라토닌 호르몬을 분비하게 도와준다는 내용의 글이므로, ② '차가운 환경에서 자는 것의 긍정적 효과'가 글의 주제로 가장 적절하다.

해석 여러분이 잠이 들 때 여러분의 내부 온도는 약간 떨어지고, 여러분의 몸이 차가워지면 차가워질수록 여러분은 더 졸린 것을 느낀다. 차가운 방에서 자는 것은 여러분의 체온을 더 빨리 떨어뜨리고 여러분이 더 빨리 자는 것을 도와준다. 그것은 또한 여러분이 담요를 덮고 잠을 자게 자극하는데, 담요의 무게는 여러분이 안전하고 안정되게 하여 편안하게 느끼도록 한다. 게다가, 차가운 온도는 신진대사율을 높이는 것이 확인되었다. '좋은 지방'으로도 알려진 갈색 지방은 여러분의 몸이 차가워질 때 증가하고, 이러한 지방은 몸의 다른 부위보다도 훨씬 더 많은 열을 만들어 내고, 열량과 초과 당류를 연소시킨다. 잘 자는 것은 여러분을 기분 좋게 느끼게 만들 뿐만 아니라 여러분을 멋지게 보이도록 한다! 여러분이 너무 춥지는 않고 차가운 방에서 잘 때, 여러분의 몸은 최적 수치의 멜라토닌을 분비한다. 멜라토닌은 여러분의 기분을 좋게 하고 또한 그것은 노화 방지 호르몬이므로 여러분의 외모도 향상시킬 것이다!

어휘 prompt 자극하다, 유발하다　secure 안정된
metabolism 신진대사　boost 높이다

038 ④

해설 여러 가지 이유로 이주하는 사람들은 토종 물고기의 멸종, 자원 남용, 삼림 벌채, 심한 토양 침식 등 세계의 많은 지역에서 환경을 위협할 수 있다는 내용이다. 따라서 글의 주제로 가장 적절한 것은 ④ '인간의 이주가 환경에 미치는 해로운 영향'이다.

해석 사람들은 여러 가지 이유, 즉 경제적 기회의 결여, 자원 부족, 사회의 불안, 혹은 정부 정책으로 이주한다. 그들은 또한 더 나은 경제 기회, 자유로운 땅, 혹은 비슷한 동기로 다른 지역으로 이끌릴 수도 있다. 하지만 인간의 이주는 흔히 사회적 그리고 문화적 변화를 가져와서 세계의 많은 지역에서 환경을 위협한다. 신 해외 이주민은 단기적인 견해로 자원을 관리하는 경향이 있으며, 전통적인 자원 관리는 사라져서 많은 토종 물고기의 멸종을 일으킬 수 있다. 예를 들어 이주민들은 현존하는 어업 사회가 받아들이지 않는 다이너마이트와 같은 더 파괴적인 어업 방법을 사용할 수 있다. 이주민들은 또한 보호 지역 안이나 근처에 정착하거나 한 지역에 인구 압력을 증가시켜 자원 남용, 삼림 벌채, 그리고 심한 토양 침식을 유발할 수도 있다.

어휘 migrate 이주하다 civil 사회의, 시민의 unrest 불안, 걱정
incentive 동기 outlook 견해, 조망 extinction 멸종
overuse 남용, 혹사 deforestation 삼림 벌채
intense 심한, 격렬한 erosion 침식, 부식

039 ②

해설 훌륭하거나 형편없는 연설문이 회사에 미치는 영향력이 크다는 점을 고려할 때, 훌륭한 연설문 작성자의 역할이 중요하며 이들에 대한 수요가 큰 것은 자연스럽다는 내용이므로, 글의 주제로 ②가 가장 적절하다.

해석 오늘날 사업 세계에서는, 훌륭한 연설문 작성자에 대한 수요가 크다. 바쁜 임원들은 흔히 도움을 구하기 위해 연설문 작성자에게 의지하는데, 그들 자신이 글을 잘 쓰지 못하거나 그저 그들 자신의 연설문을 쓰는 데 바칠 시간이 없기 때문이다. 많은 대기업은 정규직 연설문 작성자를 고용하는데, 이들은 보수를 많이 받고, 존경을 받으며, 경영진을 경청하게 만들 수 있다. 다른 기업들은 자신의 최고 경영진들에게 연설 작성의 도움을 제공하기 위해 홍보 회사나 프리랜서 작가를 고용한다. 연설문 작성자가 20분에서 30분의 연설을 작성하는 데 3천, 4천, 혹은 5천 달러나 그 이상의 비용을 요구하는 것은 이상한 일이 아니다. 그리고 훌륭한 연설문이 회사를 위해 무엇을 할 수 있는지를 고려해 보면, 정말로 훌륭한 연설문은 그 가격이면 저렴한 것이라고 내가 말할 때 여러분은 나를 믿어야 한다. 혹은, 그것에 대해 부정적으로 말하자면, 형편없는 연설문이 회사에 무엇을 할 수 있는지를.

어휘 executive 임원, 경영진 devote to ~을 ··에 바치다
have the ear of ~을 경청하게 할 수 있다, 움직일 수 있다
retain 고용하다, 보유하다 craft 공들여 만들다

040 ④

해설 움직이지 않기, 도망치기, 싸우기 이 세 가지는 포유동물과 다른 척추동물 종에서 꽤 보편적인 행동 방어 반응이다. 그러나 어떤 종들은 '긴장성 부동화'라고도 불리는 '죽은 체하기'와 같은 가능한 다른 선택 사항을 가지고 있다. 움직이지 않기처럼 이 행동은 공격을 막는 것을 도와 줄 수 있지만, 움직이지 않기에서 근육들이 수축되고 싸우기나 도망치기에서 (근육들이) 사용될 태세를 갖추는 반면, 긴장성 부동화에서는 신체의 근육들이 이완된다. 또 다른 그러한 반응은 '방어적 파묻기'인데, 설치류는 혐오 자극을 향하여 흙을 파는 데 자신의 발과 머리를 사용할 것이다. 다른 행동 선택 사항에는 큰 소리 내기, 껍데기 안으로 들어가기, 단단한 공 모양으로 말기, 땅속과 같이 포식자가 없는 장소에서 살기로 정하기 또는 무리를 지어 삶으로써 수적인 안정성에 의지하기가 포함된다.

어휘 tonic immobility 긴장성 부동화 rodent 설치류
predator 포식자

CHAPTER 02 빈칸, 연결어
문제편 126p

001 ①

해설 ② 혼란시키는
③ 비현실적인
④ 관습적인

해석 Charles Darwin이 자신의 자연 선택 이론을 전개했을 때, 그는 유기체의 적응은 결국 생존과 번식을 위한 경쟁에 의해 일어난다고 진화 과정을 묘사했다. 이 생물학상의 '생존 경쟁'은 경쟁 시장에서 경제적 성공을 얻으려고 애쓰는 사업자들 사이의 인간으로서의 분투와 상당히 닮았다. Darwin이 자신의 연구를 발표하기 오래 전에, 사회과학자 Adam Smith는 이미 사업에서 경쟁이 경제적 효율과 적응 이면에 있는 추진력이라고 생각했다. 진화 생물학과 경제학의 근대 이론 창시자들이 자신의 주된 견해의 근거로 둔 사상이 얼마나 비슷한가는 정말 매우 놀랍다.

어휘 natural selection 자연 선택
evolutionary 진화의, 진화론에 의한 adaptation 적응
reproduction 번식 strive for ~을 얻으려고 애쓰다
driving force 추진력 striking 놀라운, 이목을 끄는
founder 창시자

002 ③

해설 ① 대중에게 정직함
② 적에게 물러날 기회를 제공함
④ 시종일관 하나의 목표에 집중함

해석 1944년 독일군의, 런던에 대한 로켓포 공격이 갑자기 증가했다. 2,000개가 넘는 V-1 비행 폭탄이 도시에 떨어져, 5,000명이 넘는 사람들의 목숨을 앗아 갔고, 그보다 더 많은 사람들에게 부상을 입혔다. 하지만 웬일인지 독일군은 시종일관 자신의 목표물을 빗맞혔다. Tower Bridge나 Piccadilly로 의도된 폭탄은 도시에 한참 못 미쳐서, 사람이 더 적게 거주하는 교외에 떨어지곤 했다. 이것은 독일군이 목표물을 정할 때 그들이 영국에 배치해 둔 비밀 요원들에게 의지했기 때문이었다. 그들은 이 비밀 요원들이 발각되었고, 대신 영국의 지휘 하에 있는 요원들이 그들(독일군)에게 교묘하게 거짓 정보를 제공하고 있다는 사실을 몰랐다. 폭탄은 떨어질 때마다 목표물에서 점점 더 먼 곳을 맞히곤 했다. 공격이 끝날 무렵에 그것들은(폭탄은) 시골에 있는 암소 위로 떨어지고 있었다. 적에게 잘못된 정보를 제공함으로써 영국군은 큰 이득을 얻었다.

어휘 rocket-bomb 로켓포 flying bomb 비행 폭탄
wound 부상을 입히다 consistently 시종일관
miss 빗맞히다, 못 맞히다 target 목표물, 표적
fall short of ~에 못 미치다 suburb 교외, 근교
plant 배치하다, 심다 secret agent 비밀 요원

deceptive 거짓의

003 ①

해설 ② 너무 많이 쓰고 나중에 후회한다
③ 어느 정도 빚을 지고 있다
④ 에너지 보존의 필요성을 느낀다

해석 대부분의 사람이 매일 상품과 상호작용을 한다. 여러분이 실제로 멈춰 생각해 보면, 보통의 사람이 자신의 돈을 쓰는 것의 대부분은 상품 소비를 중심으로 돌아간다. 아침에 잠에서 깨어나면, 여러분은 커피 한 잔을 마실지도 모른다. 출근하는 길에 여러분은 자신의 차에 휘발유를 넣을지도 모른다. 전기 요금 청구서 대금을 치르거나, 자동차를 사거나, 옷을 사거나, 혹은 심지어 케이크를 구울 때조차, 여러분은 상품과 관련된 경비에 돈을 쓰고 있다. 이러한 물품의 가격은 실물의 가격에 의해 좌우된다. 예를 들면 중동 지역의 고조된 긴장으로 인해 원유 가격이 오를 때, 여러분은 휘발유 가격에서 이를 쉽게 볼 수 있다. 과도한 더위로 인해 천연가스의 수요가 증가할 때, 여러분은 또한 여러분의 공과금 청구서에서도 이를 볼 수 있다.

어휘 spend money on ~에 돈을 쓰다
revolve around ~을 중심으로 돌아가다   consumption 소비
commodity 상품   bill 청구서   expense 경비, 비용
be dependent on ~에 의해 좌우되다   crude oil 원유
tension 긴장   the middle east 중동 지역
drive up ~을 증가시키다, (값을) 올리다   utility bill 공과금 청구서

004 ②

해설 ① 누가 잘못인지
③ 무엇이 진정으로 할 가치가 있는지
④ 언제 우리가 다른 사람을 도와야 하는지

해석 우리가 얼마나 불우한가에 대한 우리의 느낌은 '상대적'이다. 이것은 분명하기도 하고 (탐구해보면) 아주 심오한 관찰이며, 그것은 그렇지 않으면 당혹스럽게 만드는 모든 종류의 관찰을 설명해 준다. 예를 들어, 다음 중에서 어느 곳이 더 자살률이 높다고 생각하는가? 스위스, 덴마크, 아이슬란드, 네덜란드, 그리고 캐나다처럼 시민들이 스스로 매우 행복하다고 분명히 말하는 나라들인가, 아니면 시민들이 스스로 매우 행복한 것은 전혀 아니라고 묘사하는 그리스, 이탈리아, 포르투갈, 그리고 스페인과 같은 나라들인가? 정답은 소위 행복한 국가들이다. 대부분의 사람들이 꽤 불행한 곳에서 여러분이 우울하다면, 여러분은 여러분 주변의 사람들과 여러분 자신을 비교하며 그렇게 아주 나쁘다고 느끼지 않는다. 그러나 여러분은 나머지 모든 사람들이 얼굴에 커다란 미소를 짓고 있는 나라에서 우울하다는 것이 얼마나 어려운 일임에 틀림없을지를 상상할 수 있겠는가?

어휘 observation 관찰   exploration 탐구, 탐험, 답사

profound 심오한   otherwise 그렇지 않으면
puzzling 당혹스럽게 만드는   suicide 자살
declare 분명히 말하다, 선언하다   describe 묘사하다
so-called 소위, 이른바

005 ①

해설 필자는 아버지가 구두끈을 매는 것을 보고 반복적으로 시도해서 성공했듯이 연습을 통해서 기술을 익힐 수 있다고 말하고 있으므로 빈칸에 들어갈 말로 ①이 가장 적절하다.

해석 나는 내가 아이였을 때 구두끈 매는 것을 처음 배운 것을 기억한다. 나의 아버지는 내 옆에 앉아서 어떻게 구두끈을 매는지를 나에게 보여 주곤 했다. 내가 그곳에 앉아서 지켜볼 때, 나는 눈으로 아버지의 모든 움직임을 점검하고 검토하면서 아버지의 동작을 모방하고 배우기 시작했다. 몇 번의 시도가 실패한 후, 그리고 이 기술을 익히는 데 얼마간의 시간과 에너지를 바친 후, 내 구두끈이 매어지는 것을 알아차렸을 때 나는 신이 났다! 그것은 내가 아버지에게서 배운 잊을 수 없는 교훈이었다. 여러분이 어떤 것을 반복할 때, 두뇌는 신경 체계를 통해 여러분의 근육에 신호를 보내 어떤 계산된 방식으로 근육이 반응하도록 말해 준다. 이것이 어떤 주어진 행동에서 더 많이 일어날수록, 이 행동은 더 많이 발전된다. 여러분이 그것을 더 잘하게 될수록, 여러분은 그것을 더 익히게 된다. 그래서 내가 말하려는 요점은 무엇인가? 요점은 이것이다. 연습은 모든 기술의 어머니라는 것이다.

어휘 mimic 모방하다   inspect 조사하다   devote 바치다
calculate 계산하다

006 ③

해설 낙서를 금지하는 표지판이 있었지만, 벽에 낙서가 가득한 골목은 그렇지 않은 골목보다 더 많은 광고 전단이 버려졌다는 실험 결과는 무질서한 지역에서 사람들이 사회의 규칙을 지키지 않는 경우가 더 많았다는 결론을 내릴 수 있으므로 빈칸에 들어갈 말로 ③이 가장 적절하다.

해석 Groningen 대학교의 연구자들은 무질서의 징후가 사람들에게 특정 사회의 규칙을 어기도록 부추기는지를 알기 위한 실험을 했다. 그들의 연구는 자전거를 세우는 데 자주 사용되는 골목에서 행해졌다. 그 연구자들은 두 가지 상황을 만들었다. 한 지역에서는 골목의 벽이 새롭게 페인트가 칠해져 있었고, 다른 지역에서 벽은 낙서로 덮여 있었다. 두 지역에서 보두 낙서를 금지하는 큰 표지판이 세워졌고, 그러고 나서 모든 자전거는 자전거 손잡이에 광고 전단이 붙어 있었다. 자전거 소유자들이 돌아왔을 때, 그들의 행동은 몰래 관찰되었다. 그 골목에는 쓰레기통이 없어서 자전거 타는 사람은 세 가지 선택을 할 수 있었다. 그는 그 전단을 갖고 가거나, 그것을 다른 자전거에 붙이거나, 그것을 바닥에 던져버릴 수가 있었다. 벽이 깨끗했을 때의 33%와 비교하여 그 골목에 낙서가 있을 때는 자전거 타는 사람의 69%가 그것을 (바닥에) 던져버

렸다.

어휘 **conduct** 행하다　**alley** 골목　**prohibit** 금지하다
flyer 전단　**attach** 붙이다

007 ②

해설 A 상자에는 100개의 공이 들어 있는데 이 중 붉은 공이 50개이고 검은 공이 50개라고 했고, B 상자도 역시 100개의 공이 들어 있지만 몇 개가 붉은 공이고 몇 개가 검은 공인지 모르는 상황에서 어느 경우에든 A 상자를 선택했다는 것은 결국 알려진 확률의 것을 선택한다는 것을 의미하므로, 빈칸에 들어갈 말로 ②가 가장 적절하다.

해석 상자 두 개가 있다. A 상자에는 100개의 공이 들어 있는데 붉은 공이 50개이고 검은 공이 50개이다. B 상자 또한 100개의 공이 들어 있지만, 얼마나 많은 붉은 공이 있고 얼마나 많은 검은 공이 있는지 모른다. 여러분이 보지 않고 상자 중 하나에 손을 넣어 붉은 공을 꺼낸다면, 100달러를 탄다. 여러분은 A와 B 중 어느 상자를 선택하겠는가? 대부분은 A를 선택할 것이다. 정확하게 똑같은 상자를 사용해서 다시 해보자. 이번에는 여러분이 검은 공을 꺼낸다면 100달러를 탄다. 이제 어느 상자를 택하겠는가? 여러분은 십중팔구 다시 A를 선택할 것이다. 그러나 그것은 비논리적이다! 첫 번째 판에서, 여러분은 B 상자가 더 적은 붉은 공과 더 많은 검은 공이 들어 있다고 가정했고, 따라서 합리적으로는 이번에는 B를 선택해야 할 것이다. 걱정하지 마라. 이런 잘못을 하는 것은 여러분만이 아니다. 이 결과는 전에 하버드 대학교 심리학자였던 Daniel Ellsberg의 이름을 딴 'Ellsberg 역설'이라고 알려져 있다. Ellsberg 역설은 우리가 알려지지 않은 확률보다 알려진 확률을 더 좋아한다는 경험상의 증거를 제공한다.

어휘 **majority** 대다수　**opt for** ~를 선택하다
go for ~를 택하다　**illogical** 비논리적인
assume 가정하다, 생각하다　**rationally** 합리적으로; 이성적으로

008 ④

해설 식물성 음식을 먹던 유인원이 음식원을 육류로 전환함으로써 섭취한 에너지를 전혀 희생하지 않고 내장 크기를 상당히 줄였다는 내용이므로 빈칸에 들어갈 말로 ④가 가장 적절하다.

해석 사회생활을 하는 덩치가 큰 모든 영장류는 어떤 형태로나 열매를 먹는다. 열매, 씨앗 그리고 덩이줄기(어떤 식물의 땅속 저장 기관)는 모든 식물성 음식 중에서 에너지가 가장 풍부하고, 그것들의 에너지는 영장류가 가장 잘 이용할 수 있는 형태로 되어 있다. 열매를 먹는 유인원으로서 조상 원인(原人)은 내장 크기를 줄이는 한 방법으로 자기들의 식습관을 현저히 개선할 수 없었을 것이다. 그들이 이용할 수 있는 단 한 가지 음식원은 더 영양이 풍부한 것이었고, 그것은 육류였다. 고기는 에너지가 풍부하고, 그 에너지는 소화하는 동안 특히 흡수하기 쉬운 형태로 되어 있다. 결과적으로, 육식 동물은 자기들의 신체 크기에 비해 다소 작은 내장을 가지고 있다. 육류 음식으로 전환함으로써, 조상 원인은 에너지를 섭취한 것을 전혀 희생하지 않고서 내장 부피에서 상당한 절약을 할 수 있었다.

어휘 **primate** 영장류　**tuber** 덩이줄기　**storage** 저장
accessible 이용[접근]할 수 있는　**nutrient-rich** 영양이 풍부한
absorb 흡수하다　**digestion** 소화　**sacrifice** 희생하다

009 ①

해설 브라질 사람들은 약속 시간에 항상 늦는 사람들을 가장 성공한 것으로, 시간을 엄수하는 사람들을 가장 성공하지 못한 것으로 평가했다는 내용으로 보아 사람을 기다리게 하는 것이 신분의 핵심이라고 볼 수 있다. 그러므로 빈칸에 들어갈 말로 가장 적절한 것은 ① '신분'이다.

해석 일부 국가에서, 다른 사람들을 기다리게 하는 것은 신분의 핵심이다. 브라질의 한 조사에서 내 동료들과 나는 사람들에게 약속 시간 엄수가 성공과 얼마나 연결된다고 생각하는지 물었다. 놀랍게도 브라질 사람들은 약속 시간에 항상 늦는 사람들을 가장 성공한 것으로, 그리고 시간을 엄수하는 사람들을 가장 성공하지 못한 것으로 평가했다. 우리의 자료는 또한 브라질 사람들이 약속 시간에 항상 늦는 사람들을 더 느긋하고, 행복하며, 호감이 가는 것으로 평가했는데, 그 모든 것이 성공한 것과 연관이 있는 경향이 있다. 처음에 이런 대답들은 나를 깜짝 놀라게 했다. 겉으로 보기에 무한한 시간적인 관용이 있는 나라에서도 이것은 도가 지나친 것 같았다. 유연한 것과 정시에 도착하지 않는 것이 실제로 효과가 있다고 믿는 것은 서로 다른 것이다.

어휘 **essence** 핵심, 필수　**colleague** 동료
punctuality 시간 엄수　**to one's surprise** 놀랍게도
rate 평가하다　**likeable** 호감이 가는
associated 연관[관련]이 있는　**throw** 깜짝 놀라게 하다
seemingly 외관상　**infinite** 무한한　**temporal** 시간의
tolerance 관용, 인내　**go overboard** 도가 지나치다
flexible 유연한　**pay off** 효과가 있다, 성공하다

010 ④

해설 차가 충돌하면 더 무거운 차가 더 안전하고, 그러므로 시장은 더 무거운 차를 생산하는 경향으로 흐를 것이므로, 법적으로 모든 차를 경차로 규제하면 안전의 위험도 줄어들고 에너지 효율성도 높일 것이라는 내용의 글이다. 따라서 빈칸에 들어갈 말로 ④ '모든 차들이 가볍도록 요구된다면'이 가장 적절하다.

해석 경차에 대한 주요 반론은 그것들이 더 무거운 차들에 비해 덜 안전하다는 것이다. 많은 사람들은 무거운 차가 그들을 보호해 줄 것이라고 느끼는데 그들은 부분적으로는 맞다. 무거운 차에 있으면 여러분 자신이 다치는 것보다 여러분이 충돌한 차에 있는 사람들을 다치게 하기 더 쉽다. 아이러니하게도, 만일 모든 차들이 가볍도록 요구된다면 모두

의 안전이 개선될 것이다. 이것은 공유지의 역설로 알려진 현상의 사례이다. 모두가 협력하면 모두가 더 잘 살 것이지만, 평균적인 안전이 감소하더라도, 보편적인 동의로부터 이탈하여 더 무거운 차를 고른 사람은 누구든지 더 안전할 것이다. 법이 크기를 규제하지 않는다면 시장은 더 큰 차로 밀고 나갈 것이다. 그런 법을 갖는 가장 쉬운 방법은 효율성을 규정하는 것인데, 더 가벼운 차들이 연료 면에서 더 효율적이기 때문이다.

어휘 objection 반론, 반대 partially 부분적으로
ironically 아이러니하게도 phenomenon 현상
cooperate 협력하다 depart 이탈하다 regulate 규제하다
prescribe 규정하다
the paradox of the commons 공유지의 역설(공유 자원은 소유권이 없기 때문에 이기심으로 인해 과다하게 사용되어 고갈된다는 내용)

011 — ①

해설 과학에 관한 지식이 많지 않은 사회일수록 주변 현상을 기적으로 보는 경향이 있으며, 현재는 보편적으로 이해되는 것들도 수세기 전에는 초자연적이라고 여겨졌다는 내용이므로, 빈칸에 들어갈 말로 ①이 가장 적절하다.

해석 나의 여행과 다양한 문화에 대한 접촉은 나에게 기적에 관한 중요한 것을 가르쳐 주었다. 나는 사람들이 기초 과학에 관해 더 적게 알수록, 그들이 기적에 관해 더 많이 이야기 한다는 것을 알게 되었다. 예를 들어, 천문학과 의학에 대한 인식이 거의 없는 곳에서는 기적적인 일식과 월식 현상, 그리고 대부분의 사람들이 회복해내는 경미한 질병과 부상으로부터의 기적적인 치유에 관한 많은 이야기를 듣는다. 높은 수준의 과학적 소양이 있는 사회에서도, 나는 여전히 기적이라고 주장하는 것을 들었으나, 그것은 빈도가 더 낮았으며 거의 항상 비행기 추락 사고에서 살아남은 사람들이나 실종된 등산객의 구조처럼 특이한 사건에 국한되었다. 그 상관관계는 분명하다. 자연계에 대한 더 많은 이해는 현상을 설명하는 데 있어 기적에 덜 의존함을 의미한다. 이것은 또한 역사에서 발견되기도 한다. 수 세기 전에는, 지금은 널리 이해되는 것들이 초자연적이라고 여겨졌다. 이러한 경향은 미래에도 유효할 가능성이 크다. 우주가 운행하는 방식에 대한 미래 세대의 더 큰 이해 덕분에, 오늘날의 기적적인 현상은 아마 내일의 일상적인 일이 될 것이다.

어휘 encounter 접촉, 만남 eclipse (일식, 월식의) 식(蝕)
science literacy 과학적 소양, 과학 지식 correlation 상관관계
hold true 유효하다, 진실이다

012 — ①

해설 역사적으로 천재들의 탁월함은 단일한 것보다는 다양한 것을 만들어내는 데서 기인한다는 내용이므로, 빈칸에 들어갈 말로 ①이 가장 적절하다.

해석 다윈의 진화이론에서 가장 의미있는 연구 결과 중 하나는 사람, 지식, 활동, 그리고 조직 구조의 차이점이 창의성과 혁신에 있어 결정적이라는 점이다. Dean Keith Simonton의 연구는 모차르트, 셰익스피어, 피카소, 아인슈타인, 그리고 심지어 다윈과 같은 각각의 천재들의 성공이 진화적인 관점에서 가장 잘 이해된다는 것을 보여주는데, 여기서 탁월함은 다양성에서 기인한다. 이렇게 유명한 창조자들은 더 넓은 범위의 아이디어를 만들어냈고 그들의 동시대인들보다 더 많은 결과물을 완성했다. 그들은 다른 이들보다 더 빠른 속도로 성공을 하지는 않았다. 그들은 단지 더 많은 것을 했다. 일부는 이 경향을 거스르지만, 이들은 생산성이 높은 다른 이들보다는 영향력이 적다. 위대한 화가 베르메르는 그의 일생동안 전부 유사한 스타일의, 50개 보다 적은 작품을 남겼다. 그의 작품의 놀라운 아름다움에도 불구하고, 그는 피카소의 놀라운 다양성과 역사를 뒤바꾸는 영향력보다는 부족한, 단일한 탁월함만을 달성했다.

어휘 evolution 진화 rate 속도
counterpart 상응하는 사람, 상대방 defy 저항하다, 반항하다
range 다양성

013 — ②

해설 부정적이고 자기비판적인 사고방식을 극복하고 긍정적이고 적응성이 있는 사고방식으로 바꾸기 위해서는 먼저 행동을 바꿀 필요가 있다는 내용이므로, 빈칸에 들어갈 말로 ②가 가장 적절하다.

해석 '행동이 말보다 더 중요하다'라는 관용구를 틀림없이 들어본 적이 있을 것이다. 기분 회복에 관한 한 이보다 더 맞는 말은 없다. 덜 우울하게 느끼기 위해 생각하는 방식을 진정으로 바꾸려면, 행동을 바꿀 필요가 있다. 다시 말해, 새로운 대안적인 사고방식에 따라 행동할 필요가 있다. 이것은 부정적이고 무의식적인 사고에서 더 긍정적이고 적응성이 있는 사고로 바꾸기 위해서 인지치료사가 자신들의 우울증 환자에게 사용하는 가장 강력한 접근방법이다. 우리는 이것을 '경험에 의거한 가설 검증'이라고 부르는데, 이는 부정적이고 자기 비판적인 사고에 대한 믿음을 약화시키고, 더 긍정적이고 대안적인 사고에 대한 믿음을 강화시키기 위해 고안되었다. 근본적으로, 이것은 더 현실적인 대안과 대조되는 부정적인 사고에 관한 시험을 구성하는 일련의 활동을 계획하는 것을 포함한다. 전형적인 부정적 사고에 도전하기 위해 행동에 관한 계획 양식이 사용될 수 있다.

어휘 act on ~에 따라 행동하다
cognitive therapist 인지 치료사 adaptive 적응성이 있는
hypothesis testing 가설 검증

014 — ②

해설 소니 워크맨에 대한 설문조사 결과가 불리하게 나왔지만 결국 엄청난 인기 상품이 되었으며 '리더스 다이제스트'라는 잡지의 독자들을 대상으로 한 여론조사 결과가 실제 여론과는 전혀 달랐다는 내용이므로, 빈칸에 들어갈 말로 ②가 가장 적절하다.

해석) 우리는 설문조사의 한계점의 몇 가지를 말해주는 이야기를 들어본 적이 있다. 현대적인 퍼스널스테레오의 선구자였던 Akio Morita의 소니워크맨은, 아마 설문 조사를 받은 소비자들이 고성능 음악 재생 장치를 귀에 꽂고 재생하면서 걸어 다닌다는 개념을 이해할 수 없었기 때문에, 불리한 시장 조사 결과에 부딪쳤다고 한다. 소니는 소매 판매망을 갖고 있었으며, 불리한 조사 결과에도 불구하고 워크맨을 시장에 내놓아 대성공을 거두었다. 진정으로 혁신적인 마케팅 아이디어는 창의적인 기업가 정신을 필요로 하며 소비자들에게 새로운 소비 개념을 가르친다. 소비자들은 진정으로 혁신적인 개념을 비교할 대상을 갖고 있지 않으므로 그것(아이디어)은 종래의 시장조사 기술의 범위를 벗어난다. 한때 '리더스 다이제스트'라는 잡지는 미국 대선에서 누구에게 투표할 것인지 알아내기 위해서 엄청난 수의 독자들을 설문 조사했다. 조사 인구가 굉장히 많았음에도 불구하고 그 결과는 틀렸다는 것이 밝혀졌는데, 그 출판물의 독자들이 더 광범위한 미 유권자들을 대표하는 것은 아니었기 때문이었다.

어휘) **precursor** 선구자
personal stereo 퍼스널 스테레오(휴대용 시디·카세트 플레이어)
adverse 불리한, 부정적인 **presumably** 아마, 생각건대
grasp 이해하다, 파악하다 **entrepreneurship** 기업가 정신
readership 독자, 독자층

015 ──────────── ②

해석) 우리는 우리 삶의 CEO들이다. 우리는 일어나 직장에 가고 매일 우리가 해야 하는 것을 하도록 자신을 자극하려 노력한다. 우리는 또한 우리를 위해 그리고 우리와 함께 일하는 사람들, 우리와 거래하고 있는 사람들, 그리고 심지어 우리를 통제하는 사람들을 격려하려 노력한다. 우리는 개인의 삶에서도 이러한 행동을 한다. 매우 어린 나이 때부터, 아이들은 성공의 정도는 각기 다르지만, 부모가 그들을 위해 무언가를 하도록 설득하려 노력한다.("아빠, 저 너무 무서워서 이것을 할 수 없어요!") 성인으로서, 우리는 우리를 위해 무언가를 하도록 배우자를 격려하려 노력한다.("여보, 내가 오늘 매우 힘든 날을 보냈는데 아이를 재우고 설거지를 해줄래요?") 우리는 아이들이 자신의 방을 치우도록 시키려 시도한다. 우리는 이웃이 동네 파티를 돕도록 유도하려 노력한다. 우리의 공식적인 직업에 대한 묘사가 무엇이든지 간에, 우리는 모두 시간제 동기부여자들이다.

어휘) **urge** 자극하다, 재촉하다 **regulate** 통제하다
significant other 배우자, 애인 **induce** 유도하다

016 ──────────── ③

해석) 중미의 많은 지역에서 토착민들은 비타민 A와 같은 필수 영양분이 가득한 녹색 채소를 재배할 수는 있지만, 재배하지 않는다. 일반적으로 말해서, 이 사람들은 이러한 곡물을 재배하는 전통을 가지고 있지 않다. 그들은 흔히 일반적인 교육을 받는 것에 제한이 있고, 건강이나 영양과 관련된 조언을 거의 접하지 못하며, 최대한 많은 사람들이 먹을 수 있는 식량을 재배한다. 그들은 흔히 많은 tortilla와 콩을 먹어서 충분한 단백질을 섭취하며 배부를 때까지 먹는다. 하지만 미량 영양소의 부족은 그들의 자녀에게 실명, 철분 결핍, 그리고 다른 발육 장애의 발병을 초래한다. 이러한 상황에서 가정은 불균형을 바로잡기 위해 식단을 다양화하고 보다 많은 녹색 채소를 심고, 때로는 영양적 지원을 받도록 권장 받으며, 영양에 대한 교육을 받아야 한다.

어휘) **sufficient** 충분한 **deficiency** 결핍(증) **obesity** 비만

017 ──────────── ②

해석) 르네상스의 가장 흥미를 돋우는 그림들 중 하나는 Albrecht Düer가 그린 잡초가 무성한 지대의 정교한 묘사이다. Düer는 우리가 평소에는 다시 쳐다볼 생각조차 하지 않을 잡초나 풀이 겉보기에 아무렇게나 모여 있는 것으로부터 디자인과 조화를 끌어낸다. 그러한 평범한 사물을 취함으로써 그는 자신의 예술적 재능을 순수한 형태로 전달할 수 있다. 이와 유사하게, 과학자들은 문제의 핵심을 이해하려 노력할 때 흔히 보잘 것 없는 대상을 연구하도록 선택한다. 비교적 단순한 체계를 연구하는 것은 불필요한 복잡함을 피하고 보다 깊은 통찰력이 얻어지도록 할 수 있다. 이는 우리의 학습하는 능력만큼 다루기 어려운 것을 우리가 이해하려고 노력할 때 특히 그러하다. 인간의 반응은 너무 복잡해서 객관적으로 해석하기가 어려울 수 있다. 때로는 한 발 뒤로 물러서 박테리아나 잡초와 같은 좀 더 보잘 것 없는 생물들이 직면하는 어려움에 어떻게 대처하는지 생각해보는 것이 도움이 된다.

어휘) **complication** 복잡(함)
problematic 다루기 어려운, 문제가 있는
modest 보잘 것 없는, 겸손한

018 ──────────── ②

해설) Helen Keller가 귀가 멀고 눈이 먼 것을 무활동의 구실로 이용하기를 거부했다고 하면서 그녀의 말을 인용했고 아이디어가 있으면 그것에 따라 행동해야 한다고 했으므로, 빈칸에 들어갈 말로 ② '활동'이 가장 적절하다.

해석) Helen Keller는 귀가 멀고 눈이 먼 것을 무활동의 구실로 이용하기를 거부했다. 그러기는커녕 그녀는 "내가 모든 것을 다 할 수는 없지만, 그래도 나는 어떤 것은 할 수 있다. 그리고 모든 것을 다 할 수는 없다고 해서 내가 할 수 있는 그 어떤 것을 하기를 거부하지 않을 것이다."라고 말했다. Helen Keller는 우리가 앞서고 싶다면 시작해야 한다는 것을 이해했다. 여러분은 어떤 좋은 아이디어를 갖고 있는가? 틀림없이 그럴 것이다! 우리 모두 그렇다. 좋은 아이디어의 부족은 없지만, 그 아이디어의 실행은 부족하다. 우리들 중 많은 사람들이 멋진 아이디어를 갖고 있지만, 그것에 따라 행동하지 않는다. 아이디어는 그것에 생명을

불어넣지 않는다면 무가치하다. 존재하는 것에 대처하는 동물의 왕국의 나머지들과는 달리 인간만이 존재하지 않는 것을 창조한다. 비행기, 전화기, 텔레비전, 컴퓨터와 책 모두가 인간의 창조력을 통해 생겼다. 그리고 그 창조력은 활동에 의해 표출되었다.

어휘 inaction 무활동, 게으름　get ahead 앞서다, 성공하다
shortage 부족, 결핍　follow-through (계획 등의) 실행, 완수
cope with 대처하다, 극복하다
come into being (태어)나다, 생기다　humanity 인류, 인간

019 ──────────────────────── ①

해설 어린이들은 똑같은 크기의 컵 두 개에 똑같은 양의 물이 들어 있다는 사실을 알고 있는데도 더 폭이 좁은 컵에 그 물을 부었을 때 물이 더 많이 있다고 대답했다. 이 실험을 설정한 Piaget는 이를 통해서 어린이들이 주위에 있는 세상을 합리적인 방식으로 이해하지 못한다고 결론 내렸다고 했으므로, 빈칸에 들어갈 말로 ① '논리적으로 생각하는 능력을 가지고 있지 않다'가 가장 적절하다.

해석 Jean Piaget는 우리가 어린이들을 이해하는 데 엄청난 영향력을 가진 사람이었다. 그에 따르면, 3에서 6세 사이의 어린이들은 논리적으로 생각하는 능력을 가지고 있지 않다. Piaget가 이 나이의 어린이들에게 준 많은 과업 가운데 그가 '보존' 과업이라고 언급한 것이 있었다. 가장 잘 알려진 과업에서 그는 어린이들에게 물이 절반 들어 있는 똑같은 크기의 컵 두 개를 보여주었다. 어린이들은 두 개의 컵 모두 똑같은 양의 물이 들어 있다는 것을 인지했다. 그 후 그는 한 컵에 있는 물을 더 길고 더 좁은 컵에 부었다. 물의 표면이 올라간 것처럼 보였고, 어린이들은 물이 컵에 부어지는 것을 보았다는 사실에도 불구하고, 더 긴 컵이 더 짧은 컵보다 물을 더 많이 가지고 있다고 대답했다. Piaget는 상당히 많은 이러한 작은 과업을 만들어냈고, 이 나이의 어린이들은 자신들 주위에 있는 세상을 아직은 합리적인 방식으로 이해하지 못한다고 결론 내렸다.

어휘 influential 영향력이 있는　conservation 보존, 보호
conclude 결론 내리다　reasonable 합리적인

020 ──────────────────────── ①

해설 자신에게 주어진 환경에 어떻게 반응하여 처리하느냐가 개인에게 중요한 영향을 미친다는 것을 예시를 들어 설명하고 있다. 따라서 빈칸에 들어갈 말로 ① '여러분이 어떻게 환경과 상호작용을 하는가'가 가장 적절하다.

해석 개인은 자신의 주변 환경에 의해 영향을 받을 수밖에 없다. 이것은 가장 많은 관심을 기울여야 하는 환경의 측면이다. 예를 들어, 여러분이 멋진 식사를 할 것을 기대하면서 멋진 음식점에 갔는데, 여러분 옆에 제멋대로 굴고 시끄러우며 통제 불능인 걸음마를 배우는 아이를 동반한 어떤 가족이 앉아 있다면, 여러분의 식사의 즐거움은 손상될 것이다. 시끄럽고 제멋대로 구는 아이가 없는 상태에서 멋진 식사를 하려고 하는 여러분의 목적을 환경이 방해하고 있는 그 시점에서, 중요한 것은 여러분이 어떻게 환경과 상호작용을 하는가이다. 과도하게 감정적으로 되거나 격분하게 되면, 부모가 걸음마를 배우는 아이를 그 장소에서 내보낸다 하더라도, 여러분은 신경이 날카로워졌을 것이므로 불쾌한 시간을 가질 수 있다. 반면, 걸음마를 배우는 아이의 방해를 받지 않을 다른 곳으로 자리를 옮겨 달라고 종업원에게 요청하는 조치를 한다면, 여러분은 이 장애를 극복하고 여전히 멋진 식사도 할 수 있을 것이다.

어휘 toddler 걸음마를 배우는 아이
unruly 제멋대로 구는, 다루기 힘든
compromise 손상하다, 타협하다　enraged 격분한, 성난

021 ──────────────────────── ③

해설 상사와 관계가 안 좋은 상황이라도 갈등을 빚는 것을 자제하며 자신에게 이득이 될 것인가를 고려하여 신중하게 싸움을 할 때를 선택하라는 내용의 글이므로, 빈칸에 들어갈 말로 가장 적절한 것은 ③ '전투에 관여하지 말라'이다.

해석 상사와 어려운 시간을 보내고 있다면 상황을 객관적으로 평가하고 전투를 전략적으로 고르라. 상사와 공공연한 갈등을 시작하기 전에 동기를 검토하라. 화가 났는가? 정의를 위한 강력한 욕구가 있는가? 복수가 동기인가? 이것들은 사업의 세계에서 확고한 동기가 아니다. 여러분의 경력을 확실하게 하거나 출세하는 것, 직업을 유지하는 것, 혹은 정당한 보상과 인정을 받는 것이 전투를 위한 더 정당한 동기이다. 이기는 것만 관심이 있던 무자비한 장군이었던 Sun Tzu조차 신중함과 자제를 옹호했다. 'The Art of War'에서 그는 분노나 분개로 전투를 해서는 절대 안 된다고 경고했다. "상황이 불리하면 행동하지 말라."고 그는 경고했다. 그리고 그것은 일의 세계에서도 적용된다. 여러분이 상사와의 갈등에서 이득을 볼 것이 아니라면, 전투에 관여하지 말라.

어휘 assess 평가하다　strategically 전략적으로
compelling 강력한　revenge 복수　compensation 보상
recognition 인정　ruthless 무자비한　advocate 옹호하다
caution 신중함; 경고하다　restraint 자제　resentment 분개함
stand to benefit 이득을 보다, 수혜를 입다
confrontation 싸움, 대결

022 ──────────────────────── ②

해설 학생들이 시를 쓰게 되면 언어 기술이 향상된다는 내용의 글이므로, 빈칸에 들어갈 말로 가장 적절한 것은 ② '학생의 언어 기술을 향상시키는'이다.

해석 시는 그림을 만들어 내기 위해 단어를 사용하고 있다. 그것은 학생의 언어 기술을 향상시키는 효과적인 도구이다. 그것은 시가 신중한 관찰과 정확한 단어의 사용을 필요로 하기 때문이다. 시를 쓰는 사람은 형식, 음, 그리고 단어의 미묘한 효과에 맞춰야 한다. 운이 맞는 형식, 음

절 수, 또는 단어의 음을 찾기 전에 자유시부터 시작하라. 특정한 형태에 방해받지 않는 학생이라면 자신의 생각을 표현하기 위해 최고의 단어를 찾는 데 초점을 맞출 수 있다. 자유시에서 학생들은 통합된 학습과 관련하여 흥미로운 혹은 중요한 사람이나 사건에 대한 그림을 만들어 내기 위해 단어나 어구를 사용하지, 완전한 문장을 사용하는 것이 아니다. 시를 사용하는 또 다른 방법은 흥미로운 시를 만들어 내기 위해서 학생들로 하여금 교과서에서 나온 단어들만 사용하게 하는 것이다.

어휘 **call for** ~을 필요로 하다　**attune** 맞추다　**subtle** 미묘한 **free-verse poem** 자유시　**rhyme** 운이 맞다 **syllable count** 음절 수　**hinder** 방해하다　**integrated** 통합된

023 ②

해설　가족 단위로 사는 사람들은 상황이 순조롭게 진행될 때는 협동의 필요성을 못 느끼다가 전체에 영향을 미치는 어떤 일이 발생했을 때 함께 일했다는 내용이므로, 빈칸에 들어갈 말로 가장 적절한 것은 ② '우리가 모두 상호 연결성의 땅 위에서 걷는다'이다.

해석　가족 농장과 작은 사회에서 사는 사람들은 협동을 위한 필요성을 생각할 필요가 없다. 헛간 준공식, 음식을 가져와서 하는 식사, 그리고 공동 수확은 수백 년 동안 규범이었다. 하지만 더 고립되어 가족 단위로 사는 사람들은 우리가 모두 상호 연결성의 땅 위에서 걷는다는 것을 잊는 경향이 있다. 즉, 우리는 상황이 순조롭게 진행되는 한 전체에 영향을 미치는 어떤 일이 발생할 때까지 잊는다. 주요한 고용주가 한 사회에서 사업을 접으면, 모두가 경제적, 사회적, 그리고 개인적 충격을 느낀다. 2004년 캘리포니아주 La Conchita의 작은 마을에서 산사태가 몇 채의 집을 뒤덮었을 때 이웃 도시의 사람들은 그 충격을 느꼈고 집과 사랑하는 사람을 잃은 가족을 지원하기 위해 함께 일하며 관여했다.

어휘 **reminder** 생각나게 하는 것[사람] **barn raising** 헛간 준공식　**norm** 규범, 기준　**landslide** 산사태

024 ①

해설　유명하기는 하지만 특정 문제에 대한 견해는 알려지지 않은 사람들이 있다. 예를 들어, 헬렌 켈러는 아주 유명한데, 학생들은 그녀가 장님으로 태어나 말도 못하고 듣지도 못했지만 크게 성공했다고 배운다. 그러나 그녀가 1차 세계대전에 반대하는 조직의 지도자였다는 사실을 학생들은 듣지 못한다. 이와 유사하게, 마크 트웨인은 소설가로 유명하지만, 학생들은 그가 필리핀에서의 전쟁을 반대하면서 항의했다는 사실을 배우지 않는다. 시어도어 루스벨트 대통령이 1906년에 필리핀 섬에서 많은 사람들을 죽이면서 승리한 미국의 장군에게 축하를 했다는 것 때문에 마크 트웨인이 루스벨트 대통령을 비판했다는 사실을 학생들은 듣지 못한다.

어휘 **protest** 항의하다　**criticize** 비판하다

025 ③

해설　(A) 앞뒤의 내용이 서로 대조되므로 (A)에는 However가 적절하고, (B) 앞뒤의 내용은 서로 인과 관계를 이루므로 (B)에는 Therefore가 적절하다.

해석　독서 속도는 보통 분당 단어(wpm)로 측정된다. 당신의 wpm은 실제로 몇 분 동안 지속되는 독서 테스트 중 당신이 1분에 읽는 단어의 평균 수이다. 그러나 당신이 책을 읽을 때 얼마나 빨리 읽는지를 아는 것만이 유일한 방법은 아니다. 당신은 몇 시간 안에, 며칠 안에 혹은 심지어 몇 주 안에 책 한 권을 다 읽을지도 모른다. 그러나 비록 책 한 권을 다 읽는 데 몇 주가 걸리더라도 당신은 마음이 상할 필요가 없다. 평생 동안 단 한 권의 책을 다 읽지 못한 사람들도 많이 있다. 믿기지 않을 수도 있지만 그들 중 몇 사람은 대학 졸업생들이다. 이 나라의 약 절반의 사람들은 지난 4, 5년 동안 책 한 권을 읽지 못했다. 그러므로 책 한 권을 다 읽는 데 몇 주가 걸리더라도, 당신은 많은 사람들보다 훨씬 앞서 있는 것이다.

어휘 **complete** ~을 끝내다, 완료하다 **incredibly** 믿기지 않을 정도이나　**graduate** (대학) 졸업자

026 ③

해설　(A)에는 앞에 나온 내용과 뒤에 오는 내용이 서로 역접관계를 이루고 있으므로 To the contrary가 적절하고, (B)는 빈칸을 앞뒤로 삶이 공평하지 않다는 것을 인정하지 않을 때와 인정할 때의 상반되는 경우에 대해 설명하고 있으므로 However가 적절하다.

해석　삶이 공평하지 않다는 사실은 우리가 우리 자신의 삶이나 세계 전체를 개선시키고자 최선을 다해 서는 안 된다는 것을 의미하지는 않는다. 그와는 반대로, 그것은 우리가 그렇게 해야 한다는 것을 시사한다. 우리가 삶이 공평하지 않다는 것을 인정하지 않을 때, 우리는 다른 사람과 우리 자신에게 연민을 느끼는 경향이 있다. 연민(pity)은 모든 사람들을 그들이 이미 느끼고 있는 것보다 더 기분을 나쁘게 느끼도록 만드는 것 이외에는 어떤 누구를 위해서도 아무것도 해 주지 못하는 자기 파괴적인 감정이다. 하지만, 우리가 삶이 공평하지 않다는 것을 정말로 인식할 때, 우리는 다른 사람과 우리 자신에게 동정심(compassion)을 느끼게 된다. 동정심은 모든 사람에게 친절함을 가져다주는 가슴 따뜻한 감정이다. 다음에 당신이 세상의 공평하지 못함에 대해서 생각할 때, 바로 이 기본적인 사실을 떠올리려고 노력하라.

어휘 **injustice** 불공평

027 ①

해설　(A) 다양한 괴롭힘의 사례가 이어서 제시되고 있으므로 예시를 나타내는 연결어가 가장 적절하다. (B) 과학기술의 발달에 의한 또 다른 괴롭힘의 형태가 부가적으로 설명

되고 있으므로, 추가첨가를 나타내는 연결어가 적절하다.

해석) 당신은 다양한 형태의 괴롭힘의 피해자가 될 수 있다. 예를 들어, 당신은 사회 집단에서 따돌림을 당하거나, 다르다고 여겨지거나, 돈과 소유물을 강재로 뺏기거나, 또는 신체적으로 공격을 받을 수 있다. 흔히 괴롭힘은 학교에서 일어나는 일로 묘사되지만, 당신이 학교 문을 나서더라도 끝나지 않을 수 있다. 사실 그것은 나이에 상관없이 누구에게나 우리 생활 어디서든지 일어날 수 있다. 그것은 버스에서, 길거리에서, 그리고 직장에서 사람들에게 영향을 미칠 수 있다. 게다가 발달하는 과학기술과 더불어, 위협적인 이메일이나 문자 메시지를 보내는 것이 또 다른 형태의 괴롭힘이 되고 있다. 현재 다섯 명의 아이들 중 한 명이 이런 방법으로 괴롭힘을 당하고 있다고 보고된다.

어휘) victim 피해자, 희생자 hand over 건네주다.
physically 신체적으로 advance 발달하다, 진보하다
threatening 위협적인, 협박하는

028 ②

해설) (A)에는 일반석 신드롬에 대한 가능성 있는 증상의 사례를 제시하므로 In fact이고, (B)는 우려와는 달리 여행사에서 주장하는 바는 아무런 근거가 없다고 하므로 however가 적절하다.

해석) 사람들 대부분은 비행하는 것을 다소 불안해한다. 최근의 몇몇 보고서에 따르면, "비행기 일반석 신드롬"은 높은 수준의 우주 방사선과 우리가 기내에서 마시는 공기의 의문스러운 품질에 대한 염려만큼이나 대중적 관심을 끌었다. 실제로, 비좁은 좌석에 앉게 되면 일부 승객은 혈액응고물이 생겨 종아리가 심한 통증과 함께 부어오르게 된다고 본다. 그러면 더 심각하게 그 혈액응고물 중 일부는 혈류를 통해 폐로 이동할 수도 있다. 그러나 항공회사들은 비좁은 비행기 선실이 혼잡한 기차나 버스, 또는 자동차에서 가만히 앉아있는 것보다 더 위험하다고 암시하는 어떤 결정적인 증거도 지금까지 없었다고 주장한다. 그들은 그것이 본질적으로 자기 관리의 문제라고 한다.

어휘) cosmic radiation 우주 방사선
cramped 꽉 끼인, 혼잡한 swell 부풀다 maintain 주장하다
conclusive 결정적인

029 ①

해설) (A)가 들어가는 문장은 그 앞 문장에서 언급한 부모로부터 물려받는 것에 대한 추가적인 예가 되므로 (A)에는 추가의 연결사 In addition이 적절하다. (B)가 들어가는 문장 앞까지는 유전적 특징에 대해 설명하고 (B)가 들어가는 문장은 환경적 특징에 대해 설명하고 있으므로 (B)에는 역접의 연결사 however가 적절하다.

해석) 당신이 당신의 부모로부터 물려받는 신체적 특징에는 당신의 코, 귀, 손과 발의 모양과 크기 외에도 당신의 일반적인 체격, 당신의 피부색, 당신의 눈 색깔과 모양, 당신의 머리 색깔과 결, 모발이 직모인가 곱슬인가가 있다. 당신이 물려받는 정신적 특징에는 배울 수 있는 당신의 능력과 예술, 음악, 기계학 또는 과학과 같은 특수 분야에 대한 당신의 재능이 있다. 게다가, 당신은 당신이 어떤 상황이나 감정에 어떻게 반응하는가, 당신이 얼마나 쉽게 화를 내는가 또는 당신이 얼마나 냉정함을 유지하는가와 같은 정서적인 특징도 물려받는다. 그러나 이 모든 특징들은 당신의 환경, 당신이 사는 세계, 당신의 부모와 선생님이 당신에게 가르치는 것과 당신이 당신의 지역 사회로부터 배우는 것과 같은 것에 의해 대단히 영향을 받는다.

어휘) trait 특성, 특징 inherit 물려받다 build 체격, 골격
texture (피부·목재 등의) 결 mechanics 기계학
community 지역 사회, 공동 사회

030 ①

해석) 침착함은 상황을 받아들이는 편안한 상태에서 일어난다. 다음 날 아침에 수술을 받는 한 여자는 밤새 잠을 못 이루고 뒤척일지 모른다. 반면에, 같은 수술을 받는 또 다른 여자는 자신이 수술을 통제할 수 없고 의사를 신뢰해야 한다는 것을 알기 때문에 숙면을 취할지 모른다. 두 번째 여자는 침착한 상태에 있다. 때때로 사람들은 숙련되었기 때문에 침착함을 느낀다. 눈길에서 여러 번 운전해 보았기 때문에 눈보라 속의 운전자는 그 날씨를 침착하게 대처할 수 있다. 마찬가지로, 소방관과 경찰관들도 매일 위험한 상황을 겪는데 그들은 위험에 직면할 때 침착하게 일을 수행한다.

어휘) surgery 수술

031 ④

해설) (A) 영어 사용자에게만 가능한 의미 구별이 있음을 말하는 문장 다음에 사례를 제시하고 있으므로 For instance가 맞다. (B) 영어에는 없고 다른 언어에는 있는 의미 구별이 있음을 말하고 있으므로, On the other hand가 적절하다.

해석) 영어를 다른 언어로부터 가장 금방 구별하는 것은 어휘의 풍부함이라고들 자주 말한다. 이것은 영어 사용자들이 비영어권 사용자들에게는 가능하지 않은 단어간의 차이를 구별할 수 있다는 것을 의미한다. 예를 들어, 프랑스어는 house와 home, mind와 brain, man과 gentleman, 그리고 "I wrote"와 "I have written"의 차이를 구별하지 못한다. 스페인어는 chairman과 president를 구별하지 못하고, 러시아어에는 능률, 도전, 약혼 반지에 해당하는 단어가 원래 없다. 반면에, 다른 언어들은 영어에는 부족한 편리함을 갖고 있다. 포르투갈어는 내각과 외각을 구별하는 단어들이 있다.

어휘) set apart 구별하다 distinction 구별짓기
differentiate 구별하다 angle 각도

032 ②

해설 (A) 앞뒤의 내용이 서로 대조되므로 (A)에는 However가 가장 적절하고, (B) 앞뒤의 내용은 서로 인과 관계를 이루므로 (B)에는 As a result가 가장 적절하다.

해석 한 연구에 따르면, 물고기들이 낚시나 포식에 의해 죽임을 당하면 분명히 나타나는 첫 번째 영향은 그 종의 물고기들의 전체 수가 줄어든다는 것이다. 그러나 물고기들의 제거는 또한 남아 있는 각 물고기들 사이에서 먹이에 대한 더 적은 경쟁을 가져온다. 예를 들어, 일정한 비율의 작은 새끼 물고기들이 선택적으로 제거되면 남아 있는 것들은 구할 수 있는 더 많은 먹이를 먹게 되어 더 크고 강한 성숙한 물고기로 자라게 된다. 그 결과, 이 성숙한 물고기들은 죽임을 당했던 작은 새끼 물고기들을 보상할 수 있는 더 많은 새끼 물고기들을 생산할 수 있다. 사실, 증가된 번식은 처음 선택적으로 제거되었던 작은 새끼 물고기들의 수를 보상하는 것 이상이다.

어휘 predation 포식　decline 감소하다　removal 제거
competition 경쟁　selectively 선택적으로
offspring 자손, (동물의) 새끼　compensate 보상하다

033 ④

해설 (A) 앞 문장에서 제시된 일반적인 사실에 대한 예를 자동차와 담배라는 예를 들어서 설명하고 있으므로 '예를 들어'가 적절하다.
(B) 앞 부분에 예를 제시한 다음 이에 대해 요약하는 문장을 뒤에 주었으므로 '요약하자면'이 적절하다.

해석 잡지나 TV의 광고를 자세히 들여다보라. 광고업자들이 그들의 제품과 사람들의 마음을 끄는 무언가를 얼마나 자주 연관시키는지 주목하라. 예를 들어, 스포츠카는 매력적인 여성과 함께 제시될 것이다. 이것은 남성들로 하여금 차와 아름다운 여성을 연관 짓게 하려는 의도이다. 그것은 차를 사면, 그 여자와 데이트하게 된다는 암시이다. 많은 담배 광고에서 사람들이 얼마나 행복해 보이는지 주목하라. 광고업자들은 흡연과 즐거운 시간을 보내는 것을 연관 짓고 싶어 한다. 요약하자면, 광고는 일반적으로 당신이 그들의 제품을 사용하면 더 많은 조경과 사랑과 성공과 행복을 얻을 수 있다고 암시한다.

어휘 commercial 광고　be meant to ~할 의도이다

034 ①

해설 (A) 빈칸 앞뒤 문장은 글의 전체적인 흐름에 있어서 동일한 내용을 말하고 있으므로, '바꾸어 말하면'이라는 의미의 In other words가 오는 것이 적절하다. (B) 빈칸 앞에는 남성들이 높은 IQ 지수대에 더 많이 있다는 내용이 나오지만, 빈칸 뒤에는 동일한 IQ 수준에서는 여성들이 남성들보다 더 많은 것들을 성취한다는 내용이 나오므로, However가 오는 것이 적절하다.

해석 최근에 시행된 IQ 검사는 여성의 평균 IQ와 남성의 평균 IQ가 같다는 것을 보여준다. 하지만 IQ 범위의 양 끝에 나타난 수치는 성별간에 큰 차이가 있다. 바꾸어 말해서, 지능 지수에 있어서 가장 낮은 수치와 최고 수준의 수치에 (여성들보다는) 남성들이 더 많이 분포되어 있다. IQ 지수가 80인 남성들은 여성들의 네 배이다. 그리고 IQ 지수가 125인 남성들은 (여성들의) 두 배이고, IQ 지수가 155인 남성들은 (여성들의) 다섯 배나 되는데, 이것은 '천재'의 수준이라고 볼 수 있는 것이다. 그렇지만 동일한 IQ 수준에 있는 사람들을 고려해 본다면, 여성들이 남성들보다 더 많은 것들을 성취할 수 있는데, (이것은) 아마도 여성들이 참고 견디는 힘든 일을 하는 시기에 더 잘 적응해 낼 수 있기 때문일 것이다.

어휘 carry out 성취하다, 실행하다
extreme 양 극단에 있는 것
spectrum (변동하는 것의) 연속체, 범위　scale 눈금, 단계
be associated with ~와 관련되다, ~이 연상되다
genius 천재

035 ④

해설 인터넷을 통해서 중고차에 관련된 정보를 얻을 수 있다는 내용에 이어서 구체적인 웹사이트를 소개하고 있으므로 (A)에는 'for example'이 적절하고, (B)에는 중고차의 사고 전력을 알 수 있는 또 다른 사이트를 소개하고 있으므로 'In addition'이 적절하다.

해석 인터넷은 중고차 구매자에게 많은 정보를 제공한다. 우선, 그들은 사진을 볼 수 있고 상대적인 안전성, 신뢰성, 그리고 소유주의 만족감에 대한 자료를 찾아볼 수 있다. 또한, 그들은 독자적인 비평을 읽고, 자신의 지역에서 판매인을 찾고, 옵션을 선택하고, 그리고 가격을 비교할 수 있다. 예를 들면, Auto Channel의 웹사이트에서는 소비자들이 중고 자동차의 가격에 대한 자료를 찾아볼 수 있고, 그 웹사이트는 구매자들로 하여금 지역, 제조사, 모델, 가격대, 연식, 그리고 원하는 특징을 기초로 검색을 설계할 수 있도록 한다. 게다가, 소비자들은 VINguard의 무료 전화번호를 알려주는 다른 사이트를 클릭할 수 있는데, VINguard는 자동차의 이력을 보고하고 자동차가 충돌사고를 낸 적이 있는지 알려준다.

어휘 a wealth of 많은, 풍부한　make 제작, ~제(製)
toll-free 무료 전화의
vin 자동차 등록 번호(vehicle identification number)

036 ①

해설 한국 정부가 세계 이미지를 높이기 위해 10가지 리스트를 작성한 것은 경제적 위상에 비해 낮은 국가 이미지 등급에 대한 반응이므로, (A)에는 'In response'가 적절하고, (B)에는 태권도 및 '세종대왕'과 같은 예들이 제시되었으므로 'For instance'가 적절하다.

해석) 한국은 세계 경제 순위 13위 국가이다. 하지만, Anholt-Gfk Roper 국가브랜드 지표에 따르면, 한국의 세계 이미지는 매년 조사되는 거의 200개 국가 중에서 오직 33위에 불과했다. 이에 반응하여, 한국정부는 한국의 세계 이미지를 높이기 위해 해야 할 상위 10개의 리스트를 만들었다. 그 목록의 첫 번째는 한국의 문화와 한국어에 대한 국제적인 인식을 높이는 것이다. 예를 들어, 한국 정부는 한국 내에서 그리고 해외에서 한국의 국기(national sport)인 태극도를 적극적으로 장려하고 '세종대왕원'이라는 이름으로 해외 한글학교들을 통합하기로 결정했다.

어휘) **awareness** 인식 **unify** 통합하다

037 ③

해설) (A)에서는 예시관계를 나타내는 'for example'을, (B)에서는 역접관계를 나타내는 'however'을 사용해야 한다.

해석) 역사가들은 무술에서 띠를 도입한 것이, 유도의 창시자인 Jigoro Kano라고 밝혀냈다. Kano는 어떠한 집단의 학생들이 특정 활동들로 훈련하고 겨룰 수 있는지 나타내기 위하여 흰색과 검은색 띠를 사용했다. 예를 들면, 흰색 띠의 학생들은 검은색 띠의 학생들이 배운 전면전 기술을 연습할 수 없었다. 곧, 태권도와 쿵푸와 같은 다른 무술들도 다른 색 띠를 도입했다. 띠의 사용 덕분에 한 도장 내의 학생들의 숙련도와 경험이 쉽게 인식될 수 있었다. 그러나, 기술이 도장에 따라 독특하고 달랐기 때문에 다른 도장의 학생과 비교하여 학생의 등급을 결정하는 것은 혼란스러웠다. 그래서 대부분의 각 무술도장들이 일관된 등급 기준을 만들게 되었다.

어휘) **martial art** 무술 **proficiency** 숙달 **consistent** 일관된

038 ④

해설) (A)의 앞부분에서 법정 증거는 해당 사건과 관련이 있어야 한다는 내용이 왔고, (A)의 뒷부분에는 이에 대한 예를 들고 있으므로, (A)에는 'For example'이 적절하다. (B)의 앞부분에는 목격자들이 직접 보고 들은 것이 증거가 될 수 있다는 내용이 왔고, 뒷부분에서는 간접적으로 들은 것은 증거가 될 수 없다는 역접의 내용이 나오므로, (B)에는 'However'가 적절하다.

해석) 법정 증거 규정에서 가장 기본적인 원칙들 중 하나는 증거가 해당 사건과 관련이 있어야 한다는 것이다. 예를 들어, 모욕적인 말을 한 죄로 기소되었다면, 당신이 교통 법규를 위반했다는 사실은 관련이 없다. 이것은 관련이 없는 사실이므로, 이것을 입증하기 위한 어떠한 증거도 배제되어야 한다. 또 다른 규정은 소문에 의한 증거를 배제하는 것이다. 즉, 어떤 사람이 다른 사람이 말하는 것을 들었다고 말한다면, 일반적으로 증거로 받아들여지지 않는다. 증인들은 자신이 범죄 행위에 대해서 직접 목격한 것만을 말할 수 있다. 목격자는 강도 행위가 벌어지는 것을 보았거나, 강도 행위가 일어나는 소리를 들었거나, 강도 행위 현장에서 달아나는 사람들을 보았다고 말할 수 있다. 그럴지만, 증인은 다른 목격자가 강도 행위에 대해 말한 내용을 증언할 수는 없다.

어휘) **exclude** 배제하다

039 ④

해설) 제품의 품질이 뛰어나다는 것과 경쟁에서 밀리는 사실과의 관계는 역접이므로 (A)에는 Nevertheless가 적절하다. (B) 다음에 이어지는 내용은 앞부분의 내용을 다시 설명하는 것이므로 In other words가 적절하다.

해석) 당신의 회사가 50년 혹은 60년 동안 운동화를 제작해 왔다고 해보자. 운동화의 제품은 뛰어나다. 그럼에도 불구하고, 다른 회사들이 명성과 그에 따르는 수입의 경쟁에서 당신을 추월해 왔다. 그 회사들이 내놓은 로고가 있는 제품들은 신분의 상징(사회적·경제적 위상을 나타내는 상징)이다. 당신 회사의 로고를 달고 있는 제품은 사람들로 하여금 1970년대의 농구 스타들을 생각나게 만든다. 상황을 되돌리려면 당신은 제품의 낡은 이미지를 뭔가 새로운 것으로 전환시키고, 소비자들이 그러한 취지를 알아차리도록 해야 한다. 소비자들이 당신의 제품을 운동화와는 관계가 없는 좀 더 큰 개념 즉, 아름다움, 번영, 혹은 심지어 세계 평화와 동일시해야 한다. 다시 말하자면, 브랜드를 만들어야 한다.

어휘) **status** 지위, 신분, 높은 지위를 주는
turn around 흐름을 바꾸다 **convert** 전환시키다
get the message 진의를 알다 **equate** 동등하다고 생각하다

040 ②

해설) (A) 앞 문장과 뒤 문장은 대조를 이루고 있으므로 (A)에는 In contrast가 적절하고, (B) 뒤 문장은 앞 문장에 대한 역접의 관계이므로 (B)에는 However가 적절하다.

해석) 길들인 모든 동물이 가축은 아니다. 야생 동물이 가축 – 인간에 의해 길들여져서 인간에게 식량, 의복, 운송이나 우정을 제공하기 위해 키워진 동물 – 로 완전히 변화하기 위해서는 수 세기가 걸린다. 한 동물이 일단 가축이 되면 그 새끼는 그들 자신이 길들여질 필요가 없이 가축처럼 행동한다. 이와 대조적으로, 사자와 곰은 길들여질 수 있지만 그 새끼는 그 부모가 그랬던 것처럼 인간에 의해 똑같은 교육을 받지 않으면 야생 동물처럼 행동할 것이다. 그러나 개, 소와 양은 이미 유순하고 길들여진 채 태어난다. 개는 아마도 기록된 역사가 시작되기 전에 길들여진 최초의 동물이었다. 소, 양, 염소와 돼지가 곧 뒤를 이었다. 말, 병아리와 고양이는 훨씬 이후인 기원전 약 3천 년 전에 길들여졌다.

어휘) **tame** 길들이다; 유순한 **domesticate** (동물을) 길들이다
transportation 수송, 운송 **offspring** (사람·동물의) 자식, 새끼
upbringing 교육, 훈육, 양육

041 ①

해설 설득은 청중이 화자의 말을 들을 때 서로 간의 교류가 일어나는 과정이라는 내용이다. (A)에는 앞뒤 문장의 내용이 대조적이기에 'Instead', (B)에는 결론을 이끄는 'Therefore'가 적절하다.

해석 우리는 종종 설득을 화자가 청자에게 하는 것으로 생각한다. 사실은, 설득이란 화자가 청자와 함께 하는 것이다. 청자는 단순히 수동적으로 듣지도 않고, 화자가 말하는 모든 것들에 빠져들지도 않는다. 대신에 그들은 들으면서 화자의 신뢰성, 어투, 입증 소재, 언어, 논거, 그리고 정서적 호소를 평가한다. 이런 정신적인 교류는 청중이 주제에 깊이 관련되어 있고 그것이 그들의 삶에 직접적인 효과가 있다고 믿을 때 특히 활발하다. 그러므로 당신의 설득력 있는 연설을 청중들과 함께 하는 일종의 정신적 대화라고 생각해야 한다.

어휘 persuasion 설득   soak 빠져들다

042 ③

해설 (A)에는 전후에 서로 반대되는 사례가 이어지므로 대조의 연결어 'On the other hand'가 적절하고, (B)에는 전후에 거의 동일한 취지의 내용이 반복되므로 재진술의 기능을 가진 'In other words'가 적절하다.

해석 과밀 인구는 한 유기체의 숫자가 그 서식지의 부양 능력을 초과하는 상태이다. 주어진 환경이 10개의 개체로 이루어진 인구를 갖고 있지만 오직 9개의 개체만을 위한 식량과 식수가 있다면, 그 환경은 인구가 과밀한 것이다. 반면에, 인구가 100이지만 불명확한 미래까지 200을 위한 식량, 주택, 물이 충분히 있다면 그것은 인구가 과밀한 것이 아니다. 이처럼 인구가 매우 희박하게 거주하는 지역들이 인구가 과밀할 가능성이 있는데, 문제의 그 지역이 인간의 생활을 부양하기 위한 빈약한 능력, 또는 능력이 전무하기 때문이다. 다시 말해서, 과밀 인구는 인구의 크기나 밀도 뿐만 아니라 지속적으로 이용 가능한 자원에 대한 인구의 비율, 그리고 그 인구에 의해 사용되는 자원의 사용과 분배의 수단에도 좌우된다.

어휘 populate 거주하다   meager 빈약한, 불충분한

043 ①

해설 신종플루 백신 접종 후 사망자가 발생하기도 하는데, 그것이 반드시 백신과 관계있는 것은 아니라는 내용이므로 (A)에는 However가 적절하다. 매년 수많은 사람들에게 심장 발작과 유산이 발생하고 있기 때문에 이들 중 몇 명은 백신 접종 후에 발생한 것일 수 있다는 내용이므로 (B)에는 Therefore가 적절하다.

해석 신종플루 백신 접종이 다음 달에 시작되자마자 접종을 받은 사람들 중에는 심장 발작이나 뇌졸중으로 죽는 사람이 있을 것이고 유산을 하는 임산부도 있을 것이다. 그러나 그런 사건들이 반드시 백신과 관련이 있는 것은 아닐 것이다. 죽음과 질병에 대한 선정적 보도가 어떻게 1976년 대규모 독감 백신 운동을 망쳐놓았는지를 기억하는 관리들은 그런 사건에 신속하게 대응하여 불안해하는 대중들에게 백신 때문이 아니라는 것을 안심시켜 주려는 계획을 수립하고 있다. 미국에서는 매년 백십만 명의 사람이 심장 발작을 일으키고 876,000건의 유산이 발생한다. 따라서 이러한 비극의 일부가 백신 접종 후 며칠 혹은 심지어 몇 시간 안에 발생한다고 해서 놀랄 일은 아니다.

어휘 heart attack 심장 발작   stroke 뇌졸중
miscarry 유산하다   reassure 안심시키다

044 ①

해설 (A) 뒤의 내용은 앞 문장에 대한 예에 해당하므로 (A)에는 For example이 가장 적절하고, (B) 앞뒤의 내용은 역접 관계를 이루므로 (B)에는 However가 가장 적절하다.

해석 자동화는 매우 복잡한 과정인 것 같다. 그러나 그것은 실제로 기계가 작동하는 매 순간 기계를 통제하는 인간 조작자 없이 단지 기계로 하여금 일을 하게 하는 방식이다. 즉, 자동화 시스템은 기계 혼자 일을 하는 시스템이다. 자동화 시스템은 사람들에게 지루하거나 심지어 위험한 일을 기계가 하기 때문에 종종 사람들을 돕는다. 예를 들면, 원자력 발전소에서 사용되는 방사능 물질을 다루는 것과 같은 일은 종종 기계에 의해 행해진다. 자동화는 더 적은 수의 사람들이 더 많고 더 좋은 제품을 제조하도록 하는 데 그것은 종종 가격이 저렴해질 수 있다는 것을 의미한다. 그러나 자동화는 큰 문제를 야기할 수 있다. 자동화 시스템이 사무실이나 공장에 설치될 때 많은 근로자들은 직장을 잃을 수 있다.

어휘 automation 자동화   complicated 복잡한
radioactive 방사능의   manufacture 제조하다

CHAPTER 03 순서, 삽입, 삭제

문제편 170p

001 ②

해설 James Francis는 영국에서 태어나 열여덟 살에 미국으로 이주했다. 물공학에 대한 그의 첫 번째 공헌 중 하나는 현재 방화(防火)를 위해 건물에서 널리 사용되는 스프링클러 시스템의 발명이었다. (B) Francis의 디자인은 건물 전체에 뻗어 있는, 일련의 구멍을 낸 파이프를 포함했다. 그것은 두 가지 결점이 있었는데, 손으로 켜야 했으며, 단지 '하나'의 밸브만 있는 것이었다. (A) 밸브의 개방으로 일단 시스템이 작동되면, 물이 사방에서 쏟아져 나오곤 했다. 건물이 불에 타버리지 않았을 때는 그것은 틀림없이 완전히 물에 잠기게 되었다. (C) 몇 년 후에 다른 엔지니어들이 요즈음에 사용되는 종류의 스프링클러 헤드를 완성했을 때에야 비로소 그 개념은 대중화되었다. 그것은 자동으로 켜지고, 실제로 필요한 곳에서만 작동되었다.

어휘 emigrate (타국으로) 이주하다 contribution 공헌, 기여
water engineering 물공학 fire protection 방화(防火)
activate 작동시키다, 작동하다 flow out 쏟아져 나오다
burn down 타 버리다, 전소되다 flood 침수시키다
a series of 일련의 defect 결점, 결함
manually 손으로, 수동으로 perfect 완성하다
in use 사용되는 concept 개념

002 ③

해설 판매와 마케팅 사이의 차이는 아주 간단하다. 판매는 주로 수익을 위해 제품을 판매하고자 하는 회사의 요구에 초점을 맞춘다. (B) 회사의 현재 제품에 대한 수요를 창출하기 위해 판매원 그리고 다른 형태의 판촉이 사용된다. 분명히 판매자의 요구가 아주 강하다. (C) 그러나 마케팅은 소비자의 요구에 초점을 맞추고 궁극적으로 판매자도 또한 이롭게 한다. 제품이나 서비스를 진정으로 마케팅할 때, 신제품 개발 과정의 아주 초기에서부터 소비자의 요구가 고려되며, 소비하는 대중들의 충족되지 않은 요구에 부응하기 위해 제품과 서비스의 결합이 기획된다. (A) 적절한 방식으로 제품이나 서비스를 마케팅할 때, 소비자의 요구가 이미 존재하고 그 요구를 충족시키기 위해 제품이나 서비스가 단지 만들어지고 있기 때문에 아주 적은 판매 활동이 필요하다.

어휘 focus 초점을 맞추다 firm 회사 desire 요구, 욕구
product 제품 in the proper manner 적절한 방식으로
consumer 소비자 promotion 판촉, 승진 current 현재의
ultimately 궁극적으로 benefit 이롭게 하다, 혜택을 주다

003 ②

해설 Franklin은 저기압 체계가 대기를 회전 패턴으로 순환시킨다는 중요한 발견을 했다는 주어진 글 다음은 이러한 발견(this discovery)이라는 말로 발견의 이야기를 시작하는 (B)가 와야 적절하다. 그다음에는 Philadelphia와 Boston의 일기 변화를 통해 Franklin이 폭풍우의 이동을 발견하는 (A)가 와야 하고, 이러한 지리적 정보로 폭풍의 이동 패턴을 알게 되었다는 (C)가 마지막으로 와야 적절하다.

해석 폭풍 속에서 연을 날려서 전기를 발견했다고 전해지고 있으며, 그 후에 피뢰침을 발명한 Benjamin Franklin은 저기압 체계가 대기를 회전 패턴으로 순환시킨다는 중요한 발견을 했다. (B) 그는 10월 21일에 월식을 보려 했지만 실패하고 나서 1743년에 이러한 발견을 했다. 그때 Philadelphia에서 폭풍이 있었지만, 나중에 그는 그날 Boston에서는 하늘이 맑았다는 것을 알았다. (A) 물론, 그는 Philadelphia에서 Boston까지 북서쪽으로 여행할 수는 없었지만, 그가 그 다음 날 알아낸 것은 Philadelphia에 있던 폭풍이 Boston으로 이동했다는 것이었다. (C) 이러한 지리적 정보에서 그는 폭풍우가 남서쪽에서 북동쪽으로 시계 방향으로 이동하고 있었다는 것을 믿게 됐다. 이것저것 종합해서 추론하여, Franklin은 저기압 체계가 폭풍우를 이런 식으로 움직이게 한다는 결론을 냈다.

어휘 lightning rod 피뢰침 atmosphere 대기, 공기
circulate 순환하다 rotating 회전하는 lunar eclipse 월식
geographical 지리학적인 clockwise 시계 방향의
put two and two together 이것저것 종합해서 추론하다

004 ④

해설 주어진 글은 필자가 채식주의자 요리로 자신의 전문 분야를 국한한 요리사에 대해 들었다는 내용이다. 따라서 '여러분 중 일부는 그 요리사가 한 방식으로 무언가를 하고'라는 내용의 (C)가 주어진 문장 다음에 와야 한다. 전문가가 되는 것에 가치가 있다는 (C) 후반부의 내용에 상반되는 내용을 전개하는 (B)가 다음에 오고, 하나의 관심 사항보다 더 많은 관심 사항을 가지는 것이 좋을 수 있다는 (B)의 내용을 보충 설명하는 (A)가 마지막에 오는 것이 가장 적절하다.

해석 나는 너무나 전문적이어서 자신의 전문 분야를 아보카도와 치아 씨앗을 전문으로 하는 채식주의자 요리로 국한한 요리사에 대해 들었다. (C) 여러분 중 일부는 그 요리사가 한 방식으로 무언가를 하고, 때때로 당신의 분야에서 세계적으로 선도적인 전문가가 되는 것에는 많은 가치가 있을 수 있다. 만약 그 사람이 당신이고, 당신이 삶의 특정한 방식에 기대기로 했다면, 그것은 당신에게 좋다. (B) 하지만 만약 당신이 당신의 분야에서 힘든 시간을 겪고 있다면, 또 다른 방식이 있다는 것을 명심하라. 당신은 아주 꼭 맞는 자리를 선택할 필요가 없다. 당신은 아마도 하나의 관심 사항보다 더 많은 관심 사항을 가지고 있을 것이고, 그것이 당신을 흥미롭게 하는 것이다. (A) 한 번에 한 가지 직업보다 더 많은 것을 추구하는 것은 한 가지 영역을 추구하는 것보다 더 많은 노력을 요구할지 모른다. 그러나 당신은 그 보상이 노력할 충분한 가치가 있다는 것을 알게 될 것이다. 왜 한 번에 몇 가지 일을 하지 않는가? 당신은 당신의 모든 관심 사항에 맞춰 삶을 발전시킬 수 있다.

어휘 **narrow down** 국한하다, 좁히다
expertise 전문 기술, 전문 지식 **pursue** 추구하다
leading 앞서가는, 선도적인 **lean on** 의지하다, 기대다

005 ③

해설 주어진 문장에서 Sparky가 음반으로 장난을 친다고 기술한 후, (B)에서는 음반으로 장난치는 구체적인 내용을 기술한다. (C)에서 Sparky에게 또 다른 장난이 있다고 하면서 Sparky가 고양이를 데리고 장난치는 것을 기술한 후, (A)에서 그 장난의 구체적인 내용을 기술하고 있다.

해석 우리 가족의 개인 Sparky는 자기가 충분한 관심을 받고 있지 않을 때, 항상 우리에게 알렸다. 예를 들어, 우리가 집을 너무 많이 비우고 있다고 생각하면, 그는 음반을 가지고 장난을 치곤 했다. (B) 우리가 나가 있는 동안 Sparky는 음반이 굴러 나오는 바로 그런 방식으로 음반 선반 위에 있는 앨범 커버를 가볍게 쳤다. 그러고 나서 그는 그 음반을 우적우적 씹었다! 우리는 돌아와서 가장 좋아하는 LP판이 작은 조각들로 물어 뜯겨져 있는 것을 발견하곤 했다. (C) Sparky에게 일반적인 또 다른 장난은 고양이 위에 앉는 것(cat-sit)이었다. 가족들이 자기와 함께 놀아 주지 않고 편안하게 현관에 자리 잡고 있으면, Sparky는 고양이의 귀를 움켜잡아서 그를 계단 위로 끌고 갔고, 그러고 나서 누군가가 자기에게 주의를 기울일 때까지 그 위에 앉아 있었다. (A) 그는 결코 고양이를 다치게 하지 않았다. 그는 고양이 머리가 자기 꼬리 밑으로 쑥 내밀게 하고, "봐, 나와 함께 놀면 이런 장난은 하지 않을 거야."라고 말하는 듯이, 얼굴에 바보스러운 웃음을 띤 채 사람들이 멋진 쿠션에 앉아 있는 것처럼 단지 그 고양이 위에 앉았다.

어휘 **trick** (골탕을 먹이기 위한) 장난 **poke out** ~을 쑥 내밀다
grin 웃음 **mischief** 나쁜 짓, 장난 **tap** 가볍게 치다 **rack** 선반
chew 물어뜯다 **porch** 현관

006 ④

해설 만약 여러분의 모든 여윳돈을 반드시 일어날 일에 대비하여 모아 놓지 않고 빚을 갚는 데 다 쓴다면, 여러분은 어떤 일이 실제로 발생했을 때 돈이 났다고 느낄 것이다. 여러분은 결국 더 많은 빚을 지게 될 것이다. 예상치 못했던 500달러의 자동차 수리 청구서를 예로 생각해 보자. 만약 여러분이 이것을 위해 돈을 모아 놓지 않는다면, 여러분은 결국 갚아야 할 또 다른 빚을 지게 될 것이다. 여러분은 빚을 갚기 위해 열심히 일해 왔지만, 여러분의 빚 목록에 더 많은 빚을 더했을 뿐이라는 것에 대해 좌절감을 느끼게 될 것이다. 반면에, 만약 여러분이 자동차 수리를 위해 돈을 모으고 있고 빚은 좀 더 천천히 줄어 가고 있다면, 여러분은 자동차 수리에 대하여 계획을 세웠다는 것에 대해 자부심을 느낄 것이다. 여러분은 그것에 지불할 돈을 가지고 있으면서도 방해받지 않은 채 예정대로 여전히 빚을 줄여 가고 있을 것이다. 예상치 못한 자동차 수리로 인한 좌절과 실망 대신에, 여러분은 자랑스럽게 그리고 신나게 느낄 것이다.

어휘 **debt** 빚 **extra money** 여윳돈
guarantee 보장하다, 보증하다 **fail** 동나다, 부족하다, 실패하다
end up 결국 ~하게 되다 **frustrated** 좌절된, 실망한
uninterrupted 방해받지 않는 **on schedule** 예정대로

007 ③

해설 문화가 어떻게 우리의 생물학적인 과정에 영향을 미칠 수 있는지에 대한 한 극적인 예는 인류학자인 Clyde Kluckhohn에 의해 제시되었는데, 그는 자신의 생애의 많은 부분을 American Southwest에서 Navajo 문화를 연구하며 보냈다. Kluckhohn는 Arizona에 사는 자신이 아는, 음식에 대한 문화적 반응을 이끌어 내는 것에서 다소 심술궂은 기쁨을 얻었던, Navajo인이 아닌 한 여인에 대한 이야기를 들려준다. 오찬 파티에서 그녀는 참치나 닭고기와 비슷하지만 독특한 맛이 나는 흰살 고기로 채워진 샌드위치를 자주 대접했다. 그 여주인은 모든 사람이 점심 식사를 마친 후에야 비로소 손님들에게 그들이 방금 먹은 것은 참치 샐러드나 닭고기 샐러드가 아니라 방울뱀 고기 샐러드였다고 알려 주곤 했다. 어김없이, 그들이 방금 무엇을 먹었는지 알게 되면 바로 누군가는 먹은 것을 토하곤 했다. 그렇다면, 이것은 소화의 생물학적인 과정이 어떻게 문화적 관념에 의해 영향을 받았는지에 대한 훌륭한 예시이다. 그 과정은 영향을 받았을 뿐만 아니라 완전히 뒤집혔다. 방울뱀 고기는 먹기에 혐오스러운 음식이라는 문화에 기초한 '관념'이 정상적인 소화의 과정에 극단적인 반전을 촉발했다.

어휘 **dramatic** 극적인 **anthropologist** 인류학자
luncheon 오찬, 점심 **light meat** 흰살 고기 **tuna** 참치
distinctive 독특한, 구별이 분명한 **hostess** 여주인
rattlesnake 방울뱀 **invariably** 어김없이 **vomit** 토하다
digestion 소화 **reverse** 뒤집다, 바꾸어 놓다
disgusting 혐오스러운 **trigger** 촉발하다, 방아쇠를 당기다
reversal 반전 **digestive** 소화의

008 ④

해설 주어진 문장의 It은 ④ 앞의 a software program을 받는 것이므로 ④에 주어진 문장이 들어가야 가장 적절하다.

해석 보통 이메일로 더 많이 알려진 전자 우편은 메시지를 전송하기 위해서 통신 시설을 사용한다. 사용자는 한 명의 수령인에게 아니면 한꺼번에 여러 다른 수령인에게 메시지를 보낼 수 있다. 1970년대 초기에 컴퓨터 엔지니어인 Ray Tomlinson은 같은 중앙 컴퓨터에서 일하는 사람들이 서로 메시지를 남길 수 있다는 것을 알았다. 그는 메시지를 다른 중앙 컴퓨터로 보낼 수 있는 이러한 통신 체계의 큰 유용함을 상상했다. 그래서 그는 주고받는 특징들을 사용하는 소프트웨어 프로그램을

약 1주일의 기간에 만들었다. 그것은 한 중앙 컴퓨터에서 다른 중앙 컴퓨터로 네트워크를 통해 사람들이 메시지를 보낼 수 있게 했다. 메시지가 적절한 시스템으로 갔는가를 확인하기 위해서 그는 @ 상징을 차용했는데, 이것은 가장 덜 애매한 키보드 상징이었고 그것이 간단했기 때문이었다.

어휘 communication facilities 통신 시설   utility 유익, 유용
feature 특징, 특색   adopt 택하다[차용하다]   ambiguous 애매한

009 — ④

해설 몇 가지 이유에서 회사들은 직원의 업무 만족도를 높이고자 한다. 행복한 직원들이 더 열심히 일하기 때문에 업무 만족도는 생산성을 높이고, 그들이 더 낮은 비용으로 더 많은 것을 생산하게 한다. 게다가, 많은 서비스 조직에서 자주 고객 만족은 직접적으로 직원들의 태도에 달려 있으며, 그들은 고객에 대한 회사의 얼굴이다. 사람들의 구매 패턴은 그들이 구매를 경험하는 동안 어떻게 느끼는가에 의해 영향을 받기 때문에, 행복한 직원들은 중요하다. 직원들이 만족하지 못하면, 그들의 불행은 고객들의 경험을 악화시키고, 그 결과 고객들은 구매를 덜 하며, 회사의 실적은 어려움을 겪는다. (다시 말해서, 제품의 가격이 더 비싸지만 그만한 가치가 있다면, 그것의 가치는 소비자들에게 받아들여진다.) 분명히 업무에서 무엇이 직원들을 만족하게 하는가를 회사가 아는 것은 중요하다.

어휘 enhance 높이다, 향상하다   productivity 생산성
moreover 게다가   organization 조직   purchasing 구매
suffer 어려움을 겪다, 고생하다   value 가치
acceptable 받아들일 수 있는

010 — ④

해설 경쟁자가 거의 없거나 전혀 없이 대중에게 필수적인 서비스를 제공하는 사업에 관한 내용이므로 화물 수송에서 철도와 선박 수송이 트럭과 항공 수송보다 더 효율적이라는 내용의 ④는 전체 글의 흐름과 관계가 없다.

해석 어떤 유형의 사업에는 경쟁자가 거의 없거나 전혀 없다. 이런 사업들 대부분은 대중에게 필수적인 서비스를 제공한다. 예를 들어, 많은 공익 기업체들은 자기 분야에서 법률상 독점권을 가진다. 전력과 물과 같은 서비스를 제공할 때, 한 회사는 몇 개의 경쟁하는 회사보다 좀 더 효율적으로 운영할 수 있을 것이다. 공항과 철도와 같은 다른 기업들은 너무 비용이 많이 들어서 몇 개의 회사가 같은 지역에서 운영할 수 없다. (화물 수송에서 철도 수송과 선박 수송이 일반적으로 트럭 수송보다 훨씬 더 효율적이며, 항공 화물은 훨씬 덜 효율적이다.) 이런 유형의 사업에서 정부 규제가 가격을 정하고 품질 기준을 설정할 때 경쟁을 대신한다.

어휘 public utility company 공익 기업체   legal 법률상의
monopoly 독점(권)   freight 화물   efficient 효율적인
trucking 트럭 수송   regulation 규제

011 — ④

해설 작물을 키우기 위해 흙을 평지보다 높이 쌓아 올린 부분을 만드는 것의 장점에 관한 글이다. 따라서 흙의 구조를 보존하기 위해 흙을 파서 뒤집지 말라는 ④의 내용은 글의 전체 흐름과 관계가 없다.

해석 노지에서보다 흙을 (평지보다) 높이 쌓아 만든 부분에서 작물을 키우는 것은 여러분이 생육 조건에 대해 통제를 더 잘 하도록 해 준다. 높이 쌓은 부분을 새로 만들 때나 오래된 것을 고쳐 만들 때, 여러분은 그것을 신선하고 비옥한 흙으로 채울 수 있고, 뒤이은 몇 해 동안에도 그 흙이 작물에 적절하도록 개선하는 것이 쉬울 것이다. 높이 쌓은 부분의 상승된 높이는 또한 그것을 파서 고르고 돌을 제거하기 쉽게 하는데, 그것은 돌이 많은 흙에서 어려움을 겪을 당근과 같은 뿌리 작물들을 위해 이상적이다. 유기 물질은 통로가 아닌, 흙을 평지보다 높이 쌓아 만든 부분에 필요한 만큼 넣어질 수 있어서 낭비가 거의 없을 것이다. (섬세한 흙의 구조를 보존하는 것이 여러분의 제일의 목표이므로 정원의 흙을 파서 뒤집지 말아야 한다.) 높여진 흙의 높이는 좋은 배수를 제공할 것이므로, 이것은 마른 땅에서 잘 자라는 허브와 다른 따뜻한 계절에 키우는 식물들에게 공간을 제공하는 좋은 방법이다.

어휘 open ground 노지, 공지   renovate 고쳐 만들다
suffer 어려움을 겪다   organic matter 유기 물질
delicate 섬세한   elevated 높여진   drainage 배수
flourish 잘 자라다

012 — ①

해설 몇 가지 이유에서 회사들은 직원의 업무 만족도를 높이고자 한다. 행복한 직원들이 더 열심히 일하기 때문에 업무 만족도는 생산성을 높이고, 그들이 더 낮은 비용으로 더 많은 것을 생산하게 한다. 게다가, 많은 서비스 조직에서 자주 고객 만족은 직접적으로 직원들의 태도에 달려 있으며, 그들은 고객에 대한 회사의 얼굴이다. 사람들의 구매 패턴은 그들이 구매를 경험하는 동안 어떻게 느끼는가에 의해 영향을 받기 때문에, 행복한 직원들은 중요하다. 직원들이 만족하지 못하면, 그 들의 불행은 고객들의 경험을 악화시키고, 그 결과 고객들은 구매를 덜 하며, 회사의 실적은 어려움을 겪는다. (다시 말해서, 제품의 가격이 더 비싸지만 그만한 가치가 있다면, 그것의 가치는 소비자들에게 받아들여진다.) 분명히 업무에서 무엇이 직원들을 만족하게 하는가를 회사가 아는 것은 중요하다.

어휘 enhance 높이다, 향상하다   productivity 생산성
moreover 게다가   organization 조직   purchasing 구매
suffer 어려움을 겪다, 고생하다   value 가치
acceptable 받아들일 수 있는

013 ④

해설 경쟁자가 거의 없거나 전혀 없이 대중에게 필수적인 서비스를 제공하는 사업에 관한 내용이므로 화물 수송에서 철도와 선박 수송이 트럭과 항공 수송보다 더 효율적이라는 내용의 ④는 전체 글의 흐름과 관계가 없다.

해석 어떤 유형의 사업에는 경쟁자가 거의 없거나 전혀 없다. 이런 사업들 대부분은 대중에게 필수적인 서비스를 제공한다. 예를 들어, 많은 공익 기업체들은 자기 분야에서 법률상 독점권을 가진다. 전력과 물과 같은 서비스를 제공할 때, 한 회사가 몇 개의 경쟁하는 회사보다 좀 더 효율적으로 운영할 수 있을 것이다. 공항과 철도와 같은 다른 기업들은 너무 비용이 많이 들어서 몇 개의 회사가 같은 지역에서 운영할 수 없다. (화물 수송에서 철도 수송과 선박 수송이 일반적으로 트럭 수송보다 훨씬 더 효율적이며, 항공 화물은 훨씬 덜 효율적이다.) 이런 유형의 사업에서 정부 규제가 가격을 정하고 품질 기준을 설정할 때 경쟁을 대신한다.

어휘 public utility company 공익 기업체 legal 법률상의 monopoly 독점(권) freight 화물 efficient 효율적인 trucking 트럭 수송 regulation 규제

014 ④

해설 직장 상사에 대한 다양한 모습을 알기 위해서 시간을 투자해야 한다는 내용이므로, 하나의 직업에만 국한하지 말고 가지고 있는 기술이 쓰일 수 있는 다양한 분야를 생각하라는 내용의 ④는 글의 흐름과 무관하다.

해석 여러분이 실제로 얼마나 많은 상사가 있는지에 관계없이, 그들을 알게 되기 위해 얼마간의 시간을 선행적으로 투자하라. 여러분은 그들이 무엇을 원하는지, 그들의 강점과 약점은 무엇인지, 그리고 그들의 직업적 목표와 포부는 무엇인지를 이해할 필요가 있다. 여러분이 그런 것들을 알 수 있다면, 여러분은 그들이 임무를 수행할 때 그들을 어떻게 도울지 알아낼 수 있고, 이것은 여러분이 헛수고하지 않도록 그리고 그들이 원하는 것이 무엇인지를 추측하지 않도록 도울 것이다. 이러한 주제들을 탐구하는 것은 여러분이 여러분의 상사에 대해서 훨씬 더 역동적이고 다차원적으로 생각할 수 있게 할 것이다. (여러분 자신을 하나의 잠재적 직업에 국한하지 말고 여러분의 기술들이 다른 직업에 어떻게 옮겨질 수 있는지와 그것들이 다른 분야에 어떤 이익을 가져다줄 수 있는지를 숙고하라.) 여러분은 여러분이 공유한지 몰랐던 공통점과 연결 고리를 발견할 것이고, 이는 여러분이 더욱 생산적으로 상호작용하고 여러분의 상사들과의 관계를 향상할 수 있게 할 것이다.

어휘 regardless of ~과 관계없이 upfront [금융] 선행 투자로서 aspiration 포부, 열망 spin one's wheels 헛수고하다 multidimensional 다차원적인 translate to ~로 옮겨지다 commonality 공통점

015 ③

해설 아이들이 참여할 수 있는 공연을 선택할 때는 스트레스가 있는 경험이어서는 안 되고 위치가 중요하다는 내용의 글이므로, 공연 중에 부모들은 아이들을 조용하고 통제할 수 있는 상태로 두어야 한다는 내용의 ③은 전체 글의 흐름과 관계없다.

해석 아이들은 선택된 것이 그들의 발달 수준에 적절하다면 연극, 인형극, 또는 다른 공연에 참여하는 것을 즐길 수 있다. 공연들은 어린아이들이 참여하기에 즐거울 것으로 선택되어야 한다. 이것(공연에 참여하는 것)은 활동적인 아이들이 오랜 시간 동안 조용하고 가만히 있기를 요구하는 스트레스가 많은 경험이어서는 안 된다. 선택 과정에서 공연장의 위치 또한 중요하다. (공연이 진행중인 동안에 부모는 자녀들을 조용하고 통제할 수 있는 상태에 두어야 한다.) 만약 그것이 두 시간짜리 공연 전에 버스로 한 시간 동안 가는 것을 요구한다면, 그것은 아마도 미취학 아동에게 부적절할 것이다. 더 가까운 장소에서 공연되고 있는 연극의 예행연습에 참석하는 것이 훨씬 더 적절할 것이다.

어휘 appropriate 적절한 still 가만히 있는, 움직이지 않는 preschooler 미취학 아동 rehearsal 예행연습

016 ④

해설 회사가 다른 회사와의 구별되는 비전을 가지고 있어야 고객이나 투자자 등을 끌어모을 수 있다는 내용의 글이므로, 회사의 구성원들이 같은 목표를 위해 애쓰게 하는 것이 아주 중요하다는 것을 언급한 ④는 글의 전체 흐름과 관계가 없다.

해석 회사의 비전은 무엇이 회사를 뛰어나고 월등하게 만드는가를 말해 준다. 회사가 직원, 자원봉사자, 고객, 의뢰인, 기부자, 혹은 투자자를 끌어들여 계속 보유하고자 한다면, 회사의 비전이 회사와 다른 회사들을 구분해야 한다. 길 건너편이나 복도 저편에 있는 회사와 정확히 똑같은 비전을 가진 회사에서 일하거나, 그곳에서 구매하거나, 거기에 투자하는 것은 아무런 이득이 없다. 사람들이 여러분이 정말로 얼마나 독특하고 여러분이 군중 속에서 얼마나 두드러지는지 알 때, 여러분과 계약하고 싶어 할 것이다. (당신 회사의 모든 개인 구성원이 같은 목표를 위해 애쓰게 하는 것은 아주 중요하다.) 결국 앞문의 표지판에, "우리 사무실에 오신 것을 환영합니다. 우리는 다른 모든 사람들과 똑같습니다."라고 쓰여 있다면, 어떻게 매일 출근하고 싶겠는가?

어휘 vision 비전, 통찰력, 미래를 전망하는 능력 singular 뛰어난 unequaled 월등한, 비교할 데가 없는 differentiate ~ from ... ~을 …와 구분하다 retain 보유하다 donor 기증자 distinctive 독특한 stand out 두드러지다 sign up with ~와 계약하다

017 — ②

해설 여행 자금에 기여할 방법에 관해 가족들에게 말하라는 주어진 문장에 대한 구체적인 예가 ② 다음에 나오고 있으므로 주어진 문장은 ②에 들어가는 것이 가장 적절하다.

해석 여러분은 다음 가족 여행이 아주 멋지기를 원하지만, 돈에 관해 걱정한다. 여러분은 가족이 일부 비용을 줄여야 하는 것을 알고 있다. 이러한 상황은 가족 전체가 그 여행 자금을 조달할 계획을 찾아낸 다음 그것들에 충실할 완벽한 기회가 될 수 있다. 그것들 중 하나는 각 가족 구성원이 여행자금에 기여할 방법에 관해 여러분의 가족에게 말하는 것이다. 예를 들어, 엄마와 아빠의 경우에 그 방법은 직장으로 가는 도중에 (매일 마시는) 그 카푸치노를 포기하는 것이 될 수 있다. 십 대들에게 그것은 격주로 토요일 밤에 영화 보러 가는 것을 생략하는 것이 될 수 있다. 여러분이 돈이 모이는 것을 볼 수 있도록 그것을 병에 넣어라. 여러분의 가족은 공동의 목표를 위해 협력할 기회를 가질 뿐만 아니라, 아마 최고의 휴가를 보낼 것이다!

어휘 cut back on ~을 줄이다
come up with (해답 등을) 찾아내다
finance 자금을 조달하다   stick to ~에 충실하다
accumulate 모이다

018 — ③

해설 주어진 문장은 스쿠버 다이버들이 갈 수 없을 정도로 깊은 곳에는 잠수정이 내려간다는 내용이다. ③ 앞까지는 스쿠버 다이버들의 잠수에 관한 내용이 나오고, ③ 뒤에 오는 Some of them의 them은 잠수정을 가리키는 것으로 볼 수 있으므로, 주어진 문장은 ③에 들어가는 것이 적절하다.

해석 일단 난파선의 위치가 확인되면, 다이빙해 내려가서 그것에 대해 더 많이 알아낼 시간이다. 스쿠버 다이버들은 경량 고무 방수복을 입고 등에 묶은 탱크에서 나오는 산소를 호흡하며 수영한다. 1943년에 프랑스의 바다 탐험가 Jacques Cousteau에 의해 발명된 스쿠버는 '자급적인 수중 호흡 장치'를 나타낸다. 스쿠버 다이버들은 약 100미터 깊이까지 수영할 수 있거나, 혹은 기압이 조절되는 특별한 잠수복으로 몸을 감싸면 610미터 깊이에서 작업할 수 있다. 스쿠버 다이버들이 가기에 너무 깊은 난파선에는 잠수정이 사용된다. 그것 중 몇몇은 유인(有人) 잠수정이고 10시간까지 물속에 있을 수 있다. 그런 유인 잠수정 안에서 다이버들은 그 바다 깊이에서 오는 엄청난 물의 압력으로부터 보호를 받는다. 다른 무인 잠수정들은 수면의 배로부터 통제를 받는, 원격으로 조종되는 잠수정이다.

어휘 scuba diver 스쿠버(잠수용 수중 호흡기를 사용하는) 다이버
shipwreck 난파선   self-contained 자급적인, 자립하는
apparatus 장치
atmospheric diving suit 기압이 조절되는 잠수복
manned 유인(有人)의, 승무원이 탄

019 — ④

해설 마야 문명의 특징과 마야족 문화의 우수성에 관한 글인데, 주어진 문장은 스페인 침공으로부터 마야족이 살아남았다는 것을 말하고 있고, ④ 뒤에서 그 구체적인 내용이 제시되고 있으므로 주어진 문장은 ④에 들어가는 것이 가장 적절하다.

해석 마야족은 신세계의 그리스인이라고 적절히 불려왔다. 그들은 풍부한 문화적인 전통을 공유하면서, 세부적인 부분에서는 광범위하게 다른 도시 국가에서 살아왔다. 그들의 주된 업적은 정치적이지 않고 지적이었다. 그들은 제국을 세우지 않았지만, 인근의 멕시코 제국은 마야족에게 영감과 연속성 면에서 많은 신세를 졌다. 그런 제국들이 몰락했을 때, 마야족은 흔들리기는 했지만 멕시코인 이웃처럼 멸망하지 않았다. 그들은 그리스인들처럼 유연했고 (지금도) 유연하다. 마야족은 항상 다른 민족들의 문화를 흡수하고 그것을 자신들의 것으로 재창조해 왔다. 그들은 다른 어떤 중미 사람들보다 스페인 침공으로부터 더 잘 살아남았다. 예를 들어, 아즈텍족과 잉카족이 스페인 사람들에게 멸망한 지 150년보다 더 지난 1697년까지도 과테말라 정글 한 가운데에 마야왕국 한 개가 남아 있었다.

어휘 invasion 침공   aptly 적절히   continuity 연속성
collapse 멸망하다

020 — ④

해설 (C)의 But do any of these cures work?에서 these cures가 주어진 글에 나오는 치료법들을 가리키므로 주어진 글 다음에 (C)가 오고, 그 다음에 (C)에 나온 치료법이 효과가 없었던 Charles Osborne의 예시를 다루고 있는 (A)가 오며, 마지막으로 (B)의 they가 문맥으로 보아 (A)의 the spasms를 지칭하므로 (B)가 (A) 다음에 오는 것이 가장 적절하다.

해석 여러분은 딸꾹질을 어떻게 없애는가? 치료법이 크게 놀라게 하는 것이든, 설탕 한 숟가락을 삼키는 것이든, 아니면 물을 찔끔찔끔 마시는 동안 코를 잡는 것이든 모든 사람이 치료법을 갖고 있다. (C) 그러나 이러한 치료법들 중 어떤 것이 효과가 있는가? 이상한 일이지만 어떤 것들은 근육의 경련(딸꾹질)을 중단시키는 데 도움이 되지만, 모든 사람에게 효과가 있지는 않다고 과학자들은 말한다. 따라서 한 사람에게 효과가 있는 것이 다른 사람에게는 효과가 없을지도 모른다. (A) 불쌍한 Charles Osborne을 예로 들어보자. 1894년에 태어난 Osborne은 그가 딸꾹질을 하기 시작했을 때 28살이었다. 그리고 69년 동안 딸꾹질이 멈추지 않았다. 처음에 그 경련은 분당 40번의 속도로 일어났다. (B) 만년에 그것은 분당 20번으로 약해졌는데, 그 동안에 Osborne은 그의 의치를 잃는 위험을 걱정했다. 그러나 딸꾹질은 중요한 영향을 거의 끼치지 않았다. Osborne은 딸꾹질이 신비스럽게 멈추고 1년 후 97세에 죽었다.

어휘 hiccup 딸꾹질   swallow 삼키다   sip 찔끔찔끔 마시다
false teeth 의치   oddly enough 이상한 일이지만

interrupt 중단시키다, 방해하다

021 ③

해설 (B) 이하는 주어진 글에 관한 구체적인 예이므로 주어진 글 다음에 (B)가 와야 한다. (C)의 The answer는 (B)의 세 번째 문장의 질문에 대한 답이므로 (B) 다음에 (C)가 와야 한다. 마지막으로, (A)의 this kind of effect는 (C)에서 언급된 효과를 지칭하므로 (C) 다음에 (A)가 오는 것이 가장 적절하다.

해석 우리의 내적 상태가 정보가 처음 기억으로 들어올 때 존재했던 상태와 비슷할 때 장기 기억에 저장된 정보를 기억하기가 흔히 더 쉽다. (B) 예를 들어, 여러분이 시험 공부를 하는 동안에 커피를 많이 마신다고 가정해 보자. 따라서 문제의 그 정보를 기억할 때 카페인의 효과는 존재한다. 시험을 보는 날 커피를 또 많이 마셔야 하는가? (C) 그 답은 '그렇다.'인 것처럼 보이는데, 단지 카페인이 제공할지도 모르는 각성도의 증대를 위해서만이 아니다. 게다가, 똑같은 신체 상태에 있는 것이 여러분에게 수행을 증대시키는 데 도움을 줄지도 모르는 인출 단서를 제공할지도 모른다. (A) 이런 효과의 기저를 이루는 기본 원칙은 때때로 부호화 특수성 원리로 묘사된다. 인출 단서가 학습자가 학습 단계 동안에 사용했던 단서와 일치하는 한 정보를 다시 생각해 내는 것은 성공적이다.

어휘 underlie 기저를 이루다
encode 암호로 바꾸다, 부호화하다   specificity 특수성, 전문성
to the extent that ~하는 한   phase 단계, 시기
alertness 각성도   retrieval (정보) 검색, 인출

022 ②

해설 자녀가 어느 순간 슬프고 우울하다가 다음 순간 활기가 돋고 신난다는 주어진 글의 예로 감정이 폭발하지만 극복하고 과거를 놓아준다는 (B)가 이어지고, 이것이 아이들이 어른들에게 주는 배려와 신뢰라고 말하는 (A)가 이어진다. 그러나 어른들은 상처에 매달리는 습관 때문에 자녀의 보다 긍정적인 행동 측면을 볼 수 없다는 (C)가 마지막에 와야 글의 흐름이 자연스럽다.

해석 어린 아이들은 어른들보다 훨씬 더 빠르게 다시 친해지는 경향이 있다. 그들로부터 힌트를 얻어라. 여러분의 자녀가 어느 순간 슬프고 우울하지만 다음 순간 그들은 활기가 돋고 신난다. (B) 그들은 감정이 폭발할 수도 있지만, 그들은 그것들을 빠르게 극복하고 악의를 지니지 않는다. 그들은 놀라운 속도로 과거를 놓아주고 다음에 있을 모든 것을 위해 새롭고 열린 마음으로 회복한다. (A) 이것은 그들이 계속해서 여러분에게 주고 있는 배려와 신뢰의 놀라운 선물이다. 아이들은 여러분으로부터 똑같이 배려받기를 갈망한다. (C) 하지만 상처에 매달리는 습관은 어른들의 마음 깊이 뿌리내려 있다. 이런 흔한 습관 때문에 부모는 자신들의 자녀의 보다 긍정적인 행동 측면을 볼 수 없으며 결국 자녀가 그것을 표현하고 싶어하는 것을 막는다.

어휘 reconnect 다시 친해지다   take a tip 힌트를 얻다
energize 활기를 돋우다, 기운을 주입하다
consideration 배려, 고려   outburst 폭발, 파열
let go of ~을 놓아주다   startling 놀라운
bounce back 다시 회복하다   openness 마음이 열림, 개방성
hold on to ~에 매달리다

023 ④

해설 주어진 글은 Evans 씨가 옆집에 살게 된 Vargas 가족을 마음에 들어 하지 않았다는 내용이고 (C)에서 어느 날 Vargas 가족이 파티를 하는 중에 Evans 씨의 부엌 창에 무언가가 세게 날아왔다는 내용이 이어진다. (A)에서 그 사유인 Las Posadas에 관한 언급이 나오고 (B)에서 그 와중에 결국 사탕이 날아가 Evans 씨의 부엌 창에 부딪쳤고 Evans 씨가 사과를 마지못해 받아들였다는 내용으로 결말이 나는 것이 가장 적절한 흐름이다.

해석 Evans 씨는 사생활과 조용함을 소중하게 생각하는 노인이었다. 그가 당황스럽게도, 옆집이 Vargas 가족에게 팔렸는데 그는 그 가족이 너무 대가족이고 지나치게 사이좋다고 생각했다. (C) 어느 날 밤, Evans 씨는 옆집에서 열린 파티 때문에 거의 이성을 잃었다. 큰 무리의 사람들이 Vargas 가족의 뒤뜰에 모여서 웃고 노래를 불렀다. 갑자기 작고 딱딱한 물체가 공기를 뚫고 날아와서 Evans 씨의 부엌 창에 세게 부딪쳤다. (A) 사실, Vargas 가족은 자신들이 멕시코에서 하던 대로 Las Posadas를 축하하고 있었다. 축하의 일부로, 그들은 피냐타를 가졌다. (B) 한 손님이 그것을 깨서 열었을 때, 딱딱한 사탕이 날아가 Evans 씨 집의 창에 부딪쳤다. Vargas 가족은 Posadas의 전통을 Evans씨에게 설명했지만 그는 내키지 않게 그들의 사과를 받아들였을 뿐이다.

어휘 treasure 소중히 여기다   privacy 사생활
to one's dismay ~가 당황하게도   reluctantly 내키지 않게
beside oneself 제정신이 아닌
slam against ~에 세게 부딪치다

024 ④

해설 직감으로 많은 사실과 생각을 능숙하게 다루려면 먼저 각각의 것들을 의식적으로 배워야 한다는 내용의 주어진 글 다음에, 초보 테니스 강습생의 사례를 제시하는 내용의 (C)가 오고, 훌륭한 코치는 그녀에게 좋은 동작을 위한 각 요소를 배운다는 내용의 (B)가 오고, 그 초보자는 오랜 연습을 통해 본능적으로 각 동작을 잘 수행하게 된다는 내용의 (A)가 마지막으로 오는 것이 가장 적절하다.

해석 공자는 "생각 없는 배움은 쓸모가 없지만, 배움 없는 생각은 위험하다."라고 말했다. 직감이 많은 사실이나 생각을 동시에 능숙하게 다루도록 하려면, 이러한 사실들과 생각들은 대개 한 번에 하나씩 먼저 의

식적으로 학습되어야 한다. **(C)** 초보 테니스 강습생을 생각해보라. 처음에 선수는 느리다. 그녀는 각각의 동작에 대해 생각해야 하고, 그녀는 각 동작을 서투르게 혹은 완전히 틀리게 수행할 것이다. **(B)** 좋은 코치는 그녀가 정확하게 수행하도록 가르칠 것이다. 코치는 아마도 그녀에게 꾸준히 좋은 포핸드를 치기 위해 습득되어야 할 여섯 가지 중요한 요소를, 좋은 백핸드를 치기 위한 다섯 가지 요소를, 그리고 좋은 서브를 개발할 일곱 가지 요소를 보여줄 것이다. **(A)** 처음에, 그 초보자는 이것들을 하면서 이것들의 각각에 대해 의식적으로 생각하고, 이는 어색하고 더디게 느껴진다. 그러나 2년이나 3년의 연습 후에, 그녀는 각각의 스트로크를 생각 없이도 완전히 잘 칠 것이다. 본능으로 말이다!

어휘 **intuition** 직감, 직관 **manipulate** 능숙하게 다루다
simultaneously 동시에 **execute** 실행하다, 수행하다

CHAPTER 04 | 내용 일치
문제편 188p

001 ③

해설 유명한 정신과 의사인 Victor Frankl은 25년 동안 Vienna Policlinic Hospital의 신경학 과장이었다. 그는 전문가와 일반 독자를 위한 책을 30권 넘게 썼다. 그는 자신의 책을 읽고 영감을 받은 정치인, 교황 바오로 6세와 같은 세계적인 지도자, 철학자, 학생, 교사, 그리고 수많은 사람들을 만났다. 그는 유럽, 아메리카, 호주, 아시아, 그리고 아프리카에서 널리 강연을 했으며, 하버드, 스탠포드, 그리고 피츠버그 대학교에서 교수직을 맡았다. 90대에도 Frankl은 전 세계에서 온 방문객과의 대화를 계속 했으며, 매주 자신이 받은 수백 통의 편지 중 일부에는 직접 답장을 계속했다. 29개의 대학교가 그에게 명예 학위를 주었으며, American Psychiatric Association은 그에게 Oskar Pfister Award를 수여했다.

어휘 **psychiatrist** 정신과 의사 **head** 장(長), 우두머리
professional 전문가 **general reader** 일반 독자
politician 정치인 **pope** 교황 **numerous** 수많은, 다수의
inspire 영감을 주다 **lecture** 강연하다 **professorship** 교수직
engage in ~을 하다, ~에 참가하다 **award** 주다, 수여하다
honor 수여하다, 경의를 표하다

002 ④

해설 'From then, she divided her time between her studios in New York City and Cuernavaca, Mexico.'에서 ④가 글의 내용과 일치하지 않음을 알 수 있다.

해석 Elizabeth Catlett는 Washington, D.C.에서 태어났다. 그녀는 Howard 대학교에서 회화와 디자인을 공부했다. 그녀는 1940년에 Iowa 대학교에서 미술 석사 학위를 받은 최초의 사람이 되었다. Grant Wood는 그녀의 회화 선생님이었다. Wood는 자기 학생들에게 그들이 가장 잘 알고 있는 소재에 초점을 두고 다양한 매체로 실험하도록 장려했다. Catlett는 자신의 남은 활동을 그의 조언을 따르며 보냈다. 그녀의 소재는 거의 아프리카계 미국 여성뿐이었다. 그녀는 목재, 돌, 점토와 청동을 재료로 한 조각뿐만 아니라 석판 인쇄 작업도 했다. 그녀는 1946년에 멕시코에서 판화 제작을 공부할 수 있는 보조금을 받았다. 그때부터 그녀는 뉴욕 시와 멕시코의 Cuernavaca에 있는 자기 스튜디오에서 자신의 시간을 나눠 지냈다.

어휘 **mfa(master of fine arts) degree** 미술 석사 학위
subject 소재, 그림의 대상 **medium** 매(개)체(pl. media)
exclusively 전적으로 ~뿐, 배타적으로 **sculpture** 조각
bronze 청동 **grant** 보조금

003 ④

해설 'Hulagu was forced to return to Mongolia~, leaving behind a force ~'로 보아 Hulagu는 몽골로 돌아오면서 군대를 남겨 두었으므로, 글의 내용과 일치하지 않는 것은 ④이다.

해석 1255년에 칭기즈칸의 손자 중 하나인 Mongke는 이슬람 세계를 정복하기 위해 자신의 형제인 Hulagu를 보냈다. Hulagu는 1258년에 바그다드를 파괴하고 그 과정에서 수십만 명을 죽였는데, 그것은 오늘날 이슬람 세계에서 여전히 애도되는 비극이다. 만약 Mongke가 죽지 않았다면 몽골 사람들은 분명히 지중해로 계속 나아갔을 것이다. Hulagu는 자신의 죽은 형제의 왕위를 주장하기 위해 몽골로 돌아올 수밖에 없었고, 군대를 남겨 두었는데, 그 군대는 1260년 팔레스타인의 Ain Jalut에서 Mamluk 이집트인들에게 완전히 패하였다. 엎친 데 덮친 격으로, Hulagu는 Mongke의 왕관을 갖지 못하였는데, 대신에 그 왕관은 후에 중국을 지배하게 될 셋째 형제인 Kublai에게 갔다.

어휘 conquer 정복하다 mourn 애도하다, 슬퍼하다
be forced to ~할 수밖에 없다 in an attempt to ~하기 위해
claim 주장하다 throne 왕위 insult 모욕
adding insult to injury 엎친 데 덮친 격으로

004 ④

해설 Joe Girard는 1962년 Detroit 자동차 대리점에 고용되어 두 달 만에 최고의 판매원이 되었지만, 다른 판매원들의 시기로 인해 이듬해 Chevrolet 자동차 대리점으로 옮겼으므로, ④가 글의 내용과 일치하지 않는다.

해석 Joe Girard는 시칠리아 섬 출신의 몹시 가난한 사람인 Antonino Girard의 아들로 태어났다. Joe Girad가 아이였을 때, 그의 아버지의 사업이 실패했고 그 후부터 그는 일을 해야 했다. 그는 9세에 구두닦이 소년으로 일을 시작했고, 그 후엔 Detroit Free Press 신문사의 신문 배달원으로, 접시닦이로, 배달부로 일했다. 성인이 된 후에는, 자동차 파는 일에 관심을 갖게 되었고 1962년에 Detroit 자동차 대리점에 판매원으로서 직업을 얻었다. 그는 첫날 차를 한 대 팔았고, 두 번째 달까지 최고의 판매원이 되었지만 다른 판매원들의 일부가 그를 시기하여 매니저에게 그를 해고하라고 촉구했다. 1963년, 그는 결국 Michign의 Eastpointe에 있는 Chevrolet 자동차 대리점으로 옮겼고, 1978년 은퇴할 때까지 그곳에서 머물렀다. 그는 15년간 13,001대의 자동차를 팔았고, 1978년에 세계적 기록인 기네스북에 세계 최고의 자동차 판매원으로 선정되었다.

어휘 dealership 대리점 retirement 은퇴

005 ①

해석 DNA 분자 구조의 공동 발견자로 노벨상을 수상한 Francis Crick은 1916년 영국 Northampton에서 태어났다. 그는 University College London을 다녔고, 그곳에서 물리학을 공부했고, 1937년 이학 학사 학위로 졸업했다. 그는 곧 박사 학위를 위한 연구를 시작했지만, 그의 행로는 제2차 세계대전의 발발로 중단됐다. 전쟁 중에 그는 자기 음향 기뢰 개발을 위해 노력하면서 해군 무기 연구에 참여했다. 전쟁이 끝난 후, 영국의 전시 과학 정보 부장인 Dr. R. V. Jones는 Crick이 그 연구를 계속하기를 요청했지만, Crick은 이번에는 생물학에서 자신의 학업을 계속하기로 결심했다. 1951년에 Crick은 젊은 미국 생물학자인 James Watson을 Strangeways Research Laboratory에서 만났다. 그들은 DNA 구조의 비밀을 푸는 공동 연구 관계를 형성했다.

어휘 molecule 분자 physics 물리학 outbreak 발발
collaborative 공동의

006 ③

해설 제왕나비를 먹는 동물은 보통 죽지는 않는다고 했으므로, ③이 글의 내용과 일치하지 않는다.

해석 제왕나비는 눈에 띄는 주황, 검정, 그리고 흰 무늬로 알아보기 쉬운 커다랗고 아름다운 색깔의 나비이다. 이들은 호주, 일부 태평양의 섬, 인도, 그리고 서유럽뿐만 아니라 북중남미에 서식한다. 다 자란 제왕나비의 날개 길이는 거의 13센티미터에 이른다. 독특한 무늬는 포식자들에게 그 곤충이 독이 있음을 경고한다. 제왕나비를 먹는 동물은 보통 죽지는 않지만, 장래에 제왕나비를 피할 만큼 충분히 통증을 느낀다. 그것이 바로 애벌레 단계나 나비 단계에서 제왕나비가 위장술을 필요로 하지 않는 이유이다. 제왕나비에 관한 가장 놀라운 점은 북미 제왕나비가 매년 하는 엄청난 이동이다. 매 가을마다 수백만 마리의 이 연약한 곤충은 캐나다와 미국에 있는 보금자리를 떠나서 남쪽으로 날기 시작한다. 그것들은 3,200킬로미터가 넘게 떨어져 있는 남부 캘리포니아나 중부 멕시코에 도착할 때까지 계속 날아간다.

어휘 striking 눈에 띄는 wingspan 날개 길이
distinctive 독특한 predator 포식자 caterpillar 애벌레
camouflage 위장, 변장 enormous 엄청난
migration (철새 등의) 이동

007 ④

해설 2000년대 초반에 그 장소는 차량이 24시간 내내 드나들 수 없는 곳이 되었다는 내용이 글의 끝부분에 진술되어 있으므로 ④는 글의 내용과 일치하지 않는다.

해석 Jemaa el-Fna는 마라케시 구도시의 광장이자 시장이다. 그

것은 마라케시의 주 광장으로 남아 있고 현지인과 관광객에 의해 사용되고 있다. 현재의 이름인 Jemaa el-Fna 광장은 17세기 초반의 역사적인 글에 나타날 뿐이다. 파괴적인 전쟁 후에, Jemaa el-Fna는 11세기에 재건되었다. 낮 시간 동안 그것은 주스 가판대, 전통적인 가죽 물주머니와 놋쇠 컵을 가진 물장수, 이 종들(원숭이와 뱀)이 모로코의 법에서 보호되는 위치임에도 불구하고 사슬에 묶인 원숭이를 가진 아이들과 뱀을 부리는 사람들이 차지한다. 어둠이 내리면 그 광장의 사람들의 수가 최고조에 달하면서 그 광장은 수십 개의 음식 가판대로 가득 찬다. 한때 버스 정류장이었던 그 장소는 2000년대 초반에 하루 24시간 내내 차량이 들어올 수 없었다.

어휘 **occupy** 차지하다 **stall** 가판대 **leather** 가죽 **brass** 놋쇠의 **snake charmer** 뱀을 부리는 사람 **species** 종(種)

008 ④

해설 새보다는 곤충을 먹는 것을 더 선호한다고 했으므로, ④가 글의 내용과 일치하지 않는다.

해석 세계에서 두 번째로 큰 거미인 goliath birdeater는 타란툴라와 친척관계이다. 그것은 빅토리아시대의 탐험가들에 의해 벌새를 실컷 먹는 것이 목격된 다음 무시무시한 이름을 얻었다. 그 큰 거미는 남아메리카 북부 다우림의 습지에 서식한다. 그들은 다리를 모두 펼쳤을 때 30센티미터의 길이까지 자랄 수 있고 170그램 이상 나갈 수 있다. 수컷은 3년에서 6년까지의 수명을 가지고 있는 반면 암컷은 15년에서 25년까지의 수명을 가지고 있다. 그 거미의 이름에도 불구하고, 새는 goliath bird-eater의 주된 먹이가 아니다. 그들은 곤충을 먹는 것을 더 선호한다. 이 큰 거미는 방해를 받으면 물어서 말벌이 문 것만큼 고통스러운 상처를 남기기는 하지만, 일반적으로 인간에게 위험하다고 여겨지지 않는다.

어휘 **tarantula** 타란툴라(독거미의 일종) **fearsome** 무시무시한 **explorer** 탐험가 **feast on** 실컷 먹다 **marshy** 습지의 **leg span** 다리를 모두 펼친 길이 **prey** 먹이 **wasp** 말벌

PART III 어휘 & 생활영어

CHAPTER 01 어휘 & 생활영어 ✏️ 문제편 198p

001 ──────── ③

해석 엄청나게 누적된 정부문서를 뽑고, 보존하고, 저장하는 일은 1975년부터 워싱턴 D.C에 있는 문서 국에서 처리한다.
① 다양성
② 절정
③ 더미
④ 복사

어휘 accumulation 축적

002 ──────── ①

해석 경찰은 총으로 무장한 중년의 남자를 체포했다.
① 체포하다
② 방해하다
③ 이해하다
④ 선점하다

어휘 apprehend 체포하다(= arrest), 염려하다
middle-aged 중년의

003 ──────── ①

해석 양측은 1976년부터 효력을 발휘할 상호간 정책에 합의했다.
① 두 사람 또는 두 그룹이 관계된
② 충분히 주의를 기울이지 않는
③ 분명한 계획을 따르지 않는
④ 무언가를 회전하는

어휘 reciprocal 상호적인, 호혜적인(= mutual)

004 ──────── ①

해석 인간 호흡계의 전문가는 허파에 대한 전문가이다.
① 허파
② 뼈
③ 신경
④ 위

어휘 respire 호흡하다

005 ──────── ④

해석 Robert는 bell소리를 듣지 않았다 / 왜냐하면, 그가 완전히 독서에 몰두했기 때문에 //.
① 변장하다 ② 정지하다 ③ 확실히 하다 ④ 흡수하다

어휘 be absorbed in ~에 전념하다(= be lost in)

006 ──────── ③

해설 상대방의 부탁/권유를 승낙할 때 사용하는 표현은 sure, absolutely, definitely, you bet, consider it done 등이 있다.

해석 A: 오늘 밤 파티에 올래?
B: 좋아.
A: 좋아. 널 보길 기대할게.
① 고맙지만 괜찮아
② 갈 수 없어 유감이야
④ 물론 안 돼.

007 ──────── ②

해석 청중들은 환호했다 / Luke Sky Walker와 Leia 공주가 그들은 용감하고도, 죽음도 두려워하지 않는, 자유로의 도약을 할 때 / Darth Vader의 군대로부터 벗어나면서 //.
① 신중한
② 용감한
③ 환희에 가득 찬
④ 지적인

어휘 audacious 대담한, 철면피의

008 ──────── ④

해석 매우 좋은 일이다 / 그들이 그들의 차이점을 해결하는 보는 것은 //.
① 주의하다
② 토론하다
③ 숨기다
④ 해결하다

어휘 reconcile 화해하다, 조정 중재하다(= conciliate)

009 ①
해석 영국에서 군역은 자발적이었지만 / 지금은 의무적이다 //.
① 강제적인
② 선택적인
③ 추천할 만한
④ 지긋지긋한

어휘 compulsory 강제적인(= mandatory)

010 ②
해석 만약 우리가 이 경험 많은 사람들을 정치적인 이유로 한직으로 좌천시킨다면, 우리는 잘 훈련된 직원들의 서비스를 잃게 될 것이다.
① 촉진하다, 추진하다 ② 좌천시키다 ③ 줄이다 ④ 헐뜯다

어휘 relegate 좌천시키다

011 ③
해석 10분 동안 기다렸었다 / 교환원이 날 연결해 주기 전까지 //.
① 빈둥거리다
② 전화를 끊다
③ 기다리다
④ 싸돌아다니다

어휘 hang on 잠깐 기다리다

012 ①
해설 밑줄 다음에 "미안해요. 다시 한번 말씀해 주실래요?"의 말이 나왔으므로, 밑줄에는 "이해"와 관련되는 표현이 가장 적절하다.

해석 A: 실례합니다. 시청으로 가는 길을 말씀해 주실 수 있나요?
B: 그럼요, 좌측에 있는 웨딩홀까지 이 도로를 따라가세요. 그곳을 지난 직후, 우회전하세요. 약 10분 동안 이 길을 따라 계속 가세요. 은행을 보게 되면, 우회전을 하시고… 제 말 이해하시고 계세요?
A: 미안하지만, 다시 한번 말씀해 주실 수 있나요?
② 저를 응원하시나요?
③ 지금 하나 골라주실 수 있나요?
④ 당신은 곧 회복되나요?

어휘 are you following me? 이해됩니까?
root for ~을 응원하다 be up and about 병에서 회복하다

013 ①
해석 최근의 기술적인 발전에 의해서 / 로보트는 장치가 설치될 수 있다 / 기초적인 기능을 모방하는 / 시각과 촉각과 연결되어 //.
① 기초적인
② 인간의
③ 복잡한
④ 이해할 수 있는

어휘 rudimentary 기초적인

014 ①
해석 자동차 엔진의 기능은 / 동등하다 / 심장의 기능과 //.
① 유사한
② 모순적인
③ 반대의
④ 섞인

어휘 comparable ~에 필적하는, 동등한(= equivalent)

015 ②
해석 폭동의 소용돌이는 정의로운 밝은 세상이 올 때까지 우리 국가의 근간을 계속 흔들 것이다.
① 휴식
② 반란, 폭동
③ 비문
④ 시력

어휘 revolt 반란, 폭동(= insurgency)

016 ①
해석 그 은행원은 10만 달러를 횡령했다 / 그가 일했던 은행으로부터 / 그리고 / 이를 개인적인 주식 투자에 사용했다 //.
① 횡령하다
② 피하다
③ 당황하다
④ 경감하다

어휘 embezzle 횡령하다(= misappropriate)

017 ②
해석 어떤 조건들이 이 계약서에 제시되었다.

어휘 put off 연기하다 set out 시작하다, 전개하다, 설명하다

call off 취소하다　open out 열다

018 ①
해석 A: 부탁 좀 들어줄래요?
B: 뭔데요?
A: 제 차가 고장 나서 그러는데, 내일 저 좀 태워주세요.
B: 그러죠. 언제 데리러 가면 될까요?
A: 10시쯤요. 고마워요.
① 저 좀 태워줘요.
② 완전히 파산할 겁니다.
③ 기다릴게요.
④ 체격이 좋아졌으면 합니다.

019 ④
해석 일찍 떠나겠다는 Tom의 결정은 / 현명한 것으로 판명되었다 / 한 시간 후에/ 비가 쏟아졌다 //.
① 두드러진
② 간략한
③ 효과적인
④ 현명한

어휘 sagacious 현명한(= intelligent)

020 ①
해석 오늘날 거리에 미친 운전자가 많기 때문에, / 필요하다 / 엄격한 등록 절차가 설립되는 것이 //.
① 준엄한　② 관대한　③ 그럴싸한　④ 실용적인

어휘 stringent 엄격한(= stern)

021 ③
해석 고무와 가죽은 구부려지기 쉽다, / 나무나 유리는 그렇지 않다 //.
① 황폐화 된
② 단순화된
③ 구부리기 쉬운
④ 붙여진

어휘 flexible 유연한

022 ①
해석 학습의 한 부분은 학생들이 어떻게 애매함을 피하고, 가능성을 고려하며 또한 답변이 불가능한 질문들을 어떻게 제기하는가에 대해서 배우도록 돕는 것이다.
① 무시하다
② 억누르다
③ 견디다
④ 생산하다

어휘 repress 억누르다, 억제하다

023 ④
해석 pay an arm and a leg 큰 비용이 들다
① 비싼
② 값비싼
③ 환불이 되는
④ 값싼

024 ③
해설 let one's hair down 마음을 느슨히 하다, 속을 풀고 이야기를 하다

해석 A: 지금 이야기 할 시간 좀 되나요?
B: 미안합니다, 그러나 _____ 나중에 할 수 있을까요?
A: 오 미안해요. 바쁜 줄 몰랐어요. 나중에 이야기하죠.
① 때를 잘못 잡았네요.
② 지금은 바빠요.
③ 이제 맘을 풀고 속내를 이야기 할 시기입니다.
④ 막 회의 가려는 참입니다.

025 ④
해석 천연두는 첫 번째의 널리 퍼진 질병이다 / 박멸된 / 인간의 개입에 의해 //.
① 주둔하고 있는
② 명확한
③ 변덕스런
④ 유행하는

어휘 widespread 널리 퍼진(= pervasive)

026 ②
해석 하루에 12시간씩 수년을 일한 후에 / Rachel은 결심했다 / 6

개월의 휴식을 취할 것으로 / 여행하고 자신을 돌아보기 위해서 //.
① 회기
② 휴식
③ 모험
④ 볏

어휘 hiatus 갈라진 틈(= gap)

027 ④
해석 듣는 사람이 대화에서 배제되었다고 느끼게 하지 마라 / 당신은 무시되길 원하지 않는다 / 다른 사람을 무시하지 마라 //.
① 포함된
② 개입된
③ 재미
④ 배제된

어휘 exclude 배제하다(= rule out)

028 ③
해석 내가 그의 설득력 있는 주장을 들었을 때 나의 모든 의심이 사라져서 나는 그의 관점에 동의하지 않을 수 없었다.
① 감각-자극시키다
② 질문-물었다
③ 의심-쫓아버리다
④ 협의-확인하다

029 ④
해석 난 John이 시간을 낭비하는 것을 본 적이 없다 / 그는 항상 뭔가 가치있는 것에 시간을 보낸다 //.
① 계속하다
② 구성하다
③ 잘 지내다
④ 빈둥거리다

어휘 fool around 시간을 낭비하다(= tool around)

030 ③
해석 hang it there 버텨봐, 참아보렴
① A: 커피를 어떻게 타드릴까요?
  B: 크림을 많이 탑니다.
② A: 그러면 너도 이 수업 듣는 거지?
  B: 응, 어제 등록했어.
③ A: 스티브, 저 녀석 좀 의심스럽지 않니?
  B: 버텨봐.
④ A: 우리 어디선가 만나지 않았나요?
  B: 그런 것 같지 않은데.

031 ①
해석 이제 그것을 찬성한다 / 전환점은 없다 / 후퇴하기에는 너무 많이 와버렸다 //.
① 후퇴하다
② 반복하다
③ 혐의를 벗다
④ 곰곰이 생각하다

어휘 withdraw 철회하다, 인출하다(= draw back)

032 ③
해석 프랑스와 영국은 그들의 군대를 구출하려고 싸울 때, 동맹국을 포기하지 않을 것이라는 공약을 워싱턴으로부터 받아냈다.
① 방어하다
② 내보내다
③ 해방하다
④ 강화되다

어휘 extricate 해방하다

033 ①
해석 다른 사람에 비해 열등하다고 여겨진다는 것은 낮은 직위와 능력 때문에 그가 덜 중요시 된다는 것이다.
① 열등한
② 더 뛰어난
③ 유사한
④ 친숙한

어휘 inferior 열등한

034 ②
해석 우리의 조언자에게 감사를 보여주는 하나의 방법은 / 업적에 의해서이다 / 우리가 달성한 //.
① 중력, 위엄
② 감사
③ 불면증
④ 불멸

어휘 gratitude 감사

035 ②
해석 마지막으로 알려드립니다. LA 행 ABC 항공 329편이 잠시 후 출발합니다. 모든 승객께서는 탑승해 주시기 바랍니다.
어휘 bound for ~로 향하는 on hand 수중에
on board 탑승하는 on target 과녁을 향해
on plate 접시에 담아, 쉽게

036 ④
해석 A: 무슨 일로 이렇게 아침 일찍 여기에 오셨습니까?
B: _____
① 미안하지만, 당신에는 아무것도 가지고 오지 않았어요.
② 전 신고할 것이 없네요. (세관에서)
③ 저는 어제 여기서 아무것도 가지고 가지 않았어요.
④ 볼 일이 좀 있어요.

037 ④
해석 추론될 수 있다 / 공룡은 화재폭풍에 의해 멸종되었다고 //.
① 넓은
② 지배적인
③ 우연한
④ 사라진
어휘 extinct 멸종된(= dead)

038 ①
해석 인터넷의 출연으로 전자 상거래, 컨텐츠 개발, 자영 출판의 폭발이 발생했다.
① 등장, 용모
② 큰 파도, 파도처럼 밀려오다
③ 정점
④ 폐쇄, 닫다
어휘 advent 출현

039 ②
해석 인구의 급속한 증가는 주택의 부족을 초래했다.
① 운동
② 부족
③ 변환
④ 감소
어휘 shortage 부족

040 ④
해석 그 사업가는 빚을 갚을 수 없어서 파산했다.
어휘 independence 독립 delinquency 태만, 비행
collateral 담보 bankrupt 파산한

041 ①
해석 어떤 혈액형의 사람들은 이야기 된다 / 심장병에 걸리기 쉽다고 //.
어휘 be susceptible to + 병명 ~에 걸리기 쉬운
(= be vulnerable to)

042 ③
해석 M: 사장에게 월급인상을 요구할 생각이다. 그럴 때도 됐지.
W: 네, 우리랑 일한 지도 2년이네요. 얼마를 생각하세요?
M: 선임연구원으로 내가 기대하는 것은 내 지위에 걸맞는 월급이야.
W: 당신은 그럴 만한 자격이 있어요. 한번 시도해 보세요.
① 수수방관하고 있다.
② 우리는 이제 끝장이야. (= I'm through with you)
④ 당신은 항상 남에게 끌려 다닌다.
어휘 it's about time 늦었지만 그럴 때가 됐다
commensurate with ~과 비례한 give it a shot 시도하다
sit on one's hands 방관하다
lead A by the nose A를 마음대로 다루다

043 ③
해설 nor는 부정부사어이므로 도치가 이뤄져야 한다. 이 때 wish는 일반동사이므로 대동사 do를 사용한다. ③, ④가 답의 후보이다. 내가 원하는 것은 to drink(술을 마시는 행위)이므로 to부정사를 대신하는 대부정사 to를 쓴다.
해석 A 술을 많이 하십니까?
B: 많이 못 합니다. 그러고 싶지도 않습니다.

044 ①
해석 육식동물이나 식물을 먹고 사는 초식동물과 달리, 인간은 다양한 과일, 채소, 다른 동물들을 먹는 잡식동물이다.
① 육식동물
② 적
③ 채식주의자
④ 거대 동물

045 ④
해석 열정적인 그 출판인은 인기 높은 일련의 어휘집에 대한 부록으로서 오디오 테이프를 발행했다.
① 선물
② 기념품
③ 조언자
④ 부가물

어휘 adjunct 부가물

046 ①
해석 새 건물이 완공될 때까지 / 임시적으로 사용할 것이다 / 예전의 시립건물을 //.
① 좁게
② 밀접하게
③ 우연히
④ 임시로

어휘 temporarily 임시적으로

047 ④
해석 지진이 일어난 직후에 / 해일 경고가 발표되었다 / 해안가에 있는 사람들은 집을 빠져나오라고 지시받았다 //.
① 계산하다
② 윤활유를 바르다
③ 압수하다
④ 대피시키다

어휘 evacuate 대피시키다

048 ①
해석 A: 그 사람이 왜 그런 어리석은 짓을 했는지 알겠니?
B: 글쎄요, 잘 모르겠는데요.

어휘 figure out 이해하다   turn out 산출하다, ~라고 판명되다
work out 만들어 내다, 효과가 있다, 운동하다
give out 나눠주다

049 ③
해설 [remember + to부정사; ~할 것을 기억하다]와 [remember + ~ing; ~한 것을 기억하다]를 구별하는 문제이다. last summer가 있으므로 meeting이 적합하다.

해석 ① A: 혹시 플로피 디스크가 있는가 물어보려고 전화 드립니다.
B: 재고가 있는지 확인해 보겠습니다.
② A: 프런트입니다. 무얼 도와드릴까요?
B: 네, 제 방의 전등 좀 교환해 주시겠습니까?
③ A: 혹시 그녀를 아십니까?
B: 글쎄요, 지난 여름 그녀를 만날 걸 기억나는군요.
④ A: 그 사람은 어때요?
B: 그는 근심이 없어요. 같이 일하기에 편해요.

050 ①
해석 요구된다 / 석사를 학위를 받으려는 학생들이 / 2개 국어를 할 수 있는 것이 //.
① 의무적인
② 만족감을 주는
③ 관리할 수 있는
④ 편안한

어휘 required 요구되는(= obligatory)

051 ③
해석 이자율과 인플레이션의 역의 관계는 거시 경제의 기본적인 원칙들 중의 하나이다.
① 헛소리하는
② 증가하는
③ 기본적인
④ 군집의

어휘 cardinal 기본적인, 진홍색의, 추기경

052 ②
해설 맨 끝에 for three hours라는 시간이 나오므로 cancelled는 답이 될 수 없다. 출발 시간이 연장되는 것은 아니므로 extended도 정답이 아니다. 일정이 늦어질 때 쓰는 동사는 delayed가 가장 적합하다.

해석 A: 안내 방송이 무슨 내용이었나요?
B: 출발이 세 시간 _____ 될 거라고 했어요.

053 ①
해석 A: 식물, 과일, 또는 동물을 가지고 있습니까?
B: 아니요, 여기에 제 세관신고서가 있습니다.

어휘 **declare** 선언하다, 관세를 신고하다
customs declaration 세관 신고서

054 ④
해석 글을 많이 쓰는 작가로서, 그는 작년에 세 편의 소설을 써냈다.
① 선택하다
② 설명하다
③ 지치게 하다
④ 생산하다, 증명되다

어휘 **turn out** ~ ~을 생산하다(= produce)

055 ②
해설 ①, ③, ④ 부전자전
② 그는 바람맞았다.

해석 A: 우와, Smith는 정말 똑똑한 아이구나!
B: 별로 놀랍지도 않다. 유전이거든. 그의 아버지는 대학교수이고, 어머니는 의사이셔.

어휘 **be stood up** 바람맞다

056 ①
해석 이 약은 사용 전에 희석해야 하고 처방에 지시된 대로 정확한 용량을 복용해야 한다.
① 약의 한 종류
② 문제를 해결하는 방법
③ 고체
④ 토론의 한 종류

057 ①
해석 동상에 걸린 손가락과 발가락은 / 치료되어야 한다 / 미지근한 물로 //.
① 미지근한
② 끓는
③ 얼은
④ 증기가 나는

어휘 **lukewarm** 미지근한

058 ①
해설 be compelled to는 '강제로 ~하다'라는 뜻으로 be forced to로도 바꾸어 쓸 수 있다.

해석 모든 난민들은 난민촌 입소를 허가 받기 전에 신체검사를 강요받아야 했다.
① 강요 받다
② 수행되다
③ 설득되다
④ 지시 받다

059 ④
해석 두 파간의 파벌 싸움에는 때로 제 3자가 나서서 분쟁을 조정할 수도 있다.

어휘 **third party** 삼자   **warring faction** 싸우는 당파
conflict 대립, 갈등   **estrange** 이간시키다   **invade** 침입하다
infiltrate 침투하다   **reconcile** 화해시키다

060 ③
해석 늦어서 미안합니다. 교통 체증에 묶였습니다.

어휘 **be held up in** ~ ~에 붙잡히다

061 ③
해설 한 시간 이상 기다린 사람에게 하는 말을 사과의 의미를 지닌 ③이 가장 적절하다.

해석 A: 도대체 어떻게 된 거야?
B: 이야기가 길어.
A: 한 시간 이상이나 너를 기다렸다구!
B: 내가 보상해 줄게.
① 너는 왜 그리 야비하게 구니?
② 내게는 발생하지 않았어.
③ 내가 보상해 줄게.
④ 이것은 기다려주지 않는다(시간이 지체될 일이 아니다).

062 ④
해석 법률 위반자들은 판사에 의해 관대하게 다루어졌다.
① 친절하게
② 편안하게
③ 따뜻하게
④ 자비롭게

어휘 lenient 관대한

063 ③
해석 그는 예술 비평가이다 / 근대 예술을 몹시 싫어하는 //.
① 숭배하다
② 맛을 느끼다
③ 몹시 싫어하다
④ 간청하다

어휘 loathe 몹시 싫어하다(= abhor)

064 ③
해설 '개인이 아닌 집단이 특정 지역에 거주하다'는 의미의 동사로 inhabit을 사용한다.

해석 켈트족은 원래 남부 독일과 보헤미아의 한 지역에 _____ 했다.

065 ④
해석 저희 행사의 개막식에 정중히 초대하는 바입니다.

어휘 opening ceremony 기념식 fairly 꽤
elegantly 우아하게 cordially 진심으로

066 ②
해설 get the hang of ~ 의 요령을 터득하다

해석 A: 생각했던 것보다 쉬운데요.
B: 그래요. 요령만 터득하면 아주 쉬워요.

067 ③
해석 ① 그 용의자는 아직 붙잡히지 않았다.
② 그는 닥치는 대로 책을 읽었다.
③ 그는 격한 연설을 통해 그의 감정을 쏟아냈다.
④ 그는 한 무리의 소년들과 함께 왔다.

어휘 at large 붙잡히지 않은 at random 무작위로
give vent to one's feeling 감정을 쏟아내다(= express)
suppress 억누르다 in company with ~와 동행하여

068 ④
해석 A: 사회학 논문 어떻게 돼가고 있니?
B: 그것으로 고생하고 있어요.
A: Tom에게 도움을 요청하는 것 어때? Tom이 전공했는데.
① 기분이 감상적이다. 우울하다.
② 그것은 그렇게 힘들일 일은 아니다. (hassle = trouble)
③ Tom과 잘 지낼 거야.

CHAPTER 02 구동사

문제편 221p

001 ④
해석 어떻게 온라인 화장품 판매를 시작하게 되었나요?

어휘 **go into** 들어가다, (사업) 시작하다
cosmetics 화장품 **come off** 성공하다, ~되다
play off 결승전을 하다 **hand over** 건네주다

002 ④
해석 초기의 의사결정과 조치들은 다르다 / 사건의 본질과 유형에 따라서.

어휘 **according to** ~따라서 **intial** 초기의
vary 다르다, 변경하다 **in honor of** ~기념해서
on behalf of 대신(대표)해서 **for the sake of** ~위해서

003 ②
해석 상속세를 피하기 위해 / 그는 재산의 많은 부분을 외아들에게 양도했다 / 은퇴하자마자.

어휘 **make over** 양도하다, 넘겨주다 **death duty** 상속세
property 재산 **retire** 은퇴하다 **make up of** 구성하다
make out 이해하다 **make up for** 보상하다

004 ①
해석 회사는 내가 집과 가족을 즉각 떠날 것을 요구할 수 없다.

어휘 **at the drop of a hat** 즉각, 즉시(= immediately)
like a bull in a china shop 막무가내로 날뛰는, 엉망진창으로 만드는
by the book 규정대로, 정식으로
across the board 전면적으로, 전반에 걸쳐

005 ①
해석 전쟁이 발발할 때쯤 / 대부분의 사람들은 이미 떠났다.

어휘 **break out** (전쟁) 발발하다(= begin)
break off 분리되다, 결별하다, 중단되다
give in 항복하다, 굴복하다 **wind up** 끝내다, 그만두다

006 ②
해석 몇 가지 질병들이 있다 / 의사가 제외하는 / 진단을 하기 전에.

어휘 **rule out** 제외하다(= leave out) **diagnosis** 진단
go over 건너가다, 조사하다 **chew over** 심사숙고하다
take to 좋아하다, 습관으로 하다

007 ①
해석 나는 짐이 컴퓨터 프린트를 자세히 살펴보도록 허용하라는 말을 들었다.

어휘 **pore over** 검사하다, 조사하다(= look into)
pore 생각하다, 연구하다 **printout** 프린트물 **turn to** 의존하다
keep to 고수하다, 따르다
(stick to, obey) **refer to** 언급하다, 참고하다

008 ①
해석 그 부상은 아마 그가 평생 축구를 하지 못하게 할지도 모른다.

어휘 **for good** 영원히(= permanently)
up in the air 아직 미정인, 막연한
by the back door 뒷문으로, 부정하게
like clockwork 규칙적으로
cf for good = forever

009 ③
해석 그들은 오래된 세탁기로 임시변통으로 지내야 한다.

어휘 **make do with** 임시변통으로 하다, 그럭저럭 버티다
(= manage with)
come up with 생산하다, (해결책) 제안하다 **get away** 도망치다
turn away 내쫓다(= send away)

010 ①
해석 마지막 학교에서 / 그들은 내가 너무 둔했기 때문에 나를 욕했다.

어휘 **call me names** 욕을 하다, 학대하다(= abuse me)
call the roll 출석을 부르다 **throw away** 버리다
fool around 빈둥거리다

011 ③
해석 당신이 나에게 증거를 제공한다면 / 그것을 신속하게 조사할 것이다.

어휘 look into 조사하다　urgently 신속하게
look down on 무시하다　look after 돌보다
look up to 존경하다

012 ③
해석 한국에서 장남은 많은 책임감을 떠맡는 경향이 있다. 동일한 단어들도 다른 방법으로 말할 때는 다른 의미를 나타낸다.

어휘 take on (책임) 맡다, (의미) 지니다　take over 인계받다
take down 거절하다, 분해하다　take off 이륙하다

013 ③
해석 차를 한 편에 정차시킨다면 / 운전할 때 / 그것은 차를 멈추는 것을 의미한다.

어휘 pull over 차를 길에 정차시키다.
go through 통과하다, 끝내다　put off 미루다
get over 극복하다

014 ②
해석 난 항상 배 속에 재미있는 느낌이 든다 / 비행기가 이륙할 때.

어휘 get off 이륙하다(= take off)　stomach (신체) 배, 위
take on (책임, 일) 떠맡다　take over 인계받다, 물려받다
take after ~을 닮다(= resemble)

015 ③
해석 오랜 약혼 후에, 그 두 사람은 마침내 결혼을 했다.

어휘 tie the knot 인연을 맺다, 결혼하다(= get married)
engagement 약혼　put on airs 잘난 체하다
call it a day 하루 일과를 마치다
add fuel to the fire 불난 집에 부채질하다

016 ②
해석 필요하다 / 젊은 화가가 모방의 과정을 거치는 것은.

어휘 go through 경험하다, 통과하다(= get through)
imitation 모방　ask for the moon 불가능을 바라다
break the ice 어색한 분위기를 깨다
arm to the teeth 완전무장하다

017 ②
해석 이 반지는 세대와 세대를 거쳐 내려온 것이다.

어휘 hand down 물려주다, 후세에 전달하다(= pass down)
hand in 제출하다　take a back seat 물러나다, 은퇴하다
beat about the bush 돌려서 말하다

018 ②
해석 집에 가서 좀 더 생각해 보는 게 어때?

어휘 sleep on 곰곰이 생각해 보다(= ponder over(on))
make a beeline for 똑바로 가다
bend over backwards 몹시 노력하다
burn one's bridges 건널 수 없는 다리를 건너다, 배수진을 치다

019 ④
해석 그 정치인은 의석을 잃을 가능성을 과소평가하고 있다.

어휘 play down 경시하다, 과소평가하다(= pass over)
lose seat 의석을 잃다　knock down 쓰러뜨리다
boil down to 결국 ~되다(= come down to)
crack down 단속하다

020 ④
해석 로버트는 생활을 유지할 수 없었다 / 그래서 부모님에게 집세와 공과금을 내 달라고 부탁해야만 했다.

어휘 make ends meet 겨우 연명하다, 수입과 지출의 균형을 맞추다(= live from hand to mouth)
utility fee 공과금　hit the sack 자다
slack off 게으름을 부리다　keep his chin up 기운을 내다

021 ①
해석 미국인들은 수백만 달러를 잃고 있다 / 주식시장이 폭락하면서.

어휘 take a nosedive 폭락하다　nosedive 급락, 폭락
hit the ceiling 격노하다, (분노) 펄펄 뛰다
hit the road 출발하다, 여행을 시작하다

stand on one's own feet 자립하다

022 ③
해석 그의 취임 연설은 매우 재미있었다. 많은 사람들이 웃음을 참을 수 없었다.

어휘 hold back 자제하다, 참다　inaugural 취임의
address 연설　hilarious 유쾌한, 즐거운
cut back 축소, 삭감하다　keep up 유지하다
hold up 떠받치다

023 ①
해석 당신이 터무니없이 큰 돈을 지불할 때 / 그것은 전혀 싼 것이 아니다.

어휘 pay(cost) an arm and a leg for 엄청난 대가를 지불하다

024 ①
해석 우리는 임기응변으로 대처할 수 있다 / 많은 상황과 환경에서 진실을 분명히 밝히기 위해서.

어휘 play it by ear 임기응변으로 대처하다(= make shift)
clarify 분명하게 하다
put the cart before the horse 주객이 전도되다
let the cat out of the bag 비밀을 누설하다
catch someone red-handed 현장을 목격하다

025 ①
해석 기계들 / 많은 정보의 유통에 크게 기여하고 있는 / 그 정보를 우리가 처리하는데 별 도움이 되지 않는다.

어휘 cope with 처리하다, 대처하다(= deal with)
contribute 기여하다　live with 동거하다, 화합하다
break with 절교하다　keep up with ~ 뒤떨어지지 않다
cf the machines / that contribute so much to the flood of information / do little to help most of us cope with it.

026 ④
해석 얼핏 그의 친구들은 거머리처럼 보이지만 / 그들은 힘들 때나 좋을 때 의지할 수 있는 사람들이다.

어휘 through think and thin ad. 좋거나 나쁠 때
(= in good times and bad times)
leech 거머리　at first glance 겉보기에는
behind closed doors 비밀스럽게
on cloud nine 매우 행복한　in cold blood 냉정하게, 태연하게
through and through 철저하게

027 ②
해석 당연하다 / 북극 여행에 사람들이 두려움을 갖는 것은.

어휘 get cold feet 겁을 먹다(= lose courage)
take a trip 여행하다
give someone the cold shoulder 쌀쌀맞게 굴다
cook the books 장부를 조작하다
shed crocodile tears 슬픈 척하다

028 ②
해석 외과 의사들은 어쩔 수 없이 끝낼 수밖에 없었다 / 작업에 적절한 도구들을 찾을 수 없어서.

어휘 call it a day 그만두다, 끝내다(= put an end)
surgeon 외과의사　be forced to 억지로 ~하다　right 적절한
cross swords 논쟁을 벌이다　cut corners (돈, 노력) 절약하다
drag one's feet (싫어서) 늦장을 부리다

029 ②
해석 난 내 문제들을 대체로 가볍게 생각한다 / 그리고 그것은 날 편하게 한다.

어휘 make light of 가볍게 생각하다(= think light of)
give something the green light 통과시키다, (진행) 허락하다
come to light (사실) 밝혀지다
set the scene for 분위기를 조성하다

030 ④
해석 그녀는 하나의 결정을 했다 / 마침내 부모님과 일치하는.

어휘 see eye to eye 일치하다(= be of one mind)
catch someone's eye 이목을 끌다
chase one's own tail (성과 없이) 바쁘다
see the light (사실을 마침내) 이해하다

031 ④
해석 15년 경력의 경사는 실망했다 / 승진에서 무시(누락)된 후에.
어휘 pass over 무시하다 sergeant 경사, 병장
dismay 실망시키다, 당황하게 하다 promotion 승진
run over (차로) 치다 ask out 데이트 신청하다
carry out 수행하다

032 ①
해석 너는 이 팀이 선수권 대회에서 우승할 가능성이 있다고 생각하니?
어휘 stand a chance of 승산이 있다, 가능성이 있다
stand by 대기, 대비하다 stand for 상징하다
stand up for 지지하다

033 ②
해석 네가 부주의하지 않았다면 / 기계는 그렇게 쉽게 고장 나지 않았을 텐데.
어휘 break down 고장 나다 break in 침입하다
settle down 정착하다 kick in (효과) 나타나기 시작하다

034 ④
해석 그들은 더 작은 건설을 그만두었다 / 그들이 짓고 있던 / 이 작업을 담당하기 위해서.
어휘 take on 담당하다, 떠맡다(= undertake)
put on (옷) 착용하다, ~인 체하다 wait on 시중들다
act on 작용하다, 영향을 주다

035 ②
해석 국립건강학회의 공무원들은 말한다 / 극심하고 자극적인 중증 급성 호흡기 증후군(SARS)이 퍼지고 있고 / 5세 미만의 모든 아이들이 위험하다고.
어휘 at stake 위태로운, 위험한(= at risk) acute (병) 급성의
respiratory 호흡의 syndrome 증후군(병적인 증상들)
spread 퍼지다 over the counter 처방전 없이 구입 가능한
from cradle to grave 태어나서 죽을 때까지, 요람에서 무덤까지
off and cuff 즉흥적으로

036 ③
해석 우리는 몇 문제를 먼저 해결할 필요가 있다.
어휘 solve 문제를 해결하다(= iron out)
work on 노력하다, 애쓰다 kick off 시작되다
break off (관계) 끝내다

037 ④
해석 그는 현실적일 필요가 있다.
어휘 keep his feet on the ground 현실적이다(= remain realistic)
get into deep water 어려움에 빠지다
eat one's words 말한 것을 후회하다, 틀렸다고 시인하다
put all one's eggs in one basket 한 번에 모든 것을 걸다

038 ②
해석 여자 1500m 은메달리스트인 웨스트는 경주에서 두각을 보인다.
어휘 stand out 부각되다, 눈에 띄다(= be impressive)
get a black eye 명성이 손상당하다 get the picture 이해하다
stand off 멀리하다

039 ②
해석 수업에서 볼펜을 딸깍거리는 학생들은 날 미치게 한다.
어휘 drive 사람 up the wall 짜증나게, 화나게 하다(= annoy)
click 찰깍 소리를 내다 feel the pinch 돈에 쪼들리다
play up to 맞장구치다, 아부하다 take a load off 짐을 덜어주다

040 ④
해석 그녀는 그들의 최종 결정에 실망했다 / 그러나 결국 그것을 극복할 것이다.
어휘 overcome 극복하다, 이겨내다(= get over)
get away 도망가다 get down 내려가다, 우울하게 하다
get ahead 앞서가다

041 ④
해석 당신은 아이들에게 용돈을 어떻게 사용해야 하는지를 절실히 알게 했어야 했다.

어휘 bring home to 절실히 느끼게 하다
allowance 용돈   attic 다락방

042 ②
해석 그녀는 가격표를 떼었다 / 블라우스가 얼마나 비싼지 어머니가 알지 못하도록.
어휘 pull off 떼어내다, 벗어나다   tag 꼬리표   get off 내리다
pay off (빚을) 전부 갚다, 보복하다   show off 과시하다

043 ②
해석 난 당신이 적절한 핵심어로 검색 범위를 좁혀 나가는 방법을 배워야 한다고 생각합니다.
어휘 narrow down 좁히다   calm down 진정하다
knock down 때려눕히다   put down 내려놓다

044 ①
해석 그 시를 들었을 때 / 몇 행들은 익숙했다.
어휘 ring a bell 들어본 적이 있다, 익숙하다(= sound familiar)
put on an act 연기하다, 꾸미다
run in the family (blood) 집안 내력이다
get a break 행운을 얻다

045 ④
해석 그는 루브르 박물관으로 모나리자를 보러 갈지 결정하지 못하고 있다.
어휘 on the fence 결정을 내리지 못하는(= undecided)
at a glacne 얼핏 보고, 한눈에   by chance 우연히
on the double 신속하게

046 ②
해석 당신이 성공하길 원한다면, 열심히 일하고 더 많이 훈련해야 합니다.
어휘 make something of oneself (one's life) 성공하다, 출세하다(= get on in the world = get on in life)
discipline 훈련하다, 징계하다
keep one's nose to the grindstone 뼈빠지게 일하다
get on one's soapbox 주장을 내세우다

cf go off one's soapbox 주장을 내세우지 않다
talk through one's hat 허풍 떨다, 헛소리를 하다

047 ④
해석 너는 항상 그런 문제에 대해 빙빙 돌려서 말한다 / 이것이 관련된 모든 사람들을 괴롭힌다.
어휘 beat around[about] the bush 빙빙 돌려서 말하다
(= refuse to come to the point)
bother 괴롭히다   concerned 관련된
come to the point 핵심을 찌르다, 요점만 말하다
cautious 신중한
fly by the seat of one's pants 직감으로 실행하다, 계획 없이 실행하다
rob peter to pay paul 빚으로 빚을 갚다
kick against the pricks 덤벼서 손해 보다, 긁어 부스럼을 만들다
prick 바늘, 가시   talk around 빙빙 돌려서 말하다

048 ①
해석 폴은 내가 전부 지불해야 한다고 우겼다. 유감스럽지만 이 문제에 있어서 나는 타협을 거절했다.
어휘 meet a person halfway 타협하다(= compromise)
halfway 중간의   pay for 지불하다   compromise 타협하다
blow hot and cold 변덕이 심하다
kill the goose 굴러들어온 복을 차다
paint the town red 한바탕 신나게 놀다

049 ③
해석 과학자와 공학자들은 말한다 / 지구의 환경을 지키기 위한 우리의 노력들이 아직 목표를 달성하지 못했다고.
어휘 meet the mark 성취하다(= achieve)
leave no stone unturned 가능한 모든 방법을 쓰다
bury the hatchet 적과 화해하다
follow suit 선례를 따르다, 남을 따라 하다

050 ②
해석 피터는 어머니의 차를 허락 없이 사용하여 매우 곤란한 입장에 처했다.
어휘 in deep water 매우 곤란한, 어려움에 처한(= in trouble)
fresh off the boat 현지 사정에 어두운

the cream of the crop 최고의 물건(사람)
loaded for bear 만반의 준비를 갖춘

051 — ②
해석 내일 기말고사 결과 발표가 있을 거야. 내게 행운을 빌어줘!

어휘 **keep your fingers crossed** 행운을 빌다
give a free hand 자유 재량권을 주다
have a soft spot 애착을 갖다, 좋아하다
find out how the land lies 상황을 파악하다

052 — ②
해석 그는 한 번에 꿩 먹고 알 먹고 싶어 한다 / 즉 그는 보수가 좋은 안정된 일자리를 갖기 원하지만 밤이나 주말에는 일하고 싶어 하지 않는다.

어휘 **have cake and eat** 꿩도 먹고 알도 먹는다
jump the gun 경솔하게 행동하다
bite the bullet 이를 악물고 참다
have egg on his face 체면을 구기다

053 — ④
해석 그는 뒤로 물러나는 대신에 적극적으로 대처했다. 이렇게 그는 문제에 맞서서 해결하기 위해 적극적으로 행동한 것이다.

어휘 **take the bull by the horn** 정면으로 맞서다
pour oil on troubled waters 중재하다, 사태를 수습하다
lay ones' cards on the table 속생각을 털어놓다
go back to square one 원점으로 돌아가다

054 — ①
해석 그건 개인적인 일이었어. 왜 너는 그렇게 참견하려고 했니?

어휘 **stick one's nose in** 참견하다, 간섭하다(= interfere)
personal 개인적인 **shoot from the hip** 즉흥적으로 하다
pull out all the stops 가능한 모든 수단을 동원하다
play it by ear 상황에 맞게 대처하다

055 — ②
해석 수학의 원리들은 일상의 문제들을 해결하려는 시도에서 기인했다.

어휘 **figure out** 해결하다, 계산하다, 생각해 내다(= solve)
result from 기인하다 **attempt** 노력, 시도
come by 지나다가, 획득하다 **get by** 지나가다
drop by 잠깐 들리다

056 — ④
해석 탐은 사이좋게 지내기가 쉽지 않은 사람이다.

어휘 **get along with** 사이좋게 지내다
(= have friendly relations with)
see stars 정신이 없다 **get over** 극복하다 **go with** 어울리다

057 — ②
해석 나는 그에게 어려운 대수 문제를 하나 제시했는데 그는 그것을 즉석에서 풀어냈다.

어휘 **off-hand** 즉석에서, 준비 없이, 그 자리에서(= at once)
in the way 방해가 되어서 **by and by** 머지않아, 곧
in advacne 미리, 사전에

058 — ④
해석 그 두 과학자가 학계의 불문율을 어겼고 그것 때문에 큰코다쳤다.

어휘 **pay dearly** 벌을 받다, 큰코다치다(= suffer a lot)
dearly 비싸게 **break** 위반하다 **unwritten rule** 불문율
know the score 진상을 알다
keep one's fingers crossed 행운을 빌다
get across 이해시키다, 건너가다

059 — ②
해석 그는 어떤 길을 따라가야 할지 결정할 수 없었다.

어휘 **make up his mind** 결정하다(= decide)
keep one's temper 화를 참다
live beyond one's means 분수에 넘치게 살다
lose one's head 이성을 잃다

060 — ①
해석 고소에 대한 조사가 진행 중이다.

어휘 **under way** 진행 중인(= progressing)
by the way 그런데(화재 전환) **on the way** 도중에
next to none 최고의, 최상의

061 — ②
해석 60년대의 컴퓨터들은 너무 거대했다 / 그래서 많은 공간을 차지했다.

어휘 **take up** (시간, 공간) 차지하다　**take on** (책임, 임무) 떠맡다
take over 인계받다, 장악하다　**take down** 분해하다, 기록하다

062 — ①
해설 "She said that she was sick)."라는 문장에서, 당신은 'that'을 뺄 수 있다.

어휘 **leave out** 생략하다, 배제하다
put out (불) 끄다, 생산하다, 물건 내놓다
drop out 탈퇴하다, 손을 떼다

063 — ④
해석 그 은행은 주택자금 대출을 신속히 받으려는 나의 신청을 거절했다.

어휘 **turn down** 거절하다, 낮추다
application 신청　**expediate** 신속히 처리하다
home loan 주택자금 대출　**turn into** ~되다, ~변하다
turn A into B A를 B로 바꾸다　**turn on** 켜다, 의지하다
turn off 끄다, (경로) 벗어나다

064 — ③
해석 존은 회사에서 막 일하기 시작했다 / 그래서 아직까지 경험이 별로 없다.

어휘 **be not dry behind the ears** 경험이 미숙하다 (= not experienced)
pull a long face 우울한 얼굴을 하다
know one's way around 자신의 분야를 잘 알다
experienced 경험이 많은
blow one's own trumpet 허풍을 떨다

065 — ③
해석 교사들이 학생들의 흡연을 못 본 척하고 있다 / 오늘 한 보고서가 폭로했다.

어휘 **turn a blind eye to** 못 본 척하다 (= pretend not to notice)
reveal 폭로하다, 보여주다　**punish** 처벌하다
give a warning 경고하다　**make a report** 보고서를 작성하다

066 — ④
해석 기초적인 언어 능력만 가진 청자들은 단어에만 초점을 맞추고 / 구나 문장의 의미를 놓치는 경향이 있다.

어휘 **zero in on** 초점을 맞추다 (= focus on)
take place 발생하다, 일어나다
work out 운동하다, 계산하다, 해결하다　**zoom out** 축소하다
cf **zoom in** 확대하다

067 — ①
해설 동사 were를 중심으로 '전치사구 + 동사 + 주어' 도치 문형이다.

해석 길을 따라서 있었다 / 팀에게 경의를 표시하기 위한 수천 개의 소박한 노력들이.

어휘 **pay tribute to** 경의를 표하다 (= honor)
homespun 소박한　**attempt** 노력　**route** 길
compose 구성하다　**publicize** 공표하다

068 — ①
해석 주지사는 탈세 혐의를 묵살하려는 시도를 했다.

어휘 **brush aside** 무시하다, 묵살하다 (= disregard)
attempt 시도, 노력　**allegation** 혐의　**tax evasion** 탈세
advocate 옹호하다　**elucidate** 설명하다
legitimate 정당화하다　**brush off** 해고하다, (먼지) 털다
brush up 빠르게 익히다

069 — ②
해석 그 잔인한 광경은 생각들을 유발했다 / 그렇지 않았다면 그녀의 마음속에 생기지 않았을.

어휘 **touch off** 촉발시키다, 일어나게 하다 (= give rise to)
cruel 잔인한　**look after** 돌보다　**make up for** 보상하다
keep in contact with 연락을 유지하다

070 — ③
해석 나는 간신히 그 비행기에 탔다.

어휘 **by the skin of one's teeth** 겨우, 간신히 (= narrowly)
accidentally 우연히　**sparsely** 드문드문하게
unexpectedly 예기치 못하게

071 ③
해석 심리학자들은 새로운 실험을 활용했다 / 학생들의 전반적인 인격 발달을 설명하기 위해.

어휘 account for 설명하다　psychologist 심리학자
overall 전반적인　carry on 계속하다
figure out 이해하다, 생각해내다　make off 도망가다

072 ②
해석 정부는 쓰레기 처리에 대한 대안을 찾으려고 하고 있다 / 환경오염을 방지하기 위해.

어휘 head off 예방하다　alternative 대안　garbage 쓰레기
disposal 처리　go off 떠나다, 폭발하다　set off 출발하다
run off 도망가다

073 ②
해석 그 용의자가 너무 빨리 뛰었다 / 그래서 경찰은 따라잡을 수 없었다.

어휘 catch up with 따라잡다
cf keep up with 뒤처지지 않다
get along with 잘 지내다　look up to 존경하다
put up with 참다, 견디다

074 ②
해석 나는 그 공장이 이번 달에 100명의 사람을 해고하려 한다는 것을 알고 있다.

어휘 dismiss 해고하다(= lay off)　lay off 정리해고하다
break new ground 새로운 분야를 개척하다
bury the hatchet 화해하다　cut down to size 콧대를 꺾다

075 ④
해설 'in ~ing = when + 주어 + 동사'의 축약형으로 '~할 때'라는 의미이다.
해석 최종 결정을 할 때 / 각 지원자의 나이, 건강 상태, 직무 경험이 고려된다.

어휘 consider 고려하다(= take into account)
map out 계획을 세밀하게 세우다
sell out 다 팔리다(sold out 매진된)　prop up 지원하다

076 ①
해석 그가 그 장비를 작동시키는 방법을 이해하는 데는 약 한 달이 걸렸다.

어휘 understand 이해하다(= figure out)
stay up 자지 않고 깨어 있다　stand up for 지지, 옹호하다
go dutch 각자 부담하다

077 ①
해석 가장 큰 신용사기 2건은 의존한다 / 피해자의 탐욕과 기꺼이 법을 속이는 태도에. (탐욕과 법 위반 때문에 사기사건이 발생한다는 내용)

어휘 bend the law (법망을 피해) 위법을 저지르다
(= do something illegal)
scam 신용사기　victim 희생자　greed 탐욕
willingness 기꺼이 하기　abide by 준수하다, 지키다
eat a horse 몹시 배가 고프다　face the music 야단을 맞다

078 ③
해석 미국에서 주문이 감소하고 있지만 / 다른 지역에서의 이 회사의 판매량은 두 자릿수의 성장률을 계속 달성하고 있다.

어휘 gain 달성하다, 획득하다(= rack up)
rack 고문하다, 쥐어짜다　double-digit 두 자리 수의
rack the brain (해결책) 머리를 쥐어짜다
cf tax the brain 두뇌에 많은 부담을 주다
fly off the handle 발끈하다, 버럭 화를 내다
set up (일) 시작하다, 함정에 빠뜨리다

079 ①
해석 그들은 그 자리에 새 빌딩을 건설하기 위해서 오래된 건물을 파괴했다.

어휘 destroy 파괴하다(= tear down)
live up to 기대에 부응하다　put up with 인내하다
let up 약해지다, 느슨해지다

080 ②
해석 내 아내는 원한다 / 내가 이 멋진 오래된 모자를 버리기를.

어휘 discard 버리다, 폐기하다(= do away with)
cover up 감추다, 은폐하다　dress up 잘 차려입다
go against the grain 신경에 거슬리다, 체질에 안 맞다

081 — ②
해석 정부연구소에서 일하고 있는 과학자들이 실험을 수행하고 있다.

어휘 **carry out** 수행하다, 이행하다　**lead to** 이끌다, 초래하다
tear off 떼어내다, 벗기다　**hold on** 견디다, 버티다

082 — ④
해석 종종 우리의 감정이 우리를 압도한다 / 그래서 우리는 먼저 생각하지 않고서 말하거나 행동한다.

어휘 **get the better of** 능가하다, 이기다
make the grade 성공하다
come up with 제안하다, 생각해내다
make up for 보충하다

083 — ①
해석 면역체계를 강화시켜 줄 다양한 슈퍼푸드가 있다.

어휘 **beef up** 강화, 보강하다　**immune system** 면역체계
give off (냄새, 빛) 발산하다
pick up 배우다, (질병)걸리다, 태우러 가다
let on (비밀) 누설하다

084 — ③
해석 베이커 교수는 어제 강의에서 한 아이디어를 제안했다.

어휘 **propose** 제안하다(= come up with)
come up with 제안하다, (해결) 찾아내다
get off the ground 시작되다, 실행에 옮기다
take one's hat off to someone 경의를 표하다, 축하하다
use up 다 써버리다

085 — ②
해석 그 과학자들은 가설을 뒷받침할 만한 어떤 증거를 찾느라 바쁘다.

어휘 **support** 지지하다(= prop up)　**prop** 버티다, 지탱하다
hypothesis 가설　**look up** (사전) 찾아보다
turn up 등장하다(= show up)　**line up** 한 줄로 서다

086 — ①
해석 이곳의 전쟁의 흔적들이 서서히 지워졌다 / 평화가 다가오면서.

어휘 **efface** 지우다, 씻어내다(= wipe away)
come about 일어나다, 생기다
come down to (유산) 전해지다, 결국 ~되다
run down (기능, 작동) 멈추다, 위축되다

087 — ②
해석 당신의 혈압은 급격하게 치솟을 수 있다 / 그리고 그것을 알 수 있는 유일한 방법은 혈압검사를 받는 것이다.

어휘 **rise very quickly** 급격하게 증가하다, 급등하다
(= go through the roof = hit the roof)
jump on the bandwagon 대세를 따르다
keep one's head 침착하게 대처하다
kick the bucket 죽다

088 — ④
해석 언제 가족들에게 말할 거야?

어휘 **tell** 이야기하다(= break the news)
have the last laugh 최후에 웃다, 성공하다
know the ropes 요령을 잘 알다　**let down** 실망시키다

089 — ②
해석 우리는 시골로 이주한다 / 더 이상 매연을 참을 수 없기 때문에.

어휘 **tolerate** 인내하다(= put up with)
lose face 체면이 깎이다　**meet half way** 타협하다
get on one's nerves 신경에 거슬리다

090 — ②
해석 나는 매우 저렴하게 저 집을 구입했다.

어휘 **at a very low price** 매우 저렴하게(= for a song)
in a nutshell 아주 간결하게　**at odds** 다투어, 불화하여
from scratch 무에서, 맨 처음부터

091 — ②
해석 당신이 과오를 범하거나 실수를 저지른 부분을 인정함으로써 / 자신에게 솔직해진다.

어휘 **own up to** (잘못을) 인정하다
trip 과오를 범하다　**get away with** 모면하다, 달아나다

look down on 무시하다
turn away from 외면하다, 돌보지 않다

092 ②
해석 마크 핑커 코치는 NBA에서 가장 강력한 직책들 중 하나를 이어받을 것이다 / 그 동안의 기복이 있었던 지도자로서의 경력을 뒤로 하고.

어휘 **take over** 인계받다　**put behind** 뒤로 하다
up-and-down 기복이 있는
hit on (해결책) 생각해 내다(= come up with)
see off (작별) 배웅하다　**call off** 취소하다

093 ④
해석 그녀가 지난 주 멕시코로 여행하기 전에 / 다시 스페인어를 공부해야 했다 / 대학 이후로 스페인어 공부를 하지 않아서.

어휘 **brush up on** 복습하다, 다시 공부하다
make up to 아첨하다(= flatter)　**cf** **make up for** 보충하다
ay off 정리해고하다　**come down with** (질병) 걸리다

094 ①
해석 당신은 신청서에서 중요한 정보를 누락시켰다.

어휘 **omit** 빼먹다, 생략하다(= leave off)
pick on 비난하다, 괴롭히다　**put off** 연기하다, 미루다
let go of 버리다, 손을 떼다

095 ①
해석 멈추기 전까지 3일 동안 눈이 왔다.

어휘 **stop** 멈추다(= let up)
hold off 미루다, 연기하다　**come over** 방문하다
come across 이해되다, 우연히 마주치다

096 ④
해석 대통령은 분개했다 / 그의 수석 보좌관 중 한 사람이 뇌물사건에 연루되었다는 것을 들었을 때.

어휘 **become enraged** 분노하다, 화를 내다
(= get(put, set) one's back up)
be involved in 연루되다　**bribery** 뇌물

send someone packing 쫓아내다
set the ball rolling 일을 시작하다, 계속 진행시키다
spill the beans 비밀을 폭로하다

097 ③
해석 회사의 수출이 이번 회계연도에 흑자를 기록했다.

어휘 **profitable** 이익이 되는, 흑자의(= in the black)
cf **in the red** 적자로
under the table 부정한 방법으로　**into thin air** 흔적도 없이
on top of the world 몹시 행복한

098 ②
해석 수련의 꽃봉오리는 해질녘에 핀다 / 햇살이 줄어야 봉오리가 터지기 때문에.

어휘 **trigger** 촉발시키다, 일으키다(= set off)
bud 꽃봉오리　**water lily** 수련화
turn the tables 형세를 역전시키다
has the upper hand 주도권을 갖다, 사태를 통제하다
wipe the slate clean 새 출발하다

099 ①
해석 그 회사의 주주들은 안절부절 못하고 있다 / 긴급구제 법안이 오늘밤 나오기 때문에.

어휘 **nervous** 불안해하는, 걱정하는
(= on pins and needles = at one's wits' end)
shareholder (회사) 주주　**bailout** 긴급구제
come out 등장하다, 생산되다　**out of the blue** 갑자기
like gold dust 하늘의 별 따기인, 매우 귀중한
with flying colors ad. 좋은 성적으로, 의기양양하게

100 ①
해석 신문 사설들은 이 엄청나게 복잡한 사건을 피상적으로 다룬다.

어휘 **superficially deal with** 피상적으로 다루다
(= scratch the surface)
hit the nail on the head 정곡을 찌르다
fall by the wayside 중도에서 포기하다
call a spade a spade 직선적으로 말하다, 꾸미지 않고 말하다

박노준
PATTERN
영 어